O Atendimento na Agência de Comunicação

Direção de Roberto Corrêa

O Atendimento na Agência de Comunicação

Roberto Corrêa

COLEÇÃO CONTATO IMEDIATO

2ª EDIÇÃO REVISTA E AMPLIADA

© Roberto Corrêa, 2005
2ª Edição, Global Editora, São Paulo 2013

Diretor Editorial
JEFFERSON L. ALVES

Assistente Editorial
ANA CRISTINA TEIXEIRA

Gerente de Produção
FLÁVIO SAMUEL

Revisão
ANA CRISTINA TEIXEIRA
MARIA DE LOURDES APPAS

Capa
MAURICIO NEGRO
EDUARDO OKUNO

Editoração Eletrônica
ANTONIO SILVIO LOPES

CIP-BRASIL. Catalogação na fonte
Sindicato Nacional dos Editores de Livros, RJ

C845a

Corrêa, Roberto, 1937-
　O atendimento na agência de comunicação / Roberto Corrêa. – 2. ed. rev. e amp. – São Paulo : Global, 2013.
　296 p.　(Contato Imediato)

ISBN 978-85-260-1809-9

1. Publicidade. 2. Propaganda. 3. Marketing. I. Título. II. Série.

13-0188.　　　　　　　　　　　　　　CDD-659.1
　　　　　　　　　　　　　　　　　　CDU-659.1

Direitos Reservados

**GLOBAL EDITORA E
DISTRIBUIDORA LTDA.**

Rua Pirapitingui, 111 – Liberdade
CEP 01508-020 – São Paulo – SP
Tel.: (11) 3277-7999 – Fax: (11) 3277-8141
e-mail: global@globaleditora.com.br
www.globaleditora.com.br

Obra atualizada conforme o
Novo Acordo Ortográfico da Língua Portuguesa

Colabore com a produção científica e cultural.
Proibida a reprodução total ou parcial desta obra
sem a autorização do editor.

Nº DE CATÁLOGO: **2706**

Para a minha primeira neta, Júlia.

Sumário

Campeões mundiais de salto sobre obstáculos 13
Introdução 15
Apresentação da 2ª edição 17

Capítulo 1 – A Estrutura Básica da Agência de Propaganda

A agência de propaganda 19
Gerência 21
Administração 23
Atendimento 25
Criação 25
Mídia 28
Tráfego 30
Cliente 31
Promoção de vendas e *merchandising* 31
Relações públicas e assessoria de imprensa 32
Pesquisas 35
Perguntas 37

Capítulo 2 – O Papel do Atendimento nas Agências

Evolução histórica do Atendimento na maioria das agências 40
Uma nova atitude para o Atendimento 44
Faturar é importante, mas não é tudo 46
Relacionamento do Atendimento com o cliente: ser um assessor e
    não um fornecedor 48
O Atendimento é um profissional de negócios com base técnica
    de comunicação 54
Procurar o interesse do cliente em primeiro lugar, depois o da agência 58
Atendimento criativo 64
Perguntas 66

Capítulo 3 – O Contato da Agência de Propaganda

Formação	67
Características	68
Carreira	71
Funções	72
Atitude de contato	78
Perguntas	79

Capítulo 4 – Rotina de Trabalho

Relacionamento interno do Atendimento	81
Simulação de um fluxo de trabalho	82
Perguntas	87

Capítulo 5 – Documentação

Arquivo	89
Relatório de Visitas (RV)	90
Correspondências enviadas e recebidas	91
Pedidos de Criação (*Jobs*)	92
Ordem de Serviço	94
Briefing de Criação	94
Pedidos de Mídia	95
Pedidos de Produção	96
Orçamentos	97
Informações e dados do cliente	98
Informações e dados do mercado	98
Livro do cliente	99
Briefings	100
Planos	101
Rough-layout	101
Layouts	102
Arte-final	102
Modelos de documentos	103
Perguntas	112

Capítulo 6 – A Importância do *Briefing*

Cinco perguntas-chave 113
Modelo B de *briefing* 116
Conclusão 135
Roteiro para coleta de informações para a elaboração do *briefing* 136
Perguntas 141

Capítulo 7 – Estimativa e Administração da Verba de Comunicação

Ambiente e filosofia de trabalho 143
Cálculo da verba 144
Níveis de investimento 146
Distribuição da verba 148
Administração de recursos 151
O problema de orçamentos na agência 153
Subjetividade 153
Conclusão 159
Perguntas 160

Capítulo 8 – Apresentação de Campanhas

Reuniões 161
Apresentação ao cliente 162
Como preparar uma sala ou auditório 162
Perguntas 171

Capítulo 9 – A Criação da Agência

Como a Criação vê o Atendimento e vice-versa 173
A grande ideia 174
Etapas do processo criativo 175
O Pedido de Criação 177
Avaliação 178
Fluxo de trabalho 182
Perguntas 185

Capítulo 10 – A Mídia da Agência

Plano de Mídia 187
Algumas considerações 195

Previsão de descontos 197
Avaliação 198
Características dos meios 198
Perguntas 207

Capítulo 11 – A Produção Gráfica e Eletrônica

Produtor 209
Abrangência 210
Importância 210
Critérios de avaliação 210
Cinema 211
Reunião de pré-produção 212
Tópicos para discussão 213
Precauções e comentários 216
Fotografia 219
Produção gráfica 219
Produção de som 220
Perguntas 221

Capítulo 12 – Avaliação da Comunicação

Avaliação de campanhas 226
Atitude para a criação inovadora 229
Perguntas 230

Capítulo 13 – A Autorregulamentação Publicitária

Introdução 231
O desenvolvimento histórico da autorregulamentação publicitária 231
A estrutura do Conar e sua expansão 242
Sistema processual 243
A propaganda global e a existência de códigos 243
Conceitos básicos da atividade publicitária 241
A ética na publicidade 246
A evolução econômica do Brasil e a propaganda 246
A preocupação com o consumidor 249

Conclusão 251

Capítulo 14 – Problemas e Soluções de Minicasos de Atendimento

Minicasos de Atendimento 256
Possíveis respostas aos minicasos 272

Glossário 287
Biografia 291

CAMPEÕES MUNDIAIS DE SALTO SOBRE OBSTÁCULOS

Roberto Duailibi

Costumo dizer que não existe a profissão "publicitário"; o que há são várias especialidades, cujos titulares trabalham sob o mesmo teto. Há os redatores, os diretores de arte, os planejadores, os mídia, os produtores gráficos, os produtores eletrônicos, os arte-finalistas, as secretárias, os *art-buyers*, os jinglistas, o pessoal de atendimento – e são todos "publicitários". Certo? Errado. Se há alguém que possa ser chamado "Publicitário" – e com P maiúsculo – esse é de fato o contato, a pessoa de atendimento.

Essa especialidade congrega todas as outras. É a profissão mais enciclopédica que eu conheço. O contato – ou "atendimento" – deve conhecer tudo o que seus colegas sabem fazer, e, além disso, ser psicólogo e diplomata. Também economista. E atleta. Ele – ou ela, pois é crescente a participação da mulher nessa área – deve ser redator, diretor de arte, produtor, cenógrafo, diretor de cinema, especialista em eventos, montador, produtor gráfico, secretária, revisor, professor, negociador, político. Deve ter uma disposição natural para o movimento – pois tem a noção de que, como dizia Tancredo Neves, "política é presença".

E deve saber falar, e saber escrever – pois sem um "briefing" bem escrito, os profissionais de criação errarão o alvo; deve saber pensar, pois sem sua visão o planejamento seguirá caminhos erráticos; deve ter a noção clara de que é do seu trabalho que sai a receita da empresa para a qual trabalha, seja ela uma agência de propaganda ou de promoção, um cliente, um fornecedor, um estúdio de arte, um veículo.

O profissional de atendimento é a face visível da empresa que representa. Seu aspecto, sua cultura, sua maneira de se expressar, sua capacidade de conquistar a confiança – tudo isso vai muito além dos portfólios e das credenciais que carrega consigo ou que mandou na frente de cada reunião da qual participa. E tem de planejar minuto a minuto.

E saber administrar os egos gigantescos de seu pessoal e dos clientes, controlar os prazos, os custos, a qualidade do material.

Tive a sorte de, desde o início de minha carreira, trabalhar com grandes profissionais de atendimento. Hilda Ulbricht, que abriu o caminho para tantas mulheres nessa profissão, Renato Castelo Branco, Juan Corduan, Caio Domingues, Abelardo Cid, Ítalo Éboli, Edmur de Castro Cotti, Julio Cosi, Otávio Florisbal, Blaise Muniz Farina e, hoje, com pessoas incríveis como Angélica Armentano, Flávio Conti, Ronaldo Rangel, Raul Fehr, Leonardo Laginestra, Christiane Dumont, e todos os outros jovens que, saídos das boas escolas de comunicação ou das de administração de negócios, oferecem o seu talento para o futuro dessa nossa profissão.

Com todas essas pessoas, aprendi que o ingrediente mais importante é a capacidade de ganhar confiança. Confiança é quase 99% do que um bom profissional de atendimento tem a oferecer. Mas essa confiança nasce precisamente da cultura profunda sobre todas as outras especialidades, e de uma enorme capacidade de transformar seu conhecimento em ação e entusiasmo – que é transmitido para o pessoal interno e para seus clientes.

Por isso é tão importante, agora, este excelente livro do professor Roberto Corrêa — ele próprio um excelente homem de atendimento.

Corrêa aborda com precisão todas as áreas de atuação do profissional, apresentando certamente, o mais completo *vademecum* (a palavra está longe de expressar tudo o que o livro é) na língua portuguesa.

Em meu livro *Cartas a um jovem publicitário* (Ed. Campus) digo que o último prazer reservado à criatura humana, depois que todos foram experimentados, consistia em conseguir uma assinatura num pedido de vendas. Também esse é o prazer da pessoa de atendimento. A assinatura do cliente num contrato, num plano de mídia, num layout, numa fotografia, é um prazer único... que só o profissional de atendimento pode usufruir em toda sua plenitude.

Senti um prazer enorme ao ler o livro do Professor Corrêa. Foi a oportunidade de reviver muitos momentos de minha própria vida profissional, e sobretudo senti reforçada uma tese que defendia na juventude: a partir dos 38 anos, todo redator deveria se transformar em contato, e, se isso não acontecer, ele deve se considerar um fracasso. É uma evolução natural. Eu achava, como acho ainda, que a formação literária na área de criação é um modo seguro de, superando-se a si mesmo e a seus preconceitos, uma pessoa evoluir na carreira e na vida.

Mas antes recomendo a leitura deste grande livro do Professor Roberto Corrêa.

14 de dezembro de 2005

Introdução

Durante vários anos venho ministrando cursos para os profissionais de Atendimento das agências de comunicação, entre elas as de propaganda, promoção, eventos, *marketing* direto, para citar algumas, interessados em aperfeiçoar os seus conhecimentos na área.

Outros profissionais da área comercial dos veículos de comunicação impressa e eletrônica, bem como os que trabalham na área de produção, também têm assistido aos cursos porque querem compreender como funciona uma agência. Esse conhecimento lhes facilitaria o contato para a realização de negócios, uma vez que poderiam atender melhor às expectativas das agências e de seus clientes por falarem a mesma linguagem profissional.

Interessante é que vários alunos me confessaram, durante os intervalos das aulas, que estavam perdidos dentro da agência onde trabalhavam. Não sabiam ao certo quais eram as suas funções e como deveriam se posicionar junto aos seus colegas de trabalho e com os clientes. Até que ponto o Atendimento da agência poderia participar do *marketing* do cliente, dando sugestões ou opinando de forma contrária às suas intenções sobre uma determinada atuação no mercado?

Percebi, então, que seria oportuno reunir algumas ideias e procedimentos adquiridos nos meus anos de agência de propaganda, como Diretor de Atendimento e de Planejamento, bem como Gerente de Comunicação e de *Marketing* em empresas industriais por onde trabalhei. A possibilidade de ter conhecido os dois lados da cerca, como se diz, atendendo a clientes e sendo atendido pelas agências, foi uma experiência fabulosa porque me permitiu conhecer o ponto de vista de cada lado e suas respectivas necessidades.

Esta é a intenção deste livro. Transmitir esse conhecimento oriundo da prática empresarial, complementado por uma série de cursos e seminários sobre propaganda, promoção, relações públicas e *marketing*, realizados no Brasil e no exterior.

Roberto Corrêa

Apresentação da 2ª edição

Depois do lançamento deste livro e de duas reimpressões, chegou o momento de acrescentar algo que possa contribuir para o desenvolvimento pessoal de quem está interessado em ser um profissional de Atendimento de alto nível.

Como a prática depende de tempo, é possível acelerar a assimilação do "saber fazer" sem ter a necessidade de apagar muitas velinhas. Por esse motivo, achei conveniente incluir uma relação de dezessete minicasos ligados à área de Atendimento da agência de Comunicação, acompanhados das respectivas respostas.

São situações reais que costumam acontecer no dia a dia das agências e que precisam ser resolvidas diplomaticamente, caso contrário, podem gerar desgastes no relacionamento tanto interno como com os clientes.

Aos interessados, a análise e a busca da solução para resolver os problemas descritos nos casos poderão contribuir para acelerar e elevar o nível de experiência na difícil prática profissional desse setor das agências.

Espero que venham a ser úteis.

Roberto Corrêa

Capítulo 1

A ESTRUTURA BÁSICA DA AGÊNCIA DE PROPAGANDA

Conhecer a estrutura básica de uma agência de propaganda e o seu funcionamento facilita o relacionamento entre o cliente e seu assessor de comunicação. Como é uma prestação de serviços, o trabalho se desenvolve no terreno das ideias, da análise dos fatos e recomendações, no qual a participação de todos os envolvidos no processo é fato fundamental para se atingir bons resultados. A intenção deste capítulo é contribuir para a compreensão desse processo.

A AGÊNCIA DE PROPAGANDA

Os setores de uma agência podem ser classificados em três grandes grupos: básicos, de apoio e operacionais. Os primeiros são aqueles imprescindíveis para que uma agência possa existir e funcionar, compreendendo a Gerência, Administração, Finanças, Atendimento, Mídia, Criação, Produção e Tráfego.

Os de apoio são aqueles que têm a finalidade de auxiliar os departamentos básicos a desempenharem melhor as suas funções, tais como: centro de informações, pesquisas de mercado e comunicação, pesquisas de mídia, assessoria jurídica, *lobby* governamental e informática.

Os departamentos operacionais são instalados para aperfeiçoar os serviços prestados pela empresa aos seus clientes e com a finalidade de se transformarem em novos centros de lucros. Nesse grupo estão: promoção de vendas e *merchandising*, relações públicas, assessoria de imprensa, *database marketing*, eventos, *web design*, entre outros. A tendência é que esses departamentos se transformem em empresas independentes pertencentes à empresa-mãe ou ao grupo de comunicação.

Naturalmente, dada a diversidade de estilos e tamanhos de agências, sempre existirão diferenças entre uma e outra, mas as áreas operacionais – Gerência, Administração, Finanças, Atendimento, Criação, Produção, Mídia e Tráfego – são obrigatórias em qualquer uma delas. Não é necessário que existam como departamentos, uma vez que em pequenas agências os donos costumam exercer mais de uma função, mas elas existem. Um resumo pode ser visto no Quadro 1.1.

Convém comentar os departamentos que costumam ser mais usuais nas agências de propaganda para ter uma ideia do que fazem, como são estruturados e quem são os profissionais envolvidos. Uma visão do conjunto sempre é importante para melhor compreender os processos de trabalho.

Quadro 1.1 – Setores operacionais e de apoio da agência de propaganda	
Operacionais	**Apoio**
Gerência	Pesquisa de mercado
Administração	Pesquisa de comunicação
Financeiro	Pesquisa de mídia
Atendimento	Centro de informações
Criação	Informática
Produção	Assessoria jurídica
Mídia	*Lobby* governamental
Tráfego	
Opcionais	
Promoção de vendas e *merchandising* – Relações Públicas – Assessoria de Imprensa – Eventos – *Web design* – *Database Marketing*	

A existência dos departamentos de apoio vai depender do faturamento da agência. Quanto maior ele for, maior será a possibilidade em criá-los, uma vez que não têm o objetivo de serem centros de lucro para a empresa, mas de dar a ela e aos seus clientes melhores condições de prestar serviços mais completos e sofisticados. No entanto, isto não significa que as agências com estruturas menores e mais simples não têm condições de realizar trabalhos de bom nível profissional, uma vez que tanto os serviços de apoio como os opcionais podem ser adquiridos de outras empresas no mercado. Por esse motivo, é comum a existência de parcerias entre agência de propaganda e de promoção ou de *marketing* direto, e assim por diante.

Gerência

As agências de médio para grande porte geralmente têm um Conselho Executivo ou Administrativo, encabeçado pelo Presidente do Conselho (*Chairman of the Board*).

Fazem parte desse Conselho os diretores mais graduados da agência, mais experientes e que têm, assim, a oportunidade de contribuir para as grandes decisões a serem tomadas, influindo nos destinos da empresa. Este Conselho pode situar-se acima do Gerente-Geral, do Presidente ou Vice-Presidente Executivo para orientar e limitar a sua atuação. Esses títulos dependem da nomenclatura utilizada pela agência, que costuma variar muito.

Em outras estruturas, o Conselho de Administração pode situar-se abaixo do Presidente Executivo ou equivalente, assumindo uma função de *staff* para assessorá-lo nos mais diversos assuntos. Nesse caso, deixa de ser um órgão limitativo da autoridade do Presidente Executivo e passa a ter a função de apoio e aconselhamento. Em qualquer dos modelos, a participação do Vice-Presidente Financeiro nas reuniões do Conselho é muito importante para relatar e orientar as medidas necessárias à saúde financeira da empresa.

Nos Quadros 1.2 e 1.3 podem ser apreciados os organogramas que espelham estas duas situações.

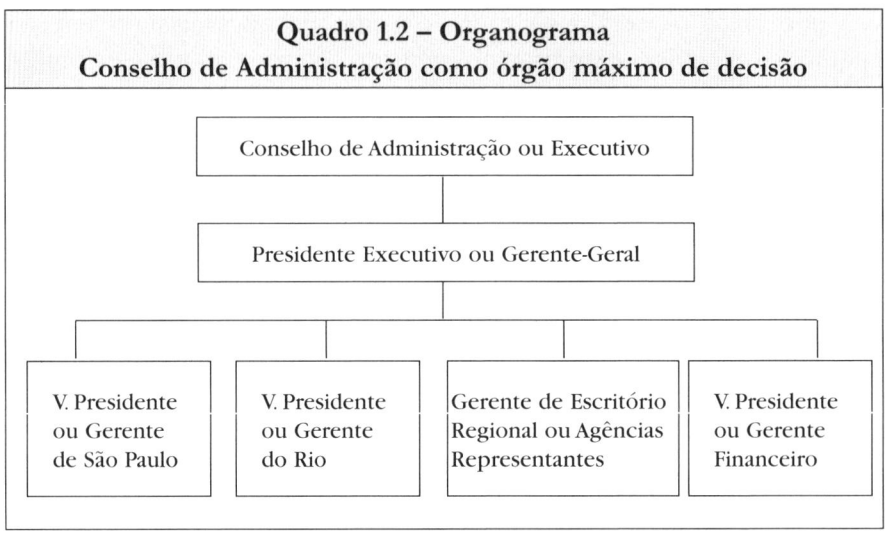

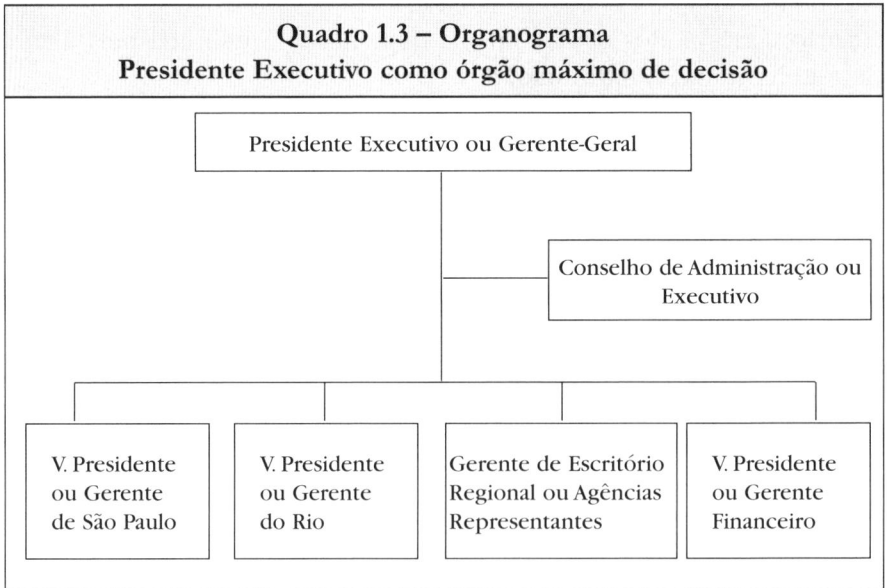

As agências geralmente têm a sua matriz e filiais com uma estrutura completa de atendimento, mídia e criação nas principais cidades, sendo comum abrirem escritórios de apoio em outras praças que ainda não comportam uma filial ou estabelecem acordos operacionais com agências locais para representá-las.

Geralmente, esses escritórios ou representantes auxiliam na área de mídia para entregar as cópias dos comerciais e os fotolitos dos anúncios para os veículos; fazer fiscalização da veiculação; ajudar na atualização das tabelas dos preços da mídia local; podem elaborar e implementar ações promocionais locais; contratar institutos de pesquisas ou ajudar no recrutamento de entrevistadores; alugar locais adequados para a realização de pesquisas qualitativas; auxiliar o pessoal da agência parceira ou dos seus clientes quando em viagens na região, além de outros serviços que sejam do interesse das duas empresas. Nesses acordos, são previstas formas de remuneração pelos serviços prestados. É bom dizer que esse movimento não é só da agência maior para a menor, uma vez que esta também pode usufruir dos conhecimentos e capacidades da grande agência, como criação, mídia e treinamento do pessoal, por exemplo. Tanto os gerentes de filiais quanto as agências parceiras podem dar uma significativa contribuição para a casa-matriz pelo fato de serem portadores de conhecimento e informações sobre a sua região.

Administração

Costuma abranger as seguintes áreas: financeira, contábil, jurídica, recursos humanos, compras, controle de estoque, ativo fixo, serviços de escritório e informática.

Umas das funções da área financeira é planejar o manuseio do dinheiro de forma a manter um fluxo de caixa de acordo com as necessidades da empresa. Dentro de um planejamento, o gerente procura as oportunidades para manter um saldo de caixa maior para realizar aplicações no mercado financeiro, tipo *open market*, fundos, títulos, ações e outros tipos de operações, a fim de obter uma receita extra que em muito pode contribuir para o bom resultado do balanço da agência. Cabe também ao gerente financeiro aconselhar sobre os investimentos em máquinas, equipamentos, imóveis, diversificação para novas atividades que possam propiciar novas receitas, sempre tendo em vista manter a boa situação da empresa. O ativo fixo, representado por imóveis, móveis, máquinas e equipamentos, geralmente representa pouco investimento dentro de uma agência, devido à sua natureza de prestadora de serviços, se comparado ao de uma indústria, onde o seu parque fabril costuma ter um valor muito elevado em relação ao capital, entretanto, merece ser administrado conforme a capacidade financeira da empresa.

A área contábil registra cada centavo que entra ou sai, realiza todo o sistema de cobrança e pagamento, mantendo um perfeito controle sobre a situação. Essa função é vital porque a agência utiliza o dinheiro do cliente para pagar fornecedores e veículos, o que lhe dá grande responsabilidade e precisa prestar contas com precisão.

De uma maneira geral, a área jurídica assessora todas as questões trabalhistas, comerciais, redação de contratos com artistas, modelos, fornecedores e demais itens específicos ao setor. Sua importância é cada vez maior porque pode ajudar na redação das mensagens publicitárias interpretando o ponto de vista do consumidor sob a ótica do direito e para prevenir que certas afirmações não venham a colidir com os direitos dos concorrentes. O Conar, órgão que fiscaliza as mensagens publicadas nos meios de divulgação, tem interferido sempre que alguma campanha tenha algum tom ofensivo ou que venha a conflitar com a ética e os costumes da sociedade, o que torna a presença desta entidade cada vez mais importante para defender os interesses dos clientes e da agência.

A administração das compras, através de uma boa negociação, e o controle dos estoques dos materiais de uso da agência podem contribuir para um melhor resultado financeiro, evitando desperdícios e fazendo com que as despesas se mantenham dentro dos limites necessários ao bom desempenho dos trabalhos.

É na área de pessoal que os investimentos são feitos, já que a matéria-prima da agência é a geração de ideias, propiciada pelos profissionais de talento. Uma agência precisa de grande habilidade no seu recrutamento e na manutenção da sua equipe, sendo muito importante um bom ambiente de trabalho para se conseguir bons resultados. Entusiasmo, vibração, energia são características fundamentais em uma agência. Dada a heterogeneidade das pessoas, quer pela sensibilidade e formação cultural, quer pela sua capacidade profissional, o gerenciamento da equipe é algo delicado. Manter a motivação em alta para a realização dos trabalhos, não importando a hora ou dia da semana, é preocupação constante dos dirigentes ao enfrentar os aspectos da disciplina e da produtividade, mas tudo pode ser controlado com a devida habilidade.

A administração do escritório propriamente dito é uma difícil tarefa, dada a característica fluida dos serviços de uma agência e onde as situações de exceção costumam ser rotineiras. No lado operacional, a computação é parte intrínseca do serviço, sendo fundamental um sistema interativo que permita a troca de informações entre o pessoal da agência, seus clientes, os veículos de comunicação e fornecedores.

ATENDIMENTO

É o setor da agência que mantém o contato permanente com o cliente, cuidando de todos os serviços. Dessa forma, ele levanta os dados, planeja, vende, executa, coordena, controla, faz tudo para que o seu cliente tenha um bom nível de serviços.

O profissional deste setor precisa ter uma visão global da agência e dos negócios do cliente para poder assessorar corretamente, além de ter um bom conhecimento de *marketing*. Seu papel é duplo, sendo "advogado" do cliente dentro da agência e "embaixador" da agência junto ao cliente.

É muito importante a sua capacidade administrativa e de organização, pois sobre ele repousam todas as informações e cronogramas de serviço.

Existem vários cargos, começando a carreira como assistente de contato, passando a contato, supervisor de contas, chefe de grupo e diretor de contas. De acordo com o tamanho da agência e o tipo de cliente, podem existir três ou mais níveis de atendimento.

CRIAÇÃO

O Departamento de Criação sempre mereceu muito carinho porque, basicamente, um cliente procura uma agência para fazer boas campanhas. É claro que os demais setores também têm a sua importância e que a criação não pode prescindir da cooperação deles, mas um bom produto criativo é fundamental. O trabalho utiliza o sistema de dupla de criação, onde o redator e o diretor de arte discutem a abordagem criativa e criam a campanha ou peças publicitárias. Deve existir muita integração e troca de ideias onde, constantemente, as sugestões de ilustração podem partir do redator, assim como um bom título pode vir do diretor de arte. Esta costuma ser a célula fundamental dos departamentos de criação.

Ao receber o *briefing* do Atendimento, a Criação inicia o seu trabalho. Em alguns casos, costuma-se fazer um *brain storm*, abrangendo não só o pessoal diretamente envolvido no projeto como os colegas de outras áreas (mídia, pesquisa, atendimento).

Esse processo consiste em relacionar toda e qualquer ideia sugerida pelos componentes do grupo sem nenhuma preocupação em avaliar a sua adequação no primeiro momento. Quanto mais farto o material, tanto maior será a probabilidade de surgirem ideias válidas. Em uma segunda etapa, faz-se a seleção das ideias, escolhendo as opções que melhor se enquadram dentro do *briefing*. Preferencialmente, devem-se checar poucas alternativas para que haja tempo suficiente de elas serem desenvolvidas adequadamente.

Na avaliação das ideias, é interessante verificar se elas podem ter vida longa, transformando-se em filão de campanhas, ou se não permitem serem desenvolvidas ao longo do tempo, esgotando-se em si mesmas por serem pontuais. Por exemplo, o uso dos personagens de Mauricio de Sousa, Walt Disney, Hanna Barbera, entre outros, permite uma exploração praticamente inesgotável. Por seu turno, a utilização de um modismo, expressões idiomáticas, tipos de diversões e produtos como tobogã, bambolê, pião, pulseirinhas etc. só teriam validade enquanto estivessem em evidência. Naturalmente, se existir uma grande ideia baseada em um modismo deve ser aproveitada, mesmo sem se constituir em um filão criativo.

Dentro do Departamento de Criação, podem existir vários setores e cargos, a saber:

- **DIRETOR-GERAL/VICE-PRESIDENTE DE CRIAÇÃO**

Como o nome diz, é a pessoa responsável pelo produto criativo da agência, podendo ter a sua origem profissional tanto na redação quanto na direção de arte. Tudo o que é criado deve passar pelo seu crivo antes de sair do departamento. Além das funções voltadas para a criação e a produção das peças publicitárias, ainda se encarrega da administração do seu departamento.

- **DUPLA DE CRIAÇÃO**

É composta pelo Redator e pelo Diretor de Arte, ambos também chamados de diretores de criação ou diretores associados de criação. São aqueles que criam e desenvolvem a campanha, uma vez que o Diretor-Geral de Criação não pode fazer tudo sozinho. Dependendo do tamanho da agência, podem ser auxiliados por uma dupla júnior.

- **DIRETOR DE ARTE**

É o profissional voltado para o *design* gráfico publicitário. Seu conhecimento é especializado na arte e técnica da imagem – perspectiva, luz e sombra, fotografia, impressão etc. –, usando as cores com sensibilidade e bom gosto, dispondo os elementos gráficos de forma equilibrada e atraente. Pode ter conhecimentos de música.

- **REDATOR**

É o profissional voltado para o texto publicitário. Seu conhecimento do idioma é fundamental, demonstrando talento para utilizar a palavra com maestria na função de levar uma mensagem que cative o leitor ou ouvinte. Pode ter vocação para a poesia e para a música.

- **ESTÚDIO**

Na época que antecedeu a chegada do computador nas agências, lá pelos anos 1980 nos Estados Unidos e 1990 no Brasil, o estúdio de arte tinha ilustradores, letristas, retocadores de fotos e o pessoal de *paste-up*. O trabalho consistia em elaborar os *layouts* e montar as artes-finais dos anúncios, folhetos, bandeirolas, *broadsides* e outros tipos de peças gráficas, tomando por base os *layouts* aprovados pelo cliente. Atualmente, tanto o *layout* quanto a arte-final são feitos no computador e o estúdio passou a ser um laboratório de computação gráfica.

- **LABORATÓRIO FOTOGRÁFICO**

Dependendo do sistema de trabalho adotado, algumas agências organizam o seu estúdio fotográfico e respectivo laboratório, trabalhando para os clientes e para os serviços internos. Às vezes, podem oferecer esse serviço para o mercado. No entanto, é cada vez menor o número de agências que ainda adotam esse sistema, uma vez que, geralmente, fica mais prático e tem menor custo utilizar serviços fotográficos de terceiros.

- **PRODUÇÃO GRÁFICA**

Normalmente chefiada por um técnico em artes gráficas, tem a função de solicitar orçamentos às gráficas, negociar e cuidar da qualidade de impressão, supervisionando os trabalhos junto a esses fornecedores.

- **PRODUÇÃO DE R/TV/C**

Toda a produção eletrônica – rádio, televisão, cinema, *videotape* – passa por este departamento. Sua função é semelhante à da produção gráfica, ou seja, solicitar orçamentos para a produção da peça publicitária, negociar, coordenar e supervisionar tecnicamente a sua execução junto às produtoras.

MÍDIA

Geralmente, costuma ser o departamento mais numeroso da agência, sendo responsável pela correta aplicação das verbas de propaganda junto aos veículos de comunicação, autorização e respectivo controle da veiculação autorizada, o que implica um excelente planejamento, uma habilidosa negociação e uma eficiente organização. É um trabalho que ainda tem um toque artesanal, apesar da existência dos computadores e dos programas existentes, já parte integrante do departamento. A tomada de decisão sobre a escolha dos melhores veículos para uma determinada campanha sempre dependerá da interpretação e da sensibilidade do profissional de mídia.

Basicamente, a Mídia tem um responsável na figura do Diretor de Mídia, que deve reunir as habilidades de planejador, negociador, vendedor e possuir um bom relacionamento humano. Conforme o seu tamanho, a agência pode ter um ou mais grupos de planejamento, constituído pelo Gerente de Planejamento de Mídia, coordenador e assistente. Cabe a cada grupo elaborar o plano de mídia em conformidade com o *briefing* recebido, apresentá-lo ao cliente junto com o Atendimento, negociá-lo e dar as instruções para a veiculação. Se a agência possuir um Setor de Compras de Mídia, o planejador deixa essa tarefa para o especialista ou o auxilia nas negociações. O setor de compras só existe nas grandes agências, devido ao grande volume de negócios.

Um outro setor é o da Mídia Executiva, responsável pelo trabalho de emissão das autorizações de veiculação e remessa do material correto ao veículo programado e em tempo hábil.

Após a veiculação, o setor de *checking* ou de controle verifica se as programações autorizadas foram cumpridas integralmente ou se houve falhas, comunicando a ocorrência ao planejador. Para isso, os veículos impressos enviam os exemplares com os anúncios publicados para a agência, comprovando a veiculação. Para o rádio e a televisão, existem relatórios fiscais que cobrem as principais praças do país, fazendo o rastreamento e, quando possível, verificando as pautas de programação do que é divulgado nesses meios. Esses relatórios ajudam a agência a contestar alguma falha eventual na programação e solicitar a sua compensação. Dependendo do interesse do cliente e da estratégia de mídia adotada, pode existir a compensação da falha pelo veículo reprogramando o comercial ou anúncio em data posterior ou efetuando a dedução do valor correspondente da fatura. Qualquer que seja a decisão, o fato é comunicado à contabilidade para o devido registro. Em algumas agências, o setor de *checking* é subordinado à contabilidade.

Nem toda agência dispõe de recursos para manter um setor especializado em pesquisa de mídia. Entretanto, sua função, apesar de complementar, é muito útil para apoiar os planejadores e melhor informar o Atendimento, munindo-os de justificativas para a defesa dos planos. Sua função consiste em manusear a gama de informações fornecidas pelas pesquisas de mídia, fazendo cruzamentos especiais dos dados e analisando os relatórios em profundidade para indicar quais os veículos podem ser selecionados, ao comparar o perfil da audiência com o perfil do público-alvo.

Tráfego

O Departamento de Tráfego de uma agência tem a função de coordenar e controlar o fluxo dos serviços na Criação e na Produção. O Atendimento, ao solicitar um serviço, envia um pedido ou *blue sheet* à Criação por intermédio do Tráfego. Este faz o registro e, se necessário, "negocia" o prazo para a sua realização entre aqueles dois departamentos. Esse assunto costuma gerar alguns atritos devido à expectativa do cliente em ver o seu trabalho realizado em pouco tempo e, do outro lado, à necessidade da Criação em dispor de tempo suficiente para elaborar as suas ideias.

Também passam pelo Tráfego os serviços para o estúdio ou laboratório de computação, assim como os da produção gráfica. Nas grandes e médias agências a produção eletrônica costuma ser independente, tendo uma ligação direta com o Atendimento e a Criação. Nas menores, este setor pode vir a ser coordenado pelo Tráfego. Pode-se dizer que quanto menor a agência, maior é a área de atuação do Tráfego ao assumir as áreas de produção. No entanto, à medida que ela se expande, o setor de R/TV/C e o de produção gráfica tendem a se desvincular.

O Tráfego também cuida dos orçamentos, faz concorrência de preços, negocia com os fornecedores os itens que compõem uma arte-final, como, por exemplo, a fotografia, uma determinada ilustração etc., bem como contrata artistas e especialistas para uma melhor finalização de peças em nível de *layout, story-boards, moke-ups* e maquetes. É um trabalho bastante difícil, sofrendo sempre muita pressão e correndo contra o tempo.

Para se dar uma ideia de como as coisas se processam, o Quadro 1.4 relaciona as pessoas ou departamentos que podem ser envolvidos pelo sistema de tráfego.

Quadro 1.4 – Pessoas ou Departamentos envolvidos no tráfego de uma produção gráfica

Cliente	Agência	Fornecedor
Gerente de Propaganda	Atendimento	Fotógrafo
Gerente de Produto	Criação	Fotolito
Gerente de *Marketing*	Estúdio/Laboratório de computação gráfica	Gráfica
Outros		Ilustrador
	Produção gráfica	Outros
	Tráfego	

CLIENTE

Do lado do cliente, dependendo da sua estrutura, pode existir o cargo de Gerente de Propaganda, Gerente de Produto (de Marcas ou de Negócios), seguindo-se a Gerência de *Marketing* e Presidência que normalmente têm a função de manter o relacionamento com a agência. O Departamento Jurídico do cliente pode ser acionado para avaliar a parte legal das mensagens publicitárias, para que respeitem o Código do Consumidor, o de Autorregulamentação Publicitária e outras legislações pertinentes à sua área de atuação.

PROMOÇÃO DE VENDAS E MERCHANDISING

Este departamento existe em algumas agências como uma especialidade. Sua organização exige a contribuição de um profissional da área de planejamento de atividades promocionais, acoplada com a sua capacidade de execução. Junte-se o setor de Criação, também especializado em promoções.

Normalmente, o Atendimento solicita diretamente os serviços a este departamento, o que oferece a vantagem de uma melhor coordenação com as atividades de propaganda. A implantação do Departamento de Promoções na agência visa a possibilidade de faturamento adicional, porém existe a dificuldade da cobrança dos serviços aos clientes, que costumam considerá-los como um complemento da propaganda. Assim sendo, o cliente tende a olhar esses serviços como mais uma contribuição da agência em função da verba total que é por ela administrada.

Atualmente, a tendência é que esses departamentos se transformem em empresas independentes, pertencentes ao grupo de comunicação, o que permite, inclusive, a conquista de novos clientes apenas para esse tipo de serviço.

Em pesquisa realizada junto a 21 agências de propaganda de São Paulo para a tese de doutorado do autor, no segundo semestre de 2002, verificou-se que 15 agências ofereciam 4 ou mais serviços de comunicação aos seus clientes. Além da "propaganda", o "*marketing* direto" foi a segunda disciplina mais oferecida pelas agências aos seus clientes, seguida de perto pela "promoção de vendas" e pelo "*web design*", com 14 citações cada. Na quarta posição vem a "organização de eventos" (12 citações) e, por último, a menos citada foi a oferta dos serviços de "assessoria de imprensa". Por esses resultados, vê-se que as agências de propaganda não estão concentradas apenas na sua atividade principal, mas oferecem várias outras formas de comunicação, indicando a sua preocupação em lidar com a comunicação integrada e melhor aproveitar as oportunidades de negócios.

Relações Públicas e Assessoria de Imprensa

É outro departamento opcional da agência e que exige a presença de profissionais especialistas em Relações Públicas e de jornalistas, atuando na área de eventos e de assessoria de imprensa. Sua função costuma ser melhor compreendida pelos clientes do que a do Departamento de Promoção de Vendas, sendo, portanto, mais viável a sua instalação e seu desenvolvimento.

No que diz respeito a Relações Públicas, ela vem se desenvolvendo no Brasil gradativamente, sendo uma profissão regulamentada e com a existência de um bom número de agências especializadas.

No anunciante, os departamentos de relações públicas geralmente são ligados diretamente à Presidência, uma vez que as informações divulgadas por seu intermédio refletem uma posição da empresa e que pode ter diversas repercussões de ordem ética, política, fiscal, econômica e técnica. As Relações Públicas podem ser exercidas dentro da própria empresa no sentido de maior comunicação com seus funcionários e, para fora dela, visando levar mensagens determinadas aos diversos públicos de seu interesse.

Uma das funções do departamento, normalmente exercida por jornalistas, é a assessoria de imprensa que utiliza a informação como matéria-prima para a divulgação das mensagens. Uma boa "informação" precisa ser de interesse do público para virar "notícia", sendo endereçada aos veículos sob a forma de *press releases*. Eles podem conter apenas o texto ou ser complementados por fotos, brindes, amostras de produtos ou outro material explicativo. Quando existe um conjunto de peças é chamado de "*kit* de imprensa".

Cabe ao veículo de comunicação aproveitar o *press release* na íntegra ou reescrevê-lo dentro das características da empresa jornalística, publicando apenas o que achar conveniente para os seus leitores, ouvintes ou telespectadores. Por esse motivo, o anunciante não pode exigir do departamento ou da agência de Relações Públicas a divulgação de todas as notícias enviadas, uma vez que a decisão de publicá-las cabe exclusivamente ao veículo. Suponha que no dia solicitado para a publicação do *press release* aconteça algo muito importante na cidade, no país ou no mundo que venha a ocupar as manchetes e grandes espaços do noticiário. Naturalmente, a mensagem não será publicada ou receberá pouca atenção.

O que pode ser esperado do Departamento de RP/Assessoria de Imprensa ou da agência prestadora desse serviço é a qualidade e a distribuição do material referente ao projeto aos veículos selecionados dentro da programação estabelecida, e a força do seu *lobby* junto às redações dos veículos. É preciso considerar, também, que não existe nenhum pagamento ao veículo pela publicação da informação que lhe foi enviada. Essa prática desvirtua o espírito que norteia a publicidade.

É claro que existe a possibilidade da "matéria paga", ou seja, o anunciante pagar ao veículo a publicação da sua informação. Não se trata, então, de uma ação de assessoria de imprensa, mas de uma propaganda publicada como se fosse uma "notícia". No caso dos jornais e revistas, a matéria é circundada por uma linha, como uma moldura, e com a indicação "informação publicitária", "informe publicitário" ou "publi-editorial". Esse cuidado é para alertar ao leitor de que não se trata de uma matéria sob a responsabilidade do veículo. Alguns profissionais costumam classificar essa iniciativa como uma ação de *merchandising*.

Quando se fala em Relações Públicas, pensa-se logo em uma pessoa que possui facilidade de conversação e de relacionamento pessoal, frequenta coquetéis e jantares sofisticados. Isto é apenas uma pequena parcela do trabalho que tem maior visibilidade, pois uma ação de RP exige planejamento, da mesma forma como se faz para uma campanha de propaganda ou de promoção de vendas. No plano de RP deve estar fixado o seu objetivo, público-alvo, estratégias, táticas e a programação das ações, seu eventual programa de mídia, custos e cronograma das diversas etapas. Um planejamento desse tipo pode incluir não só as informações a serem divulgadas como, também, anúncios e peças de apoio, tais como brindes, folhetos, convites e todo o material necessário à execução do plano.

Quanto à avaliação dos resultados, pode ser feita sob o aspecto quantitativo e o qualitativo. O primeiro é feito recortando todas as notícias publicadas pela imprensa escrita originadas pelos *releases* e estimando-se a área de cada publicação na base do cm x coluna para jornais ou tamanhos de anúncios de revista (1 página, 1/2 página etc.). O valor dessa centimetragem ou dos tamanhos é estimado com base nos preços de tabela de cada veículo, chegando-se a um total que indicaria o provável custo da matéria publicada caso existisse um pagamento. Desta forma, se tiver sido empregada uma determinada importância para preparar o *kit* de imprensa e pagar os serviços de assessoria de imprensa, mas o total publicado tiver um valor algumas vezes maior, pode-se ter uma ideia se foi compensador o esforço realizado. O mesmo procedimento é feito para as notícias divulgadas no rádio e na televisão, gravando-se o material. O valor é estimado utilizando-se o preço de tabela do comercial de 1 minuto, frações de 15" ou 30". Os recortes e gravações são chamados *clipping*.

No entanto, considero a avaliação qualitativa mais significativa porque uma pequena notícia sobre a empresa ou produto/serviço publicada numa coluna importante lida pelo público-alvo tem mais valor do que uma página inteira em um veículo de pequena expressão ou que não atinja eficientemente o público desejado. A forma de remuneração da agência de assessoria de imprensa pode ser um preço negociado conforme a complexidade do projeto ou o pagamento mensal de um *fee* correspondente à expedição de um determinado número de notícias em um período determinado de tempo.

O trabalho de RP é tão delicado e importante que a expedição dos *press releases* deve ser feita somente após ter sido aprovada pelo Presidente ou sócio majoritário da companhia. Em toda a notícia pode existir um envolvimento político, conter uma informação para a concorrência ou detalhes importantes que não convém ser divulgados ao mercado e somente a autoridade máxima da empresa possui uma visão de conjunto para poder tomar a decisão sobre a conveniência da publicação de certos dados e informações.

Para encerrar esta parte, convém comentar dois aspectos muito importantes na elaboração estratégica de um planejamento de comunicação: a consistência da mensagem e a continuidade da sua divulgação. Em outras palavras, a consistência é a manutenção do posicionamento ou conceito do produto e da sua mensagem básica para que possa ser mais facilmente assimilada pelo público-alvo. A repetição do conceito deve ser mantida enquanto for relevante para o consumidor; por isso, a simples mudança do ano-calendário não é justificativa para mudar uma campanha de relações públicas ou de assessoria de imprensa. É preciso dizer sempre a mesma coisa, mas de formas diferentes.

Quanto à continuidade, é fato mais do que provado ser fundamental a repetição da mensagem para que ela possa ser reconhecida e memorizada pelo público. A repetição da mensagem a intervalos programados permite que ela se mantenha viva na mente dos consumidores e vá aumentando a sua resistência aos ataques da concorrência. Não se esqueça, a eficácia de uma campanha tende a aumentar se forem observados estes dois princípios fundamentais da comunicação.

PESQUISAS

O Departamento de Pesquisa presta um grande serviço de apoio às agências de propaganda, mas, por seu turno, não é um centro de lucro da agência. Sua função é de apoio, sendo mais evidentes as despesas com a sua manutenção. Por esse motivo, evidentemente econômico, é que só as grandes empresas têm condições de manter um departamento desta especialidade ou, então, as empresas de porte médio extremamente bem administradas.

A pedido do Atendimento, o Departamento de Pesquisas pode atuar como assessoria para os clientes, orientando-os sobre o tipo de pesquisa de mercado mais adequado ou indicando as técnicas mais pertinentes para abordar um problema. Sua função inclui a convocação dos institutos de pesquisa, solicitar projetos e orçamentos, negociar, fiscalizar o serviço de terceiros e analisar os relatórios dos dados obtidos, interpretando-os em função de outras informações que lhe são passadas pelo cliente ou por outros setores da agência. Por exemplo, se o pesquisador conhece o tipo de campanha que está sendo preparada, pode perceber um detalhe no relatório que venha a ser muito importante para uma tomada de decisão. O instituto de pesquisa analisa apenas os fatos obtidos, mas o pesquisador da agência pode interpretá-los em função de um cenário maior.

Internamente, esse departamento auxilia as áreas de Criação e Atendimento, funcionando como um centro de informações sobre o consumidor para ajudar na elaboração de planos de propaganda, promoção ou relações públicas.

Como auxiliar da Criação e do Planejamento da agência, pode executar ou mandar executar pesquisas exploratórias, testes de conceitos de temas de campanhas, filmes ou anúncios, com o objetivo de trazer novas informações ou dirimir dúvidas sobre os caminhos a serem adotados em um determinado projeto.

Como auxiliar do Atendimento e da Mídia, pode realizar levantamentos estatísticos junto às fontes oficiais, tais como IBGE, FGV, secretarias dos ministérios, associações profissionais que costumam produzir dados e informações, tipo Anfavea, Abraciclo, ABA, Eletro etc. Esses dados, que os americanos chamam de *desk research,* são de muita valia ao se preparar um planejamento, dimensionando os mercados, apontando tendências e oferecendo uma série de outras informações. Em algumas agências, essa função cabe ao Centro de Informações.

O Setor de Pesquisas de Mídia geralmente fica subordinado ao Departamento de Mídia e sua função é auxiliar o planejamento de mídia nessa tarefa, assim como o Atendimento, dando-lhes as informações necessárias para justificar as propostas apresentadas aos clientes, em bases mais concretas.

Utilizando os relatórios regulares de pesquisas de audiência, tais como os da Marplan e do Ibope, o pessoal do setor realiza cruzamentos de dados, faz comparações e estudos específicos, objetivando descobrir a melhor maneira de utilizar os diversos meios de comunicação. Já se sabe, por exemplo, que a rádio AM tem uma boa audiência na parte da manhã, diminui na parte da tarde e mais ainda a partir das 18 horas, enquanto a audiência na faixa FM tende a melhorar no período noturno.

Na televisão, as maiores audiências se verificam entre as 18 horas e 22 horas, considerado horário nobre, começando a cair logo após. Estudos de multimídia demonstraram que a conjugação de tipos de mídia diferentes, assim como televisão + rádio, ou rádio + revistas, ou ainda televisão + rádio + jornal, tende a conseguir índices maiores de alcance e de percepção das mensagens. Em outras palavras, partindo-se de uma mesma verba e anunciando apenas em uma emissora de televisão, suponha que seria conseguido um alcance de 40%, ao passo que, conjugando televisão com rádio, este índice subiria para 50%, por exemplo. Além de conseguir um melhor alcance, o uso combinado de dois ou mais meios de comunicação ajudaria, também, a aumentar o índice de retenção da mensagem inserida na campanha de propaganda.

PERGUNTAS

1) Quais são os serviços operacionais obrigatórios em uma agência de propaganda?
2) O Atendimento é o setor da agência que faz tudo para que o seu cliente tenha um bom nível de serviços. O que ele precisa fazer?
3) Qual é a responsabilidade do Setor de Mídia da agência?
4) Qual é a função do Setor de Tráfego da agência?
5) O que se entende por *press release*?
6) As agências de comunicação precisam ter todos os departamentos para melhor servir aos seus clientes, ou é melhor possuir apenas alguns e contratar serviços de terceiros? Justifique a sua resposta.

Capítulo 2

O Papel do Atendimento nas Agências

Parece saudosismo dizer que "já não existe um Atendimento de agência como se tinha antigamente". Pode ser até um lamento da velha guarda de publicitários relembrando seus amplos e bem montados escritórios, com suas eficientes secretárias taquígrafas e bilingues, quando o charme da profissão provocava comentários do tipo "estes loucos inventam cada coisa; como é que eles conseguem fazer isto?". O charme continua existindo, mas, talvez, com menos *savoir faire* porque a ordem do dia é uma só: faturar. Por isso, não há tempo para os "entretanto" uma vez que é preciso chegar logo aos "finalmente".

Gostaria de começar fazendo uma análise sobre as grandes mudanças que ocorreram na área de atendimento das agências de propaganda desde os anos 1950, para que: a) fique mais fácil compreender o cenário atual; b) propor alguns conceitos básicos para a atuação eficaz desta importante área de trabalho das agências de comunicação; c) e fazer uma tentativa para prever os novos caminhos que esses profissionais possivelmente terão de enfrentar nos anos futuros. Dentro deste pensamento, serão abordados os seguintes tópicos:

- Evolução histórica do Atendimento na maioria das agências.
- Uma nova atitude para o atendimento.
- Faturar é importante, mas não é tudo.
- O relacionamento do Atendimento com o Cliente: ser um assessor e não um fornecedor.
- Atendimento é um profissional de negócios com base técnica em comunicação.
- Procurar o interesse do Cliente em primeiro lugar, depois o da agência.
- Atendimento criativo.

Evolução histórica do Atendimento na maioria das agências

Convém iniciar fazendo um rápido retrospecto da evolução do Atendimento das agências de propaganda no Brasil, explicando as diversas fases pelas quais passou.

Na década de 1950, costumava-se dizer que alguns Diretores de Atendimento eram os "donos da conta", ou seja, o seu relacionamento pessoal com a diretoria dos anunciantes era um ponto fundamental para a permanência do cliente na agência. Ao mudarem de emprego, a "conta" os seguia aonde quer que fossem. Com esse quadro, é fácil imaginar que o Atendimento exercia uma influência ditatorial sobre os demais departamentos e a sua palavra era lei.

Naquela época, o Departamento de Criação das agências ainda era composto por redatores e ilustradores, ou diretores de arte, que trabalhavam separados. Aqueles nas suas salas e estes no estúdio. O redator, geralmente jornalista, escritor, contista ou poeta, escrevia o texto do anúncio e passava para o ilustrador fazer o *layout*.

Pelo seu lado, o Departamento de Mídia não dispunha das informações de pesquisa com a qualidade, a quantidade e a velocidade pelas quais hoje são conhecidas, como os dados de audiência de televisão minuto a minuto. O número de veículos de comunicação existentes também era muito menor, geralmente com um conteúdo editorial destinado a atingir a grande massa de consumidores, dentro de uma visão de publicar assuntos de interesse geral. Desta forma, o conhecimento pessoal dos profissionais de Mídia sobre cada veículo, aliado ao seu bom relacionamento com os diretores dos meios de comunicação, tinha um peso muito elevado nas decisões sobre uma programação de veiculação. Se, por cima disso tudo, ainda possuísse uma boa capacidade de negociação, era considerado um profissional perfeito.

Na década de 1960 a televisão começou a tomar força como mídia e a desbancar a liderança do rádio, passando a usufruir cerca de 55% da verba publicitária, posição que mantém até hoje. Esse fato mudou o enfoque da criação, passando a dar maior atenção para os comerciais de televisão em lugar dos anúncios baseados nas artes gráficas e nos comerciais estruturados com as técnicas da comunicação radiofônica.

O número de anunciantes crescia, tanto no setor industrial como no de varejo. As multinacionais trouxeram o seu *know-how* de *marketing*, enviavam seus executivos para participar de seminários na casa-matriz e passaram a exigir um trabalho mais técnico por parte das agências. Estas, por sua vez, seguiram o exemplo, também enviando seus profissionais para aprender no exterior e contribuindo para o seu desenvolvimento profissional. Como consequência, a figura do "dono da agência" foi desaparecendo, dando lugar a um Atendimento mais profissional.

Além da mudança de foco da parte gráfica para a eletrônica, a Criação também evoluiu, passando a adotar o sistema de "duplas de criação", compostas por um redator e um diretor de arte, com o propósito de criarem juntos todas as peças publicitárias. Nesse modelo, um Redator poderia sugerir um tipo de imagem e o Diretor de Arte poderia criar um título ou uma linha central de raciocínio para a elaboração do texto. A ideia criativa podia partir de qualquer um dos dois e ser trabalhada por ambos, simultaneamente, gerando o novo anúncio ou comercial. Esse sistema foi tão eficaz que continua a ser adotado pelas agências até hoje.

No final dos anos 1960, verificou-se a tendência para lançar novos veículos de comunicação no mercado, dirigidos a públicos específicos. As pesquisas de hábitos de leitura e audiência se ampliaram dando maior suporte aos departamentos de mídia na segmentação da audiência ou dos leitores. A análise técnica de uma programação começou a conquistar lentamente o seu espaço. O Diretor de Atendimento e Planejamento passa, então, a assumir a liderança da agência, tanto a nível gerencial como técnico. Orientava todos os trabalhos, aprovava os planos e os *layouts*, realizava a apresentação das peças da campanha ao cliente, bem como o plano de mídia.

Para as grandes campanhas, as agências utilizavam o sistema de *review boards*, que era composto por uma comissão dos mais experimentados e talentosos profissionais da casa que faziam o filtro do trabalho criativo, antes de ser apresentado ao cliente. A decisão desse comitê era inquestionável. Dentro deste panorama, o Atendimento tinha uma grande força dentro da agência e junto aos clientes. Geralmente, a presidência da empresa era ocupada por alguém oriundo do Atendimento.

Ainda na transição da década de 1960 para a de 1970, verificou-se uma explosão da Criação, com a valorização do profissional desta área por meio da conquista de diversos prêmios nacionais e internacionais. O reconhecimento público, através desses prêmios, tornava o profissional muito disputado pelo mercado. Cada agência procurava se destacar como a mais criativa de todas, exibindo orgulhosamente os seus talentosos e premiados profissionais. Os criativos passaram a visitar os anunciantes junto com o pessoal de Atendimento, marcando cada vez mais a sua presença e estabelecendo um relacionamento mais direto com o cliente.

A consequência foi um recolhimento gradativo do Atendimento, cedendo aos criativos a tarefa de criar mais livremente e apresentar as campanhas. Sua interferência na avaliação dos trabalhos foi diminuindo, tanto na criação quanto na produção dos materiais publicitários. Por outro lado, a sua atuação foi se direcionando mais para o planejamento das campanhas e para a parte administrativa da conta, como o controle dos orçamentos, prazos e o andamento dos trabalhos, além do relacionamento mais frequente com os clientes.

O peso da Criação passou a ser tão grande que o Atendimento, em grande número de casos, não se atrevia a sugerir ou recomendar nada naquela área para não criar problemas internos de relacionamento. Em outras palavras, o pêndulo moveu-se muito para o outro extremo no qual somente a Criação tinha a capacidade de criar, mais ninguém. O seu ponto de vista, quando questionado, gerava verdadeiras batalhas, uma vez que a sua sensibilidade criativa se sobrepunha à lógica mercadológica e aos resultados das pesquisas.

Na segunda metade dos anos 1970 e na década de 1980, foi a vez dos profissionais de Mídia que cuidavam do planejamento, programação, negociação e aplicação das verbas publicitárias nos diversos meios de comunicação. A formação do Grupo de Mídia por estes profissionais muito contribuiu para o desenvolvimento e padronização de sistemas de trabalho. Ocorreu a sofisticação das pesquisas de audiência, a segmentação do mercado editorial com o lançamento cada vez maior de revistas especializadas, as rádios dirigiram a sua programação para públicos-alvos específicos e era franca a luta das televisões por maior audiência. Toda essa movimentação causou um aumento geométrico no volume de informações de mídia para serem analisadas e interpretadas.

Os departamentos de Mídia das maiores agências de propaganda criaram as suas próprias seções de pesquisas de mídia, compostas por profissionais dedicados integralmente à tarefa de analisar todos os dados e informações disponíveis sobre hábitos de consumo de mídia, índices de audiência e de leitura, para apoiar o trabalho dos planejadores. O aprofundamento da especialização e o trabalho de valorização do profissional do setor realizado pelo Grupo de Mídia resultaram em algo semelhante ao que já vinha ocorrendo com a Criação. O profissional de mídia passou a visitar os clientes junto com o Atendimento, realizavam as apresentações dos planos, argumentando em sua defesa.

O Atendimento, que normalmente participava ativamente do Planejamento de Mídia, foi pouco a pouco diminuindo o seu envolvimento na elaboração dos trabalhos, e não se preocupou em acompanhar de perto a evolução técnica desta área. Consequentemente, foi perdendo contato com a dinâmica e a maior especialização daquela nova realidade da mídia. Sem conhecimento técnico para discutir os planos de mídia, acomodou-se frente ao especialista, cedendo-lhe lugar.

Como a pesquisa de mercado e de comunicação é fundamental para se planejar uma campanha, os profissionais de pesquisa também começaram a assumir esta função. Surge, assim, a figura do Planejador, também nesta década de 1980, atraindo para si esta responsabilidade que vinha sendo exercida naturalmente pelo Atendimento. Nesse contexto, os planos eram desenvolvidos pelo triângulo – Planejamento, Atendimento e Criação –, constituindo-se no novo sistema de planejamento de algumas agências, que criava as bases para o pensamento estratégico de comunicação, apoiado nos dados das pesquisas de *consumer insights*. Apesar disso, vários diretores de atendimento de outras agências de propaganda continuaram exercendo o seu trabalho de planejamento de campanhas porque estavam capacitados para tal função, utilizando as informações do cliente, do mercado e de pesquisas.

Desta forma, ao chegarmos à década de 1990, observamos um Atendimento retraído, mal preparado, restrito a funções administrativas, de *follow-up*, supervisão e com menor peso nas recomendações ao cliente. As áreas da Criação, de Mídia e de Planejamento, em grande parte dos casos, ficaram nas mãos dos especialistas. Naturalmente existiram exceções a este cenário. Veja o resumo no Quadro 2.1.

Quadro 2.1 – Histórico	
Década	Situação
1950	Os donos da conta
1960	O Atendimento se profissionaliza
Fins de 1960/início de 1970	Ênfase na Criação
Fins de 1970/início de 1980	A Mídia ocupa o seu lugar
1990	Atendimento restrito

UMA NOVA ATITUDE PARA O ATENDIMENTO

A evolução apresentada nos indica uma tendência, parecendo lógico supor que o Atendimento não existirá mais a partir do século XXI. Mas, a meu ver, acredito que não será bem assim. Como um pêndulo, as coisas vão e vêm até que se obtenha o equilíbrio na posição central.

Sem dúvida, a propaganda se sofisticou muitíssimo, apesar de continuar sendo um trabalho artesanal e único, para cada caso. No entanto, o progresso da tecnologia na comunicação nos faz depender cada vez mais dos especialistas que, por sua vez, já se socorrem de outros profissionais ainda mais especializados, numa subdivisão de tarefas cada vez mais dirigidas a solucionar cada tipo específico de problema. Portanto, não se pode pretender uma volta ao passado quando o Atendimento era a chave-mestra da agência, mas, sem dúvida, o seu papel continuará a ser muito importante.

Esse movimento irreversível em direção à especialização da especialização, enfocando cada vez menores partes do processo produtivo, provoca um aperfeiçoamento do sistema de comunicação. Entretanto, toda essa subdivisão gera uma grande rede de colaboradores, como se fosse uma malha espalhada por uma imensa área do conhecimento, levando-nos a perder a noção do todo e a inter-relação entre as partes. Consequentemente, torna-se necessária a presença de profissionais que façam a amarração dos projetos, coordenando todas as etapas e o trabalho dos diversos participantes. Isto, porém, não é suficiente porque esse trabalho de coordenação deve manter sempre o mesmo rumo, a linha estratégica, para que todos pensem em uma só direção. Vide a representação gráfica no Quadro 2.2, na qual o retângulo preto representaria a Criação, por exemplo, os cinza-escuro a sua subdivisão em redação e a direção de arte; os cinza o *design* gráfico, a produção gráfica e a produção eletrônica; os retângulos com o sinal # poderiam ser o fotógrafo e a produção de fotolito; os com o sinal * seriam os especialistas em aerografia, o desenhista de história em quadrinhos (HQ) etc., e assim as especializações vão se sucedendo de forma cada vez mais específica.

Quadro 2.2 – Representação gráfica da malha da especialização						
		Criação				
		redação		dir. arte		
Design			Prod. gráf.			Prod. eletr.
		# fotografia		# fotolito		
*aerografia			*HQ			*etc.

Conclui-se, portanto, que o Atendimento precisa voltar à sua vocação original de "generalista", conhecendo de tudo um pouco, indo até o nível necessário para orientar corretamente o cliente e os seus companheiros da agência, especialistas nas mais diversas áreas. Deve, por esta razão, ter conhecimentos suficientes para discutir qualquer assunto com qualquer especialista. A sua função nos dias de hoje e no futuro parece ser a de trabalhar em nível estratégico, deixando o tático e o operacional para os especialistas.

Com a sua visão de conjunto que inclui conhecimentos de relações humanas, psicologia, sociologia, *marketing*, propaganda, promoção de vendas, relações públicas, *marketing* direto, mídia, criação, produção gráfica e eletrônica, computação, economia de mercado, pesquisa, lógica, ética, artes e cultura geral, o novo Atendimento tem uma função importantíssima como assessor dos clientes e facilitador dos trabalhos tanto da agência como de fornecedores, pesquisadores, veículos e demais elos da rede de especialistas.

A habilidade em lidar com problemas, em se relacionar bem com as pessoas, negociar, administrar, planejar, coordenar, supervisionar e vender, é difícil de encontrar em uma só pessoa. Para consegui-la, é preciso preparar-se, desenvolvendo-se profissionalmente.

Ninguém pode planejar sem conhecimento de causa; ninguém pode orientar sem conhecer profundamente o *marketing*, a comunicação e o negócio do cliente. Aí deve estar a atitude atual do Atendimento: ter conhecimentos suficientes – dentro e fora da agência – para discutir qualquer assunto com qualquer profissional, não com o intuito de descobrir falhas ou mostrar sapiência, mas de estabelecer um relacionamento eficaz que facilite a comunicação entre as partes e obtenha melhores resultados. No Quadro 2.3 estão relacionadas as funções que compõem a nova atitude do Atendimento daqui para a frente.

Quadro 2.3 – Atendimento – Uma nova atitude		
Generalista	Estrategista	Planejador
Coordenador	Supervisor	Negociador
Vendedor	Administrador	Facilitador

Seguindo esta linha de raciocínio, a agência de propaganda precisa funcionar atualmente de forma participativa, onde o resultado do trabalho em equipe seja mais importante do que prestigiar apenas os valores individuais. Como a existência de fortes egos é um fato no campo da publicidade, a capacidade do Atendimento em coordenar todas essas forças e fazer o cliente sentir que existe um grupo de profissionais dedicados ao seu negócio é a melhor forma de construir maior credibilidade. Quanto maior for a confiança do cliente, maior a possibilidade em mantê-lo dentro da agência, de ajudá-lo a crescer e, por consequência, de prosperar junto com ele.

A harmonia entre os setores é fundamental. Ninguém dispensará uma agência se estiver feliz com ela, mas poderá fazê-lo ao sentir que a prestação dos serviços é desnivelada entre os departamentos. Uma excelente criação não justifica uma péssima mídia ou um bom atendimento não justifica um trabalho de produção sofrível. É preciso compreender que todas as áreas estão interligadas, que uma tem influência sobre a outra, afetando o resultado final. Cabe ao Atendimento, como se fosse um treinador, orientar a equipe para ganhar o campeonato, estimulando o trabalho em equipe.

FATURAR É IMPORTANTE, MAS NÃO É TUDO

Até aqui se está falando em conteúdo técnico, em prestar um serviço profissional de bom nível e outras coisas mais, porém nunca podemos esquecer que a agência é um negócio e não uma casa de caridade para consultas grátis, cabendo ao Atendimento também cuidar desta parte. A sua missão é prestar os serviços de comunicação, executando e intermediando o que for necessário para atender as necessidades do cliente. Esses interesses estão em primeiro lugar, porém a remuneração justa da agência não pode ser esquecida. Ele precisa pensar o que é melhor ou mais recomendável para contribuir para o sucesso do anunciante e, ao agir desta forma, estará se beneficiando naturalmente dos resultados, uma vez que nenhuma agência poderá estar bem se o seu cliente estiver mal. Como prestadora de serviço, é totalmente dependente da boa saúde do cliente: se ele ganha, a agência também ganha. Em outras palavras, o que é bom para o cliente é bom para a agência, mas o que é bom para a agência nem sempre é bom para o cliente.

Essa postura de zelar pelo interesse do anunciante merece ser remunerada. Ela é justa e normal em qualquer atividade econômica; portanto, não deve ser diferente no caso da agência. Todo trabalho deve ser pago normalmente, mas a sua avaliação é que torna difícil a sua cobrança, uma vez que as ideias e oportunidades que poderão contribuir para a melhoria dos negócios do cliente são bens intangíveis. Pode parecer que estou comentando o óbvio, mas quanto vale um bom texto de rádio, um título impactante ou uma diagramação bem-feita? Já me defrontei inúmeras vezes com situações nas quais o cliente não sabia dar o valor devido ao material criado e reclamava dos custos.

Dentro dessa ótica, cabe ao Atendimento a função de vender os serviços, ideias e projetos da agência ou de terceiros, desde que sejam adequados ao plano de comunicação. Justamente a visão global do Atendimento e o seu trato frequente com o cliente é que lhe confere esta condição ideal de "vendedor", pois estará em melhor situação do que os demais companheiros para detectar as oportunidades de mídia, eventos, promoções, *marketing* direto e outros mais. Normalmente, o pessoal de atendimento não gosta muito da ideia de ter de vender os serviços da agência; entretanto, precisa compreender que o seu negócio é justamente argumentar corretamente para que o cliente compreenda a necessidade da oferta que lhe está sendo apresentada. Na realidade, é uma venda técnica.

RELACIONAMENTO DO ATENDIMENTO COM O CLIENTE: SER UM ASSESSOR E NÃO UM FORNECEDOR

Para explicar melhor este conceito, vou contar alguns casos que me ocorreram e que podem ilustrar bem a diferença entre o que chamo de "fornecedor" e de "assessor".

Um dia, estava entrando pela portaria da fábrica e dos escritórios administrativos de um cliente, quando o segurança me entregou um crachá para circular pelas instalações, no qual estava escrita a palavra "fornecedor". Isto mexeu com os meus brios. Entrei e a primeira coisa que fiz, ao iniciar a reunião com o cliente, foi entregar-lhe o crachá explicando que a sua agência não era uma fornecedora e sim uma assessora de *marketing* e comunicação. Gentilmente, sugeri que mudasse o termo para "visitante" ou qualquer outro que lhe parecesse mais adequado, mas nunca "fornecedor". Os crachás foram trocados, felizmente, porque ele compreendeu a grande diferença entre o grau de envolvimento da agência e o de um simples fornecedor.

Em uma outra situação, ocorreu um rodízio interno de gerentes, fato comum no sistema de treinamento das multinacionais, ou seja, quem era responsável pelo produto A passa a ser pelo B e vice-versa.

O meu primeiro encontro com a nova gerente de uma linha de produtos, que estava a cargo da agência para a qual trabalhava, foi muito importante para estabelecermos um bom relacionamento profissional. Meu primeiro objetivo foi colocá-la a par de todas as ações de comunicação que a agência estava fazendo para cada um desses produtos que iam ficar sob a sua responsabilidade. Por sua vez, ela começou a explicar o seu método de trabalho, de como gostava de lidar com a agência e outros pormenores. A uma certa altura da conversa, a gerente me disse que gostaria de sempre receber três alternativas de *layouts* para cada peça publicitária que viesse a ser criada, pois dessa forma ela teria opções de escolha. Procurei explicar que ela seria melhor servida se houvesse uma flexibilidade quanto a essa norma. Seria mais proveitoso que a agência tivesse a liberdade de apresentar um, três, cinco ou dez alternativas de *layouts*, dependendo do caso. Não fazia sentido levar rigorosamente três alternativas somente para seguir uma regra. Quando ocorressem várias boas ideias, com diferentes abordagens sobre o mesmo tema, elas seriam apresentadas. Quando houvesse apenas uma boa solução, da mesma forma, apenas esta seria levada. O ponto principal estava na qualidade do material ou nas diferentes formas de solucionar um mesmo problema e não na aceitação de uma regra, neste caso, o número de três *layouts*. A gerente compreendeu a minha postura e a aceitou porque percebeu, inteligentemente, que teria a ganhar muito mais na execução dos trabalhos se fosse flexível.

Um outro exemplo. Ao se aproximar o Dia do Dentista, a agência teve a iniciativa de criar um belo anúncio para jornais em comemoração a esta data. O cliente se encantou tanto com a proposta a ponto de autorizar a inserção do anúncio no tamanho de uma página de jornal, em quatro importantes periódicos do Rio de Janeiro e de São Paulo. Como esta veiculação era exagerada, uma vez que a intenção era apenas homenagear os profissionais dentistas naquela oportunidade e não um lançamento de produto ou uma promoção, recomendei o tamanho de 1/4 de página como sendo o adequado para marcar decentemente a presença da empresa naquela data comemorativa, considerando que a felicidade e oportunidade da ideia aprovada certamente atrairia a atenção do público-alvo. A recomendação foi aceita.

Em vista desse fato, você poderá pensar que o Atendimento perdeu uma oportunidade de faturar uma verba quatro vezes maior, deixando escapar uma oportunidade só para fazer bonito frente ao gerente. Muito bem, no curto prazo até se poderia aceitar esta colocação, mas a consequência foi um sensível aumento de credibilidade por parte do cliente. Devido a essa postura transparente, sem ganância por parte da agência, foi criado um clima propício para o anunciante aceitar futuras recomendações, inclusive de aumento de verbas, como de fato veio a acontecer em várias oportunidades.

Essa atitude de colocar o interesse da conta em primeiro lugar gera bons frutos no relacionamento com o Atendimento, que passa a ser visto como um conselheiro confiável, sempre ao lado do cliente para defender os seus interesses.

Lembro-me que um cliente manifestou sua preocupação com o baixo volume de vendas e achava que deveria realizar uma promoção para impulsionar o giro do seu produto na prateleira dos supermercados. Ele já tinha algumas ideias, mas gostaria de ter a colaboração da agência. Retornei alguns dias depois com uma série de sugestões, cada uma com um nível de investimento diferente e propósitos complementares ao objetivo principal de limpar os estoques nas prateleiras. Essa abordagem colocava o problema em uma perspectiva mais ampla, permitindo selecionar a melhor alternativa para o caso. Uma ideia sugeria uma ação do tipo leve 3 e pague 2, por ser de rápida aplicação e limitada às lojas com maiores dificuldades em escoar o produto. A segunda ideia era mais ampla, já que sugeria a presença de promotoras no ponto de venda para distribuir volantes aos consumidores e dar explicações sobre o produto, além de um desconto no preço. A terceira sugeria o uso da mídia, além do esforço no ponto de venda, porém precisaria de um tempo maior para a criação e produção do comercial de televisão, material de *merchandising*, utilizar promotoras nas principais lojas e uma cobertura geográfica maior. Cada uma, portanto, tinha a sua dimensão financeira, o seu tempo para ser preparada e a duração da oferta junto ao público.

O que estou tentando dizer é que não se tratava simplesmente de uma lista de ideias, do tipo vamos fazer isto ou aquilo. Cada uma estava apoiada num raciocínio, tinha um "porquê" e visualizava os limites do seu campo de ação. Desta forma, ficou mais fácil optar por uma delas porque o gerente teve um quadro mais claro dos resultados que poderiam ser esperados. A agência, portanto, complementou com a sua experiência aquela parte que não era do conhecimento do gerente, ajudando-o a tomar a melhor decisão. Afinal, ela tem a obrigação de conhecer mais sobre comunicação do que o profissional de *marketing*.

Espero que os casos mencionados até aqui tenham ajudado a exemplificar a diferença entre "fornecedor" e "assessor". A noção de fornecedor é mais restrita, limitando-se a responder a uma solicitação. Normalmente ocorre quando se realiza uma compra de produtos, matérias-primas, componentes ou de serviços de qualquer natureza sem a preocupação de agregar valor ao fato. Nesses casos, o negócio é fechado com quem oferecer o melhor preço, melhores condições de pagamento e melhor prazo de entrega, dentro da qualidade e especificações requeridas. Nada mais. O envolvimento, do fornecedor com o cliente, limita-se ao assunto específico naquele momento. Quando se trata de uma área mais técnica, é comum existir um suporte de pré ou pós-venda para aquele serviço ou item específico, mas sem a visão de conjunto das necessidades da empresa ou do projeto em questão.

Felizmente isto hoje já esta mudando, mas é matéria para outro tema sobre gestão empresarial.

O assessor, ao contrário, trabalha em um campo mais amplo. Seu envolvimento com a empresa e o mercado é total, procurando analisar todas as facetas de um determinado problema dentro de um contexto mercadológico para encontrar a solução adequada. Muitas vezes, esta solução não é de propaganda ou de qualquer outra área da comunicação, mas é importante para o cliente e a agência ajudar, como, por exemplo, a definição de uma nova estratégia de preço ou de distribuição. Apesar de serem atribuições específicas do *marketing*, nada impede que a agência possa dar o seu ponto de vista para ajudar na tomada de decisão.

Novos casos: a Colgate-Palmolive tinha um sério problema de invasão na sua fábrica provocado por alguns maus elementos que moravam numa favela localizada perto das suas instalações do Jaguaré, em São Paulo. Quando uma barraquinha improvisada começou a funcionar na pequena praça cheia de mato, vizinha à fábrica, os problemas aumentaram por se constituir em um ponto de encontro de pessoas de má índole e que molestavam os funcionários da empresa que obrigatoriamente tinham de passar por ali para trabalhar. A solução seria a urbanização da pracinha. A agência entrou em contato com a Prefeitura, em nome do seu cliente, oferecendo a urbanização do local e a edificação de um Monumento à Saúde. Como a companhia fabrica produtos para higiene pessoal e limpeza doméstica, a ideia do monumento foi muito bem aceita por todos, inclusive pela Prefeitura.

Dessa forma, a barraquinha seria retirada, ao mesmo tempo em que impediria a instalação de outros negócios irregulares que atrairiam novos marginais e aumentaria o problema já existente. Nesse processo, descobriu-se que o local não tinha nome e a agência sugeriu que recebesse o nome do fundador da companhia, William Colgate. Contratou-se um artista plástico para criar o monumento em bronze, com pedestal de concreto e uma placa em alto-relevo com o rosto do fundador da empresa. A inauguração contou com a presença das autoridades, desfile e banda de música, ficando o local bem mais bonito e livre dos problemas.

A isto chamo de envolvimento total com o cliente, a única forma de ser prestado um bom atendimento e seguindo a filosofia de sempre procurar a solução dos problemas do anunciante, mesmo que isto não gere um faturamento direto e imediato para a agência.

Essa história não parou por aí. Como consequência, uma cópia do monumento foi colocada no pátio da fábrica da Vila Mariana e a figura do Monumento à Saúde foi utilizada em premiações comemorativas dentro da companhia. Por exemplo, ao completar 25 anos os funcionários passaram a receber uma salva de prata com a figura gravada daquela escultura. Desse modo, eram cumpridas duas finalidades: prestigiar a pessoa e servir de elemento decorativo na sua casa. Esse mesmo símbolo foi reproduzido em pequenas estatuetas e medalhas para atender a diversas outras modalidades de premiação pelo departamento de RH. A agência, o que ganhou com isto? Um sólido relacionamento com o cliente e a conta de Relações Públicas, que gerou uma receita adicional, além de abrir caminho para outras atividades colaterais de comunicação.

Nesse sentido, aqui está mais um outro exemplo. O monumento aos soldados mortos na Segunda Guerra Mundial, erigido em São Paulo, havia sido atacado por bandos de pichadores. Em vez de embelezar a cidade, transformou-se em algo feio e degradante, repulsivo aos olhos dos transeuntes. Novamente, com a Prefeitura do Município, foi proposto que um produto para limpeza em geral patrocinasse a recuperação do monumento, recebendo, em troca, a licença para colocar um painel pintado com a sua marca e um pequeno texto alusivo ao fato.

Aproveitando essa oportunidade, o Departamento de Relações Públicas da agência elaborou um trabalho de assessoria de imprensa, recebendo, naturalmente, o seu pagamento por este serviço. Desta forma, todos saíram ganhando: a cidade, o cliente e a agência. O Quadro 2.4 destaca as vantagens da visão de conjunto do Atendimento, como pode ser percebido pelos exemplos apresentados.

Quadro 2.4 – Vantagens da visão de conjunto do Atendimento
• Avaliar melhor as alternativas • Estabelecer prioridades • Vislumbrar as relações entre os fatos • Contribuir para a solução dos problemas

Como se pode perceber, a atitude de assessoria da agência envolve não só o seu trabalho principal de elaborar campanhas de propaganda, mas tem uma abrangência muito maior, incluindo tudo aquilo que possa beneficiar o seu cliente em nível de comunicação.

Na verdade, ela se constitui como interlocutora e conselheira. É um grupo de profissionais que conhece o negócio do seu cliente e é capaz de dar uma visão externa, sem os vícios e tabus que normalmente contaminam os executivos da empresa, por estarem no dia a dia da operação. Eles se acostumam à maneira de pensar dos chefes e da organização, adquirindo um *feeling*, ou sentimento, de como as coisas serão avaliadas pelos seus superiores para receberem a aprovação. Isso os leva a desistir de novos caminhos por não estarem de acordo com a maneira de ser da empresa e, portanto, com menores probabilidades de serem aceitos. Esse condicionamento natural limita a sua ousadia e o seu raio de ação. Pelo seu lado, a agência passa a ter uma oportunidade para dar a sua contribuição. Por ser uma voz externa e confiável, pode vir a ter um peso importante nas decisões.

Outro caso: um gerente me telefonou dizendo que teria de fazer uma apresentação a um executivo da área internacional que visitaria o Brasil dentro de duas semanas. Ele estava muito preocupado porque era importante, para a sua carreira, demonstrar a sua capacidade profissional através do desempenho alcançado pelo seu produto. Acontece que não havia acontecido nada de especial que pudesse ser destacado, como, por exemplo, um grande aumento na participação do mercado, o lançamento de uma extensão de linha ou algo significativo. Mesmo assim, foi marcada uma reunião para discutir o assunto e lhe pedi para reunir todos os dados de que dispunha. Essa reunião deveria ser confidencial, somente comigo, porque o gerente não queria que os seus companheiros soubessem que ele tinha procurado o apoio da agência. Em poucas palavras, um profissional da agência é que estava fazendo o seu trabalho. E assim foi. Os dados foram organizados, procurou-se valorizar o que foi possível e demonstrar que, apesar de não existir nenhum resultado espetacular, o produto estava sendo gerenciado corretamente dentro das possibilidades de recursos disponíveis e conforme as prioridades da companhia. O segredo foi mantido. O gerente saiu-se muito bem na apresentação e, daí em diante, ficou muito mais fácil o relacionamento.

Para concluir, pode-se dizer que o Atendimento tem que "fazer das tripas, coração" para servir os interesses do cliente, ganhar a sua confiança e criar as oportunidades para poder opinar e para orientar na adoção do melhor caminho. A consequência será altamente positiva:

um melhor entrosamento, melhor trabalho profissional, maior vantagem competitiva da agência e mais faturamento. Além disso, é muito bom obter uma grande satisfação pessoal pelas conquistas alcançadas, o que é importante para manter o espírito empreendedor do profissional no seu difícil trabalho de Atendimento. Para colher os frutos dos seus esforços, imagino que a missão da agência possa ser a que está especificada no Quadro 2.5.

Quadro 2.5 – Missão da agência de comunicação
A agência de comunicação é uma assessora do cliente. Sócia nos seus objetivos, deve trabalhar de forma participativa para auxiliá-lo nos seus negócios, discutindo, propondo e orientando. Agindo desta forma, e praticando um correto trabalho de comunicação integrada, procurará sempre encontrar a melhor solução para os problemas de comunicação do seu cliente, dentro de uma visão de curto e longo prazos.

O Atendimento é um profissional de negócios com base técnica de comunicação

Sou de opinião de que o novo Atendimento deve ser um homem ou mulher de negócios com base técnica em comunicação. Na sua postura generalista, ocupa uma posição privilegiada dentro da agência e junto ao cliente. Sua visão de conjunto lhe permite avaliar melhor as alternativas, relacionar os problemas em ordem de prioridade e vislumbrar a inter-relação entre os diversos fatos que afetam a vida do anunciante na sua luta pela conquista do mercado.

O profundo conhecimento da estrutura organizacional do seu cliente, da sua sistemática de trabalho, sua forma de pensar e agir, forças e fraquezas, propicia ao Atendimento o exercício da criatividade na busca de oportunidades, tanto para o cliente como para a agência. Ele precisa ter a habilidade de relacionar os fatos e desenvolver um raciocínio lógico para propor o que é mais conveniente e para rejeitar o que não é apropriado, mesmo que seja algo bom.

Essa noção é muito importante. Muitas propostas são boas em si mesmas, porém não são necessariamente adequadas para o cliente. Por exemplo, o oferecimento do patrocínio de um concurso de beleza é uma coisa boa, se organizado por gente competente. No entanto, se o xampu fabricado pelo seu cliente é um anticaspa, acredito que esse patrocínio não seria adequado nem para o concurso, nem para o produto. A associação malévola de que a futura *miss* tem caspa não seria benéfica para ninguém.

Algumas editoras costumam oferecer uma inserção de graça no número zero do lançamento de uma nova revista. Essa oportunidade pode não valer o custo da arte-final e do fotolito para a produção do anúncio do seu cliente. Seja porque a tiragem é pequena, seja pelo tipo de público que vai atingir, diferente do *target* desejado, muitas vezes o que é grátis passa a ser relativamente caro e não compensador.

Dentro desse ponto de vista, o Atendimento deve assumir a atitude de uma pessoa de negócios e, como tal, analisar as vantagens e desvantagens de cada situação, procurando chegar a uma conclusão, para recomendar somente o que possa vir a beneficiar o seu cliente. Assim procedendo, estará criando condições de negócios e atraindo verbas alocadas em outros setores do orçamento de *marketing* ou propaganda que não estavam consideradas na sua previsão original. Por exemplo, o cliente informa que vai realizar uma impulsão do produto "X" no ponto de venda, utilizando uma equipe de promotoras. O Atendimento pode aproveitar essa oportunidade para sugerir a criação e impressão de um volante com as informações sobre o produto, com a finalidade de ser entregue para as consumidoras. Poderá sugerir a utilização de uniformes, de faixas de prateleira contendo a mensagem principal da promoção e separadores de prateleira para demarcar melhor a exposição do produto. Com isto, estará gerando negócios para a agência e ajudando o seu cliente a tirar maior proveito desta iniciativa. Se quiser ir mais longe, poderá recomendar um sistema de avaliação de resultados, seja pela contagem dos estoques nas lojas (antes e depois da ação promocional), seja por uma curta entrevista com as consumidoras para colher a sua opinião sobre a promoção e o produto. Ainda assim, o Atendimento não precisa parar por aí: poderá se oferecer para elaborar o relatório de avaliação, o que lhe permitirá se aprofundar no assunto, ganhar uma nova experiência para uso futuro junto ao seu cliente, além de estar prestando um grande serviço.

Essa predisposição ajudar, localizar e ampliar as oportunidades, só poderá trazer benefícios para ambas as partes. Lembro-me de que o sabonete Palmolive estava enfrentando forte concorrência e alguns problemas, o que é muito comum em um mercado tão competitivo como o de produtos de toalete. Essa situação levou a companhia a realizar algumas ações para reforçar a sua imagem da marca, apesar de ser um dos sabonetes mais vendidos no mercado nacional naquela ocasião. Apesar da elaboração de uma nova campanha para melhorar a imagem do produto, achei interessante criar formas de aproximar o produto da consumidora.

A ideia foi a criação do Centro de Beleza Palmolive, para que as consumidoras pudessem consultar sobre os cuidados com a pele. Como a marca também tinha uma linha de xampus, a consulta também poderia ser feita sobre os cuidados com os cabelos. Para divulgar o Centro, decidiu-se realizar um programete de rádio, de 2 minutos, de segunda a sexta-feira, em horário determinado, na Rádio Bandeirantes, em São Paulo. Além dos conselhos de beleza, estimulava-se o envio de cartas, que eram lidas e respondidas durante o programa. Complementava-se a divulgação com anúncios em revistas. O resultado foi o maior envolvimento do público com a marca, gerando maior simpatia e, consequentemente, maior propensão à compra. O Centro de Beleza foi um serviço gratuito voltado para a consumidora, algo onde ela só tinha a ganhar e sem a obrigação de comprar os produtos.

Para a agência também foi muito bom. O programete de rádio gerou uma verba adicional porque foi retirada do orçamento de promoção, que não estava alocado para a agência. Também gerou maior intimidade com os gerentes e com os problemas enfrentados pela marca, permitindo propiciar um melhor serviço ao cliente. Sem dúvida, foram reforçados os laços do relacionamento entre as partes devido ao trabalho participativo.

Em todos esses casos, nunca devemos nos esquecer de que existe a figura do cliente e que sem a sua aprovação nada acontece. O mérito dessas boas experiências cabe a todas as partes envolvidas no processo e não, apenas, aos geradores das ideias. A sua implementação é tão importante quanto a sua concepção.

Dentro dessa linha de raciocínio, o Atendimento pode e deve contribuir para a manutenção de um clima agradável não só junto ao cliente, mas também dentro da agência, manifestando o seu entusiasmo e sugerindo melhorias internas. Continuando com as historinhas, um belo dia a Diretora de Mídia propôs que a agência convidasse um veículo por semana para mostrar as campanhas realizadas pela agência, apresentar o seu pessoal e interagir com eles no sentido de buscar novidades para os clientes. Assim foi feito durante várias semanas consecutivas, resultando em alguns novos negócios.

Entretanto, o que desejo contar é que um dos diretores de Atendimento sugeriu que cada encontro fosse marcado com um pequeno presente para os veículos. Sem gastar muito, foram compradas canetas descartáveis importadas diretamente da Faber-Castell, cliente da agência, mas que tinham uma linda apresentação e eram um lançamento recente no mercado. Para fechar a ideia, foram confeccionados pequenos estojos de veludo com o logotipo da agência FCB. Apesar de simples, a lembrança ficou muito bonita, sendo bastante apreciada por todos os convidados ao sair da apresentação.

Não importa que a ideia original tenha vindo da Mídia. O importante é que o Atendimento contribuiu para o sucesso da iniciativa, agradou ao seu cliente e somou com o grupo, facilitando a integração de todos. Foi uma pequena coisa, mas representa bem o espírito de um Atendimento arejado e atuante.

Quando me refiro a uma visão de negócios, não quero dizer que tudo se resume a uma questão de dinheiro. Para ter uma visão de negócios, o Atendimento pode fazer muitas coisas, como está relacionado no Quadro 2.6.

Quadro 2.6 – Funções do Atendimento

- Criar boas condições de trabalho
- Melhorar o relacionamento interno e externo da agência
- Administrar bem os atritos profissionais que normalmente surgem na tensão do dia a dia
- Ensinar aos mais jovens
- Apoiar os colegas quando necessário
- Criticar com o objetivo de melhorar as coisas

Uma empresa vai em frente quando todos contribuem para isto. Não é o esforço isolado do gerente, deste ou daquele diretor que vai conduzir ao êxito, mas o trabalho harmonioso do grupo, todos querendo chegar ao mesmo objetivo. O sucesso da agência é o sucesso dos seus funcionários, uma vez que a sua matéria-prima é a geração de algo volátil chamado "ideia", que só poderá ser bem gerada se existir um clima favorável. Na tentativa de transmitir este clima, veja no Quadro 2.7 a relação dos pontos principais que podem contribuir para esse resultado.

Quadro 2.7 – O sucesso da Agência acontece quando

- Existe vibração
- Há vontade de fazer sempre o melhor
- Quer superar-se a cada momento
- Questiona qual a melhor forma de desenvolver o trabalho
- Existe o espírito de luta
- Gosta da sensação de criar algo novo
- Se sente o clima positivo do ambiente
- Tem prazer de sentir-se viva

Dentro destas condições, o Atendimento ocupa uma posição invejável porque tem que lidar com todas as pessoas de todos os departamentos, tem que envolver-se em todos os assuntos, estar sempre presente para coordenar, orientar, negociar, supervisionar, planejar, criar e elogiar o que é bem-feito.

PROCURAR O INTERESSE DO CLIENTE EM PRIMEIRO LUGAR, DEPOIS O DA AGÊNCIA

É bom lembrar que a remuneração da agência é comissionada, na grande maioria dos casos, conforme a Lei nº 4.860/65, regulamentada pelo Decreto nº 57.690/66, que rege a profissão de publicitário e as relações entre anunciantes, agências e veículos, incidindo sobre a mídia e a produção. De acordo com esta legislação, na área de mídia é o veículo quem paga à agência, não o cliente. Isto é, os honorários já estão embutidos no preço do veículo de comunicação (televisão, rádio, jornal, revista, cinema, *outdoor* e outros).

Entretanto, é oportuno fazer um parêntese para comentar que, em 26 de junho de 1997, a Secretaria Social da Presidência da República (Secom) tomou a iniciativa de editar o Decreto nº 2.262, liberando os veículos da obrigatoriedade de proporcionar os tradicionais 20% de desconto e tornando lícitas as transações entre anunciantes e agências. Coincidindo com a edição deste último decreto, veículos de comunicação e agências tomaram a iniciativa de firmar um acordo, válido por no mínimo um ano, no qual as agências poderiam negociar uma parcela do desconto de 20% com os seus clientes.

Em 9 de outubro do mesmo ano, foi constituído um grupo de trabalho formado por representantes dos anunciantes, agências e veículos para estudar o problema em suas dimensões legal, ética e comercial, tendo como fundamentos de seu trabalho a própria legislação vigente. Desta comissão saíram as Normas-Padrão da Atividade Publicitária, com o objetivo de garantir a máxima liberdade de concorrência sob idênticas condições, reprovando as práticas desleais e de *dumping*, bem como preservando o elevado padrão de qualidade da propaganda nacional. Essas normas, que tratam do relacionamento comercial entre anunciantes, agências de publicidade e de veículos de comunicação, frente à Lei nº 4.689/65 e aos Decretos nºˢ 57.690/66 e 2.262/97, foram firmadas pelas entidades corporativas em 16 de dezembro de 1998 (ABA – Associação Brasileira de Anunciantes, Abap – Associação Brasileira de Agências de Publicidade, Fenapro – Federação Nacional das Agências de Propaganda, ANJ – Associação Nacional de Jornais, Aner – Associação Nacional de Editores de Revistas, Abert – Associação Brasileira de Emissoras de Rádio e Televisão, ABTA – Associação Brasileira de Telecomunicações por Assinatura e Central de Outdoor), entrando em vigor após a sua publicação no *Diário Oficial da União*. Maiores informações poderão ser obtidas junto ao Cenp – Conselho Executivo das Normas Padrão.

Voltando para o início do raciocínio deste tópico, a agência recebe a comissão de 20% dos valores pagos na Mídia. No exemplo do Quadro 2.8, a inserção de um comercial de TV custa R$ 1.000 ao anunciante; deste total, R$ 800 pertencem à emissora e R$ 200 são os honorários da agência. Se o cliente for diretamente à emissora, deverá pagar os mesmos R$ 1.000 porque não está credenciado como agenciador para ter direito à comissão. Poderá, sim, negociar o preço de tabela e obter um desconto, mas não deverá receber a comissão da agência.

Quadro 2.8 – Cálculo da comissão sobre Mídia		
O pagamento do anunciante é dividido:	R$	%
Veiculação de anúncio ou comercial	1.000	100
Comissão da agência	200	20
Remuneração do veículo	800	80

Com referência aos trabalhos de produção, compreendendo neste particular a arte-final, fotolito, impressão, produção do *spot* ou *jingle* de rádio, fotografia, desenhos especiais, protótipos ou *moke-ups*, produção de documentários ou comerciais de televisão e cinema, além de tudo o mais que venha a ser feito por terceiros e por intermédio da agência, esta tem o direito de cobrar 15% de honorários sobre os custos autorizados pelo cliente. No exemplo do Quadro 2.9, o custo de elaboração da arte-final, do fotolito e da impressão de 5 mil folhetos é de R$ 1.000. Sobre este valor a agência acrescentará R$ 150, correspondente aos 15% de comissão, prevista na mesma lei já mencionada. Desta forma, o anunciante pagará um total de R$ 1.150 por todo o serviço.

Quadro 2.9 – Cálculo da comissão sobre Produção		
O pagamento do anunciante é dividido:	R$	%
Serviço de produção de terceiros	1.000	100
Comissão da agência	150	15
Total pago pelo anunciante	1.150	115

Como consequência, o primeiro pensamento que vem à cabeça do cliente é: quanto mais a agência faturar, mais vai ganhar; portanto, é do seu interesse cobrar o mais caro possível e conseguir o maior número de aprovações dos trabalhos de Mídia e Produção, no espaço mais curto de tempo. Se assim proceder, o Atendimento terá cumprido o seu papel de "vender" os serviços da agência, tirando tudo o que pode do cliente.

Esse ponto de vista ou essa atitude é a mais errada que possa existir, em virtude das sete variáveis que estão expostas no Quadro 2.10.

Quadro 2.10 – Variáveis que influenciam o relacionamento agência/cliente
• Interação • Continuidade • Consistência • Ajuda • Verba predeterminada • Administração • Confiança

Convém comentar rapidamente cada uma delas.

1. Interação

Pretende-se que o relacionamento entre a agência e o cliente seja de longo prazo, o mais duradouro possível, para que a curva de aprendizado entre essas empresas possa propiciar ganhos de produtividade. Quando o anunciante entrega a sua conta publicitária para a agência é porque acredita que ela reúna todas as condições para prestar os serviços de que necessita e, normalmente, não está pensando que será por um pequeno período de tempo.

2. Continuidade

Esta relação de longo prazo facilita uma continuidade nos trabalhos de comunicação, facilitando a manutenção das estratégias estabelecidas e das mensagens ao público-alvo, produzindo uma benéfica sinergia que propiciará melhores resultados.

3. Consistência

Como consequência dos itens anteriores, o conteúdo das mensagens pode ser mantido com mais facilidade, aumentando a eficácia da comunicação devido à sua consistência. A agência, que passa a conhecer cada vez mais o negócio do seu cliente, pode desenvolver os seus serviços para atendê-lo cada vez melhor. Do lado do cliente, também existe a vantagem de não precisar repetir toda a sua história e a do seu produto a todo o momento, uma vez que a agência já sabe do que se trata. Somente terá que atualizar os dados na medida em que vai evoluindo o seu negócio ou o mercado.

4. Ajuda

O trato contínuo permite estabelecer um clima de confiança e a disposição de se interessar pelos problemas que surgem de cada lado, gerando uma atitude de ajuda mútua.

Quantos anunciantes já adiantaram o pagamento de comissões nos momentos de crise financeira da sua agência, reconhecendo a contribuição que ela vem dando para o desenvolvimento dos seus negócios e que, portanto, merece ser socorrida em um momento de dificuldade. O contrário também acontece. Inúmeras vezes a agência já deixou de cobrar a sua comissão em determinados serviços ou negociou a prorrogação do prazo de pagamento aos veículos em favor do seu anunciante, para ajudá-lo em sua dificuldade momentânea.

5. Verba predeterminada

A verba de propaganda, promoção e relações públicas geralmente é determinada para todo um exercício fiscal (um ano) e raramente é alterada, a não ser que exista um sério problema ou uma grande oportunidade que venha provocar a sua alteração substancialmente para menos ou para mais. Sendo assim, é tolice a agência tentar faturar o máximo e o mais rápido que consiga, porque nesse procedimento estaria visando somente o seu interesse. A ideia de arrancar o mais que possa e bem depressa é uma atitude suicida porque o cliente logo percebe a jogada. O resultado é lógico: despedir a agência por falta de confiança, uma vez que ela não está procurando ajudá-lo, mas, sim, depená-lo.

6. Administração

Ao aceitarmos que a verba anual do cliente tem pequena elasticidade, o melhor que o Atendimento pode fazer é administrá-la para que seja bem aplicada no momento certo e comprando o máximo possível com o mesmo dinheiro. O faturamento da agência será uma consequência natural e lógica dessa boa administração, sem maiores problemas.

7. Confiança

A postura mencionada no item 6 gerará confiança. A agência estará construindo o seu patrimônio moral e criando as condições para "vender" os seus serviços e as oportunidades que surgem porque sempre estará zelando pelo bem do seu cliente, oferecendo vantagens e ideias que possam contribuir para a melhoria dos negócios.

Certa vez, ouvi uma história verídica sobre uma das mais importantes agências brasileiras que existiram, a CBB&A, fundada pelo inesquecível Renato Castelo Branco e por Hilda Ulbrich, vendida nos anos 1980 para a J. Walter Thompson.

A história é a seguinte: eles tinham acabado de ganhar uma conta de biscoitos e receberam o *briefing* do novo cliente com todos os dados e orientação para desenvolver uma campanha de propaganda. Analisando as informações, a agência chegou à conclusão de que a estratégia apresentada pelo cliente não era a mais adequada para a solução do problema e propuseram um outro caminho.

Da discussão entre as partes, concluiu-se que ambos tinham bons argumentos para defender o seu ponto de vista, com base nas informações disponíveis. Entretanto, se fosse conduzida uma pesquisa de mercado junto aos consumidores, novos dados aportariam ao cenário, permitindo um aprofundamento da análise e o alargamento para novas hipóteses de trabalho. O cliente concordou com essa ideia e realizou a pesquisa, que teve a duração de uns 3 meses. Os resultados demonstraram que a visão da agência estava correta e o anunciante, inteligentemente, aceitou a nova estratégia de comunicação. A campanha foi realizada alcançando resultados altamente positivos.

Durante todo o tempo em que a agência esteve aguardando o desenrolar da pesquisa, reanalisando os resultados obtidos dentro de uma nova perspectiva, discutindo todos os detalhes com o cliente e elaborando a campanha, passaram-se vários meses sem nenhum faturamento. Este somente aconteceu muito tempo depois da conta ter entrado na agência, porém os seus dirigentes colocaram o interesse do anunciante em primeiro lugar, deram o melhor de si para contribuir realmente para o seu negócio e só depois é que começaram a colher os frutos do seu trabalho profissional. Naturalmente, esse cliente tornou-se cativo da agência.

Como está resumido no Quadro 2.11, o Atendimento tem que ser ativo e estar sempre alerta, como já mencionado, mas também precisa ter paciência e calma para aguardar o momento certo de realizar as ações que o cliente necessita. É importante não confundir iniciativa com afobamento, dinamismo com ansiedade e rapidez com pressa, porque na realização das ações tudo tem que acontecer no momento certo. Isto me faz lembrar um ditado popular que se ajusta muito bem a este tema: "Quem tem pressa, come cru".

Quadro 2.11 – Estar alerta, mas não confundir

- Iniciativa com afobamento
- Dinamismo com ansiedade
- Rapidez com pressa

ATENDIMENTO CRIATIVO

Foi explicada a transformação das agências e do papel do Atendimento nas últimas décadas. Procurou-se ressaltar a sua postura profissional, sempre zelando pelo interesse do cliente, mas sem descuidar dos negócios da agência. Viu-se a importância do Atendimento na atualidade, como coordenador, orientador, planejador, negociador e elemento catalisador das forças produtivas da agência.

Pode-se, então, chegar finalmente à conclusão de que o Atendimento atual e futuro deve ser criativo no trabalho. A sua condição de "generalista" lhe faculta uma visão global do mercado, do seu cliente e da agência, colocando-o como o mais indicado para exercer a sua criatividade na busca de soluções para o anunciante e que, naturalmente, resultem em mais faturamento para a agência.

Essa iniciativa e visão holística devem ser traduzidas em eficácia nos resultados, já que todos querem atingir os objetivos. Bons resultados criam as condições para uma justa remuneração da agência, uma vez que ninguém reclama de um pagamento quando recebe um serviço que preencheu as expectativas ou até mesmo as ultrapassou.

No aspecto financeiro, pode-se prever que o Atendimento terá um lugar especial. Como a forma de remuneração das agências está sendo cada vez mais negociada pelos anunciantes, não só no Brasil como em todo o mundo, ocorrerão modificações no cenário publicitário, no qual os jogadores "cliente" e "agência" passarão a ter novas condições de relacionamento. Mesmo tendo as normas-padrão como base disciplinadora, surgiu um novo campo no qual o Atendimento encontrará um terreno fértil para também exercer a sua criatividade nas negociações e que precisará atingir o grau de excelência.

Em outras palavras, o valor do trabalho realizado pelas agências deve ser remunerado de forma justa. Diremos que o justo é o recebimento de um valor cujo montante seja suficiente para permitir o progresso e o aperfeiçoamento do seu negócio. Do mesmo modo, dentro do esforço total da companhia em melhorar a sua produtividade, o anunciante terá o direito de propor reduções nos seus custos até o limite em que não venha a sufocar a sua agência, impedindo o seu crescimento. Se assim o fizer, estará dando um tiro no pé, porque a elevação do nível profissional de qualquer empresa precisa do lucro.

Entretanto, um Atendimento criativo fará o meio de campo, procurando demonstrar que a adaptação dos serviços da agência às necessidades do cliente resultará em seu próprio benefício, uma vez que ele é a razão de ser da agência. Acredito que uma boa empresa de comunicação tem a "cara do seu cliente". Dentro desse enfoque, existe um limite mínimo para a remuneração dos serviços, além do qual a agência ficará sem condições de prosseguir. É importante compreender que o industrial produz os seus produtos, o comerciante vende a sua mercadoria e a agência presta serviços de comunicação. Cada um ganha dinheiro com o seu tipo de negócio e reconhecendo a obrigação de remunerar adequadamente os seus colaboradores.

O Atendimento criativo é, portanto, o Atendimento de negócios. A caminhada começa no conhecimento do mercado e do cliente, traz o problema para a agência, segue com a solução para o anunciante e volta para o mercado com a mensagem frente ao consumidor, em um movimento espiral crescente, aprimorando-se com o correr do tempo. Nesta trajetória, o novo Atendimento deverá atuar criativamente em todas as etapas, levando em consideração os fatores descritos anteriormente. Se assim o fizer, a sua contribuição profissional para a agência e seus clientes poderá ser o diferencial e a vantagem competitiva que todos procuram, agora e no futuro.

PERGUNTAS

1) Nos anos 1950, a criação era feita pelo redator ou pelo diretor de arte/ilustrador? Como era o processo criativo?
2) O que eram os *review boards*?
3) Em que década o departamento de mídia começou a ganhar evidência?
4) Quais são as características do profissional de Atendimento nos dias de hoje?
5) Qual é o significado do pensamento: "o que é bom para o cliente é bom para a agência, mas o que é bom para a agência nem sempre é bom para o cliente"?
6) Explique a diferença entre o sistema de atendimento da década de 1950, identificado como os "donos da conta", e o sistema atual de atendimento.

Capítulo 3

O CONTATO DA AGÊNCIA DE PROPAGANDA

O contato da agência tem uma atividade multifuncional, fazendo de tudo um pouco. Precisa ser uma pessoa dinâmica, com muita vontade para trabalhar e disposta a enfrentar desafios. Apesar de existirem sistemas de trabalho em qualquer agência, a atividade do Atendimento não é rotineira. Entender as funções dessa área é necessário para o bom desempenho profissional.

FORMAÇÃO

Os principais cursos superiores mais adequados ao profissional de Atendimento são os seguintes: comunicação social ou propaganda e publicidade, administração, economia, sociologia, psicologia, relações públicas e jornalismo.

Apesar da profissão ser reconhecida, não significa que pessoas oriundas de outras áreas não sejam capazes de ter um bom desempenho dentro de uma agência, pois existem inúmeros casos de sucesso. Lembro-me de uma agência em São Paulo cujo dono era formado em engenharia e tinha talento para redação. A sua empresa era especializada em contas industriais, possuía um bom número de clientes nacionais e multinacionais fabricantes de máquinas, equipamentos e ferramentas. A sua formação em engenharia lhe dava uma vantagem competitiva sobre as demais agências porque ele falava o idioma do cliente, entendia as suas necessidades e conseguia traduzi-las em mensagens publicitárias de grande efetividade. Conheci advogados que trabalhavam na redação ou no atendimento e tive um bom aluno formado em odontologia há uns 8 anos, mas que tinha decidido trocar a sua profissão para a de redator. Posteriormente, tive notícias de que estava trabalhando em uma agência após ter terminado o seu curso de especialização em redação publicitária.

A razão dessa flexibilidade na admissão de profissionais está na busca de talentos. Toda agência precisa reunir pessoas com vocação para a mídia, pesquisa, redação, direção de arte, produção gráfica e um grande número de outras especialidades. Essa heterogeneidade é como uma orquestra na qual cada músico toca um instrumento e a sua regência pelo maestro consegue produzir grandes composições musicais. Assim é uma agência.

No entanto, é preciso esclarecer que não é qualquer pessoa que pode abrir uma empresa desse tipo. Apenas com base no seu conhecimento pessoal, muitas pessoas sem experiência ou conhecimento específico em comunicação acham que podem obter clientes com relativa facilidade e abrem a sua agência esperando contar com a terceirização dos serviços especializados. Basta ter um profissional de criação e tudo estará resolvido, mas não é bem assim. Levantamentos feitos por vários sindicatos patronais da propaganda identificaram muitas empresas registradas como agência de propaganda mas que, na verdade, eram empresas fornecedoras de brindes, gráficas rápidas, estúdios de arte e outros tipos de serviços. Muitos anunciantes, iludidos pelo baixo preço cobrado por empresas não qualificadas, podem ficar muito desiludidos com os resultados, ou a falta deles.

Características

Em suas múltiplas funções, o contato precisa ter organização, iniciativa, pensamento lógico, bom senso, autocontrole, jogo de cintura, cultura geral, expressão oral e escrita.

As duas primeiras características – organização e iniciativa – costumo chamar pela sigla OI, para que seja memorizada e nunca esquecida. O contato que não for organizado e não tiver iniciativa, que não for OI, é melhor mudar de profissão. Lamento a sinceridade, mas não existe meio-termo. Se ele realmente quiser ter sucesso na carreira, precisa fazer com que o cliente fique satisfeito, fazendo-o perceber que está recebendo um serviço organizado e que a agência se antecipa ao prover as suas necessidades. E um cliente feliz é aquele cuja agência soluciona os seus problemas de comunicação e faz as coisas acontecerem com eficiência e eficácia.

A organização a que me refiro é tanto física quanto intelectual. É claro que o arquivo dos documentos precisa estar bem arrumado e, neste sentido, considero um bom arquivo quando as informações procuradas podem ser encontradas rapidamente, não importando a estrutura que venha a ser adotada. Ser organizado não é ter a mesa arrumada, ter a gravata bem-posta ou o brinco combinando com o vestido. Ser organizado é saber aproveitar o tempo, priorizando as diversas tarefas a serem cumpridas e dedicando o esforço necessário a cada uma delas. É saber quem fez o que, em que período, ter as principais informações de memória e não se assustar quando várias solicitações ocorrem ao mesmo tempo.

A organização mental é o outro lado da moeda. Os dados vão chegando sempre de forma aleatória, cada vez em maior número, sem nenhuma ordem de importância. Cabe ao contato organizar-se mentalmente ao colocar as informações por escrito, isto é, tratar de um assunto por vez, agrupando por semelhança e seguindo uma lógica de exposição.

Tenho visto muitos relatórios de visita que são iniciados comentando sobre o tamanho da embalagem, por exemplo, depois sobre o preço, menciona as cores, pula para o folheto, comenta as fotos, volta a comentar a embalagem e assim por diante. Dessa forma, fica difícil entender o que está escrito porque as diferentes partes do mesmo assunto são mencionadas várias vezes, em diferentes partes do texto. Neste exemplo, o certo é esgotar o tema sobre a embalagem, depois abordar as informações sobre o folheto e dizer tudo o que é preciso de forma resumida, mantendo sempre a coerência de um assunto por vez. O mesmo pode ser dito ao organizar uma reunião, onde a pauta deve ser montada para que propicie um desenvolvimento natural das discussões. Parece algo muito simples e lógico, mas na prática é comum não acontecer dessa forma.

Por lidar com muitos assuntos ao mesmo tempo e ter de relacionar-se com muita gente, dentro e fora da agência, se o contato não for organizado vai se perder e começar a falhar nas suas tarefas. É difícil definir uma metodologia para ser organizado porque não se trata de uma biblioteca que tem um sistema de arquivamento e localização de dados que, uma vez adotado, segue sempre a mesma rotina. Acho melhor respeitar a maneira de ser das pessoas, mas cada um precisa criar o seu próprio método. Por exemplo, uns preferem chegar mais cedo ao escritório para organizar o seu dia. Outros preferem fazer isso ao final do expediente quando todo o mundo já foi embora, para que possa ter a calma suficiente para pensar no que vai fazer no dia seguinte. Alguns trabalham com uma agenda, escrevendo tudo nela e carregando-a para todo lugar, enquanto terceiros preferem a agenda eletrônica e o computador. O que importa é o resultado final, saber o que fazer, como, onde e quando, com o mínimo de traumas e ansiedades.

Ter iniciativa, a letra I do OI, é o outro componente importante na vida do contato. Como o Atendimento é a porta de entrada e saída de todo relacionamento com o cliente, cabe a ele ter a iniciativa de providenciar os pedidos internos aos diferentes departamentos e supervisionar a sua execução. Ele tem de fazer as coisas acontecerem, precisa implementar os planos, não pode perder prazos e não pode ficar sentado em berço esplêndido à espera do telefonema do cliente para atender ao seu pedido. O contato, ao soltar o rojão, não deve ficar olhando a sua trajetória para ver onde vai cair, mas deve correr atrás para ter certeza de que vai atingir o lugar certo. Com isto quero dizer que ao soltar um pedido de criação, vá ao encontro da dupla de criação para saber se entendeu bem a solicitação e acompanhe o desenvolvimento do trabalho. O mesmo acontece com os trabalhos da mídia e demais tarefas. Não fique esperando ser chamado pelo cliente, mas adiante-se, analisando dados de pesquisa, saindo em campo para ver a colocação do produto na prateleira do supermercado, acompanhe a rotina do vendedor para entender como ele negocia a venda do produto junto ao lojista, e assim por diante. A primeira vez que fiz um comentário por escrito sobre os dados de uma pesquisa realizada pelo cliente e a apresentei, recebi um elogio. Simplesmente ele não esperava que a agência se antecipasse tecendo as suas considerações sobre a matéria pesquisada, pensando que isto seria a sua função. A iniciativa causa boas surpresas e é sempre bem recebida. Não se esqueça que um atendimento dinâmico faz a agência se mover.

O bom contato está um passo à frente do cliente. Isto quer dizer que precisa estar sempre sintonizado nos assuntos das contas sobre a sua responsabilidade para aproveitar as oportunidades e sugerir soluções para aproveitá-las. É isso o que os anunciantes querem e esperam da sua agência: que as pessoas tenham interesse pelo seu negócio e tragam a sua contribuição espontaneamente.

Geralmente a vida de um contato é bastante atribulada, mas, vez por outra, tem um pequeno período de calmaria. O bom contato aproveita e vai atrás de informações de mercado, visita o canal de distribuição, conversa com os gerentes e atendentes das lojas que vendem os produtos que anuncia, analisa relatórios de pesquisa para descobrir o que o consumidor pensa, enfim, não fica parado esperando que um anjo distraído passe pela sua janela e lhe projete uma luz inovadora que fará despertar as suas melhores ideias. Elas vêm depois de muito suor, depois de muita análise sobre o que está acontecendo, pois a grande ideia sempre vem preencher uma necessidade do mercado.

CARREIRA

Cada agência de propaganda tem a sua estrutura e modo operacional, se bem que são todos muito parecidos, assim como os níveis hierárquicos adotados por cada uma. Dependendo da nomenclatura utilizada, um profissional da área de Atendimento pode galgar os seguintes estágios: inicia como estagiário, passando para assistente, contato, supervisor, diretor de contas, planejador, gerente. Estes três últimos postos podem receber o título de Vice-Presidente de Contas, Vice-Presidente de Planejamento e Vice-Presidente Operacional. Acima deles está o Presidente ou o dono da agência.

Muitas pessoas, principalmente os estudantes de comunicação social, gostariam de iniciar a sua carreira como assistentes de planejamento. É algo que os atrai e que gostariam de fazer. Não é impossível, mas não é aconselhável. Considero que um profissional de planejamento precisa ter experiência e conhecer bastante *marketing* e comunicação. A experiência pode ser adquirida no atendimento a clientes, na lida diária para atender às suas solicitações, conhecer os diferentes mercados onde atua, trabalhar com os colegas da Criação, Mídia e Produção para adquirir a sensibilidade sobre as dificuldades de realização das ideias, e por aí vai. Essa vivência é muito útil ao planejamento porque são muitas as variáveis envolvidas em um projeto de comunicação. Ao colocar as ideias no papel, não significa que o que se escreveu está correto e, principalmente, que pode ser executado. Costuma-se dizer que o papel aceita tudo, não reclama nem contesta, mas isso não significa que o que se escreve está correto porque o bom planejamento precisa ser viável, caso contrário não ajudará em nada.

A experiência naturalmente vem com o tempo ao enfrentar os problemas do dia a dia junto aos clientes e com os colegas de trabalho da Criação, Mídia e Produção, no aprendizado sobre os diferentes mercados onde está atuando, adquirindo sensibilidade para perceber os problemas e as dificuldades de realização das ideias. Além disso, é muito importante o estudo continuado de assuntos relacionados às áreas de *marketing*, comunicação, sociologia, psicologia, informática, criação, produção, pesquisa de mercado, entre outras, por meio dos cursos de aperfeiçoamento e pós-graduação.

Enfim, um bom planejamento precisa ser viável, caso contrário não ajudará em nada e um bom Atendimento precisa ser prático para fazer as coisas andarem.

FUNÇÕES

Cabe ao Atendimento levantar informações, administrar, coordenar, executar, supervisionar, negociar, vender, cobrar internamente e os clientes e planejar, além de iniciar e manter atualizado o Livro do Cliente, acompanhar e analisar pesquisas de mercado, elaborar *cases*, agendar reuniões, preparar a sala para as reuniões, conduzi-las e controlar o seu andamento para que seja objetiva e termine dentro do prazo previsto, fazer os pedidos de Criação e apresentações a clientes, avaliar os trabalhos da Criação e da Mídia, entre outras coisinhas mais. Veja Quadro 3.1.

O ATENDIMENTO NA AGÊNCIA DE COMUNICAÇÃO

Quadro 3.1 – Principais funções do contato de agência

- Levantar e analisar informações
- Acompanhar e analisar pesquisas de mercado
- Planejar
- Vender
- Elaborar *cases*
- Iniciar e manter atualizado o Livro do Cliente
- Administrar
- Coordenar
- Supervisionar
- Executar
- Negociar
- Cobrar os clientes e parceiros
- Agendar reuniões
- Preparar a sala para reuniões
- Conduzir e controlar o andamento das reuniões
- Fazer apresentações a clientes
- Fazer relatórios de visita
- Fazer os pedidos de criação, mídia e produção
- Avaliar os trabalhos da Criação e da Mídia
- Manter o cliente satisfeito

Porém, para melhor clareza do texto, é conveniente traduzir o que significam estas funções.

- ***Levantar informações, pesquisar, planejar, vender, elaborar* cases**

Em relação ao cliente, cabe ao Atendimento levantar todos os dados da empresa, produto ou serviço em questão, obter informações sobre o público-alvo, mercado e concorrência, para que possa compreender o cenário em que estará atuando. O documento de *briefing* deve conter essas informações, como está detalhado no capítulo *A importância do* briefing.

Somente com esse conhecimento é que será possível planejar adequadamente a comunicação do produto, serviço ou empresa, ao identificar os problemas a serem resolvidos, determinar os objetivos a serem alcançados e as estratégias para solucioná-los.

Naturalmente, nenhum plano se vende sozinho. O contato precisa se preparar para fazer uma apresentação adequada, a fim de que o pensamento da agência fique claro e condizente com as necessidades do cliente. Trata-se de uma venda técnica, baseada em argumentos sólidos e uma lógica impecável.

Além disso, é de boa prática o Atendimento montar *cases* com a permissão do seu cliente para utilizá-los quando for proferir uma palestra em faculdades, congressos e outros tipos de encontros.

• ADMINISTRAÇÃO, COORDENAÇÃO, SUPERVISÃO

Dentro da agência, uma vez aprovado o plano com o cliente, está na hora de executá-lo, o que exige do contato uma boa capacidade de coordenação dos diferentes departamentos da agência, controlar as diversas etapas para que tudo fique pronto dentro do prazo previsto, supervisionar para que os orçamentos, autorizações e peças publicitárias estejam adequados. Em poucas palavras, fazer tudo que estiver ao seu alcance para que o cliente tenha um bom nível de serviços.

Para que isso aconteça, vale lembrar novamente que o Atendimento precisa ter organização e iniciativa para tomar as decisões corretas no momento certo, cuidar do material, monitorar prazos e estar interado de tudo o que está acontecendo, uma vez que são inúmeros os detalhes a serem considerados e não podem ocorrer erros.

Precisa estar sempre ciente da capacidade de trabalho da Criação e do Estúdio, especialmente no momento da elaboração da arte-final, peça-chave de todo o processo. Até a sua elaboração tudo pode ser corrigido, mas, depois, os problemas ficam maiores por envolver custos adicionais e atraso nos prazos de entrega. A Mídia também não pode ser esquecida, pois precisa de tempo para analisar os dados de pesquisa para selecionar os veículos mais adequados a cada campanha, elaborar o planejamento, enviar as autorizações para os veículos, controlar a veiculação e avaliar os resultados. O mesmo cuidado deve existir com a produção gráfica e eletrônica.

- *NEGOCIAR, COBRAR*

No meio de tantas tarefas e dependendo sempre de alguém para fazê-las, é simples perceber que o contato precisa saber negociar com os seus pares e com o cliente. Prazos e orçamentos são dois pontos sempre presentes em qualquer trabalho a ser realizado. Quem pede, quer tudo para ontem, quem faz acha que o prazo solicitado é insuficiente e só para não falar das discussões sobre as ideias criadas e estratégias a serem seguidas. Não há jeito. Se não houver negociação, nada anda. E, uma vez tudo acertado, cabe cobrar os resultados dos colegas e as decisões do cliente. Sim, quantas vezes já foi solicitado o desenvolvimento de uma peça com urgência e o *layout* ficar em poder do gerente um tempo interminável para obter a aprovação do diretor?

- *AGENDAR REUNIÕES, PREPARAR A SALA, CONDUZIR E CONTROLAR O ANDAMENTO DAS REUNIÕES*

O contato vive em reuniões devido às suas múltiplas funções. Sempre está trocando ideias com alguém ou negociando um orçamento, um prazo ou a adoção de uma determinada estratégia. Por isso, as reuniões precisam ser planejadas e executadas profissionalmente para que não se perca tempo. O ideal é sair das reuniões com decisões tomadas e cada participante sabendo o que deve fazer. No capítulo *Apresentação de campanhas* este tópico é abordado com mais detalhes.

- *APRESENTAÇÃO AO CLIENTE*

Uma apresentação ao cliente é sempre uma reunião importante porque a agência está se expondo. Portanto, deve ser muito bem organizada e apresentada. A sequência é importante para que haja uma lógica na apresentação dos dados, das informações, planos, peças publicitárias e orçamentos, sendo fundamental o contato estar preparado para responder a todas as perguntas, argumentando adequadamente e persuadindo com fatos.

Nas apresentações é costume o Atendimento contar com a colaboração dos colegas da Criação, da Mídia, da Pesquisa e do Planejamento. Muitas vezes também é acompanhado pelo fornecedor ou veículo. Por isso, ele precisa saber conduzir e controlar a reunião para que a agenda seja seguida, evitando desvios ao serem introduzidos assuntos que, muitas vezes, não são pertinentes naquele momento. Da mesma forma que o item anterior, este tópico é examinado com mais detalhes no capítulo *Apresentação de campanhas*.

- **RELATÓRIOS DE VISITA**

Na rotina de trabalho do contato a elaboração de Relatórios de Visitas é uma constante. Todas as reuniões com clientes e fornecedores precisam ser registradas em um relatório para que os principais pontos discutidos sejam escritos de forma sucinta. Essa prática se aplica, também, no registro de telefonemas importantes, nos quais são tomadas decisões como aprovação de *layouts*, orçamentos e autorizações de mídia, por exemplo.

- **PEDIDOS E AVALIAÇÃO DE TRABALHOS DA CRIAÇÃO, MÍDIA E PRODUÇÃO**

Os trabalhos da Criação dentro de uma agência são chamados de *jobs*, que podem ser tanto um pedido para um cartaz como uma campanha inteira com inúmeras peças, entre anúncios para jornais, revistas e *outdoor*, comerciais para rádio e televisão, folhetos, material de ponto de venda etc.

Abre-se sempre um *job* quando há uma nova requisição de trabalho. Se for um pedido complementar para criar mais uma peça, não é preciso abrir um novo número de *job*, sendo apenas necessário um memorando interno solicitando a inclusão da peça ou a modificação que se fizer necessária, por algum motivo. Por exemplo, o pedido inicial era para a criação de uma campanha para jornal e cartaz para ponto de venda; uma solicitação complementar à Criação é enviada para criar uma faixa de prateleira para supermercado. No memorando constará somente esta adição e as informações pertinentes, sem a necessidade de um novo *briefing*. Essa nova solicitação interna é anexada ao pedido de criação.

Um *job* só deve ser aberto quando o Pedido de Criação ou o *briefing* estiver pronto, pois a partir daí é que começa o processo criativo e de produção. O Atendimento sempre deve arquivar uma cópia desse documento.

Complementando o *job* é aberta uma Ordem de Serviço. Trata-se de uma ficha que é colada ou impressa em um envelope enviado à Criação, com os dados necessários para a identificação do *job*, dentro do qual é colocado o Pedido de Criação. À medida que os textos e *layouts* vão sendo executados, são colocados nesse envelope, o qual deverá ser retirado da Criação e arquivado pelo Atendimento quando do seu término.

O pedido de Mídia é feito por meio de memorando, contendo as informações necessárias.

Em ambos ao casos, Criação e Mídia, as peças e planos precisam ser avaliados pelo Atendimento para verificar se atendem ao que foi pedido no *briefing* e se estão dentro de uma linguagem adequada ao cliente.

- **MANTER O CLIENTE SATISFEITO**

Nunca é demais repetir que a missão do contato é buscar continuamente a total satisfação das necessidades do cliente. Como fazer tudo isso e ainda ser feliz? Para isso, existem alguns princípios que precisam ser observados:

- mantenha-se organizado em seu trabalho;
- tenha iniciativa;
- pense fora do convencional;
- respeite os clientes, os fornecedores, os veículos e a opinião dos seus colegas;
- mantenha um bom relacionamento;
- esteja sempre em dia com seu cronograma de trabalho.

ATITUDE DO CONTATO

A atitude de um profissional de Atendimento deve ser sempre positiva, transmitindo confiança e entusiasmo, naturalmente dentro do bom senso porque é ridículo aquela pessoa que chega no escritório toda molhada, por ser alcançada pelo maior aguaceiro quando estava na rua sem guarda-chuva, e diz para todo o mundo que está tudo bem porque o ar da cidade vai ficar mais limpo.

Essa atitude é fundamental uma vez que o contato estará orientando seus colegas no desenvolvimento da pesquisa, da criação, da mídia e da produção, da mesma forma que estará aconselhando e recomendando ao cliente a adoção de campanhas, peças publicitárias e planos de mídia, onde tudo envolve investimentos. No entanto, não convém que seja autoritária, mas sim amiga, demonstrando o desejo de colaborar e o interesse em prestar uma boa assessoria. Essa abordagem cria um ambiente de boa vontade, facilitando a liderança na condução dos assuntos a serem tratados, tanto junto ao cliente quanto na agência. Como a natureza do trabalho envolve sempre várias pessoas de ambos os lados, é importante construir um clima favorável às discussões das ideias, das propostas, estratégias, orçamentos e demais assuntos que fazem parte desta complexa atividade profissional.

O contato precisa manter essa atitude amiga e de colaboração, mesmo que suas ideias não sejam aceitas, uma vez que a intenção de colaborar é mais importante e deve ser sentida por todos à sua volta. Defender pontos de vista, sim, mas assumir posturas agressivas não é o melhor caminho. Naturalmente, para isso, é preciso ter boa vontade para com as pessoas, procurando assessorá-las sempre que possível. Um contato, também, precisa assumir a liderança de forma natural e democrática, sem querer impor, mas argumentando com inteligência para convencer as pessoas. Não menos importante, se não tiver interesse pelo negócio do cliente, certamente não vai poder contribuir adequadamente para o seu sucesso. Veja o resumo no Quadro 3.2.

Quadro 3.2 – Atitudes de um bom contato

- Ter confiança
- Ser positivo
- Manter entusiasmo
- Ser amigo
- Ter opinião
- Prestar colaboração
- Ter boa vontade
- Assumir liderança
- Ter interesse pelo negócio do cliente

PERGUNTAS

1) O que é *job*?
2) O que se entende por organização e iniciativa do contato?
3) Quais são as principais funções do Atendimento?
4) Em uma apresentação de campanha ao cliente com a presença do Planejamento, Criação e Mídia, quem deve fazer a apresentação? Justifique a sua resposta.
5) Como deve ser feita uma reunião?
6) Qual deve ser a atitude do contato dentro da agência e junto ao cliente?

Capítulo 4

ROTINA DE TRABALHO

Como em qualquer empresa, a agência possui um sistema de trabalho que precisa ser respeitado para o bom andamento do serviço a ser realizado. Não importa o seu tamanho, o processo precisa ser respeitado para se ter a organização adequada que irá facilitar o cumprimento de prazos, controle de despesas e melhoria da qualidade dos trabalhos realizados.

Toda vez que o sistema não é obedecido, procurando-se atalhos na tentativa de encurtar os prazos e para enfrentar as emergências, invariavelmente irão surgir problemas mais adiante, muitas vezes insanáveis. O velho ditado "a pressa é inimiga da perfeição" se ajusta muito bem a essas colocações.

RELACIONAMENTO INTERNO DO ATENDIMENTO

A Figura 4.1 procura visualizar o relacionamento do Atendimento com os principais departamentos da agência. Repare no sentido das setas cheias. Elas estão demonstrando que o Atendimento trabalha diretamente com o Planejamento, Pesquisa de Mercado, Mídia e Tráfego. As setas tracejadas indicam que o Atendimento se comunica diretamente com a Criação, Produção Gráfica e Eletrônica, sendo o processo de trabalho coordenado pelo Tráfego.

Figura 4.1 – Relação do Atendimento com os departamentos da agência

- Produção Gráfica
- Criação
- Mídia
- Produção RTVC
- Tráfego
- Pesquisa de Mercado
- Planejamento
- Atendimento
- Cliente

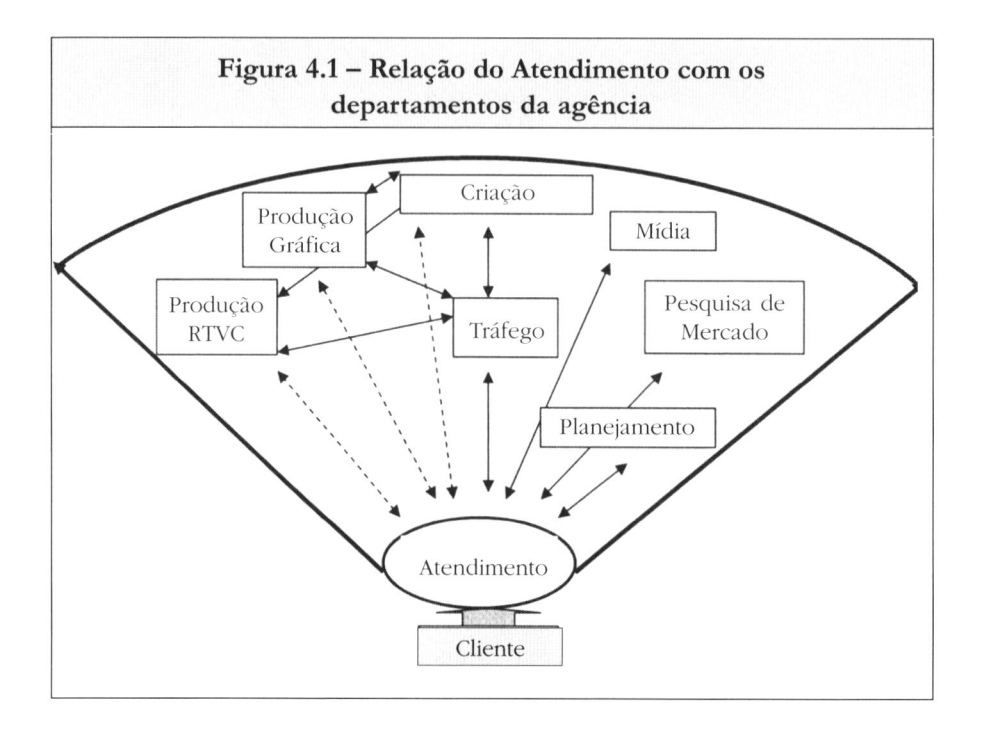

SIMULAÇÃO DE UM FLUXO DE TRABALHO

Para facilitar a compreensão do fluxo de trabalho na agência entre o Atendimento, Criação, Produção e Tráfego, imagine a solicitação do cliente para a criação e impressão de um folheto e suponha que o Gerente de Propaganda tem a responsabilidade de encaminhar o pedido para a agência, podendo aprovar a parte criativa e os respectivos orçamentos de produção em primeira instância. O Quadro 4.1 demonstra o fluxo de trabalho considerando que todas as etapas ocorreram sem necessidade de refazer parte do trabalho ou do orçamento. Quando isso acontece, o que costuma ser o mais comum, a tramitação do trabalho entre as partes envolvidas se repete, indo e vindo entre o Cliente, o Atendimento e a Criação.

No Quadro 4.1, o Gerente de Propaganda do cliente solicita ao Atendimento a criação e produção de um folheto, passando as informações necessárias para a sua execução. O contato elabora um "pedido de criação" para a elaboração da peça e o encaminha ao Tráfego, que faz o registro atribuindo um número de *job* para facilitar a sua identificação e estabelece um prazo para a sua execução, mediante consulta ao Diretor de Criação. Esse *job* será registrado em um documento de controle de tráfego e dará origem a uma Ordem de Serviço. Esses documentos serão explicados mais detalhadamente no capítulo *Documentação*. Convém dizer que o Contato pode negociar esse prazo com o Tráfego ou com o Diretor de Criação, dependendo da urgência do pedido.

Durante o processo de criação, é conveniente que o Contato acompanhe o seu desenvolvimento diretamente com a dupla de criação encarregada do processo, ajudando a adequar a peça às necessidades do cliente.

Terminado o trabalho da Criação, o Tráfego encaminha o *layout* do folheto ao Atendimento e este o apresenta ao Cliente. O Gerente de Propaganda aprova a peça dentro do seu nível de responsabilidade e inicia o processo de aprovação interno, junto ao Gerente de Produto e de *Marketing*. Dependendo da empresa, o Departamento Jurídico também dá a sua aprovação sob o ponto de vista legal. Tendo em vista facilitar o entendimento do processo, admita que a peça foi aprovada em todas as instâncias sem modificações; no entanto, quando existem ajustes, o processo de ir e vir entre os atores em cada estágio se repete sempre que necessário.

O cliente devolve, então, o *layout* do folheto ao Atendimento que envia um "pedido de produção" ao Tráfego com todos os dados necessários do cliente e local de entrega, bem como a tiragem, solicitando o respectivo orçamento. Este faz a cotação de preço junto aos fotógrafos indicados pela Criação e pede ao Departamento de Produção Gráfica a cotação para fotolito e impressão, passando as informações da dupla de criação sobre as características da peça, tais como dimensões, tipo de papel, aplicação de verniz, necessidade de faca para corte especial etc.

Os orçamentos são entregues ao Atendimento, que analisa a sua adequação, pede uma primeira negociação, se for o caso, e elabora a sua apresentação ao cliente, preparando uma comparação entre os orçamentos e recomendando o mais conveniente.

Ao ser aprovado pelo Cliente, o Atendimento autoriza a produção da arte-final junto ao Tráfego, indicando os orçamentos escolhidos e

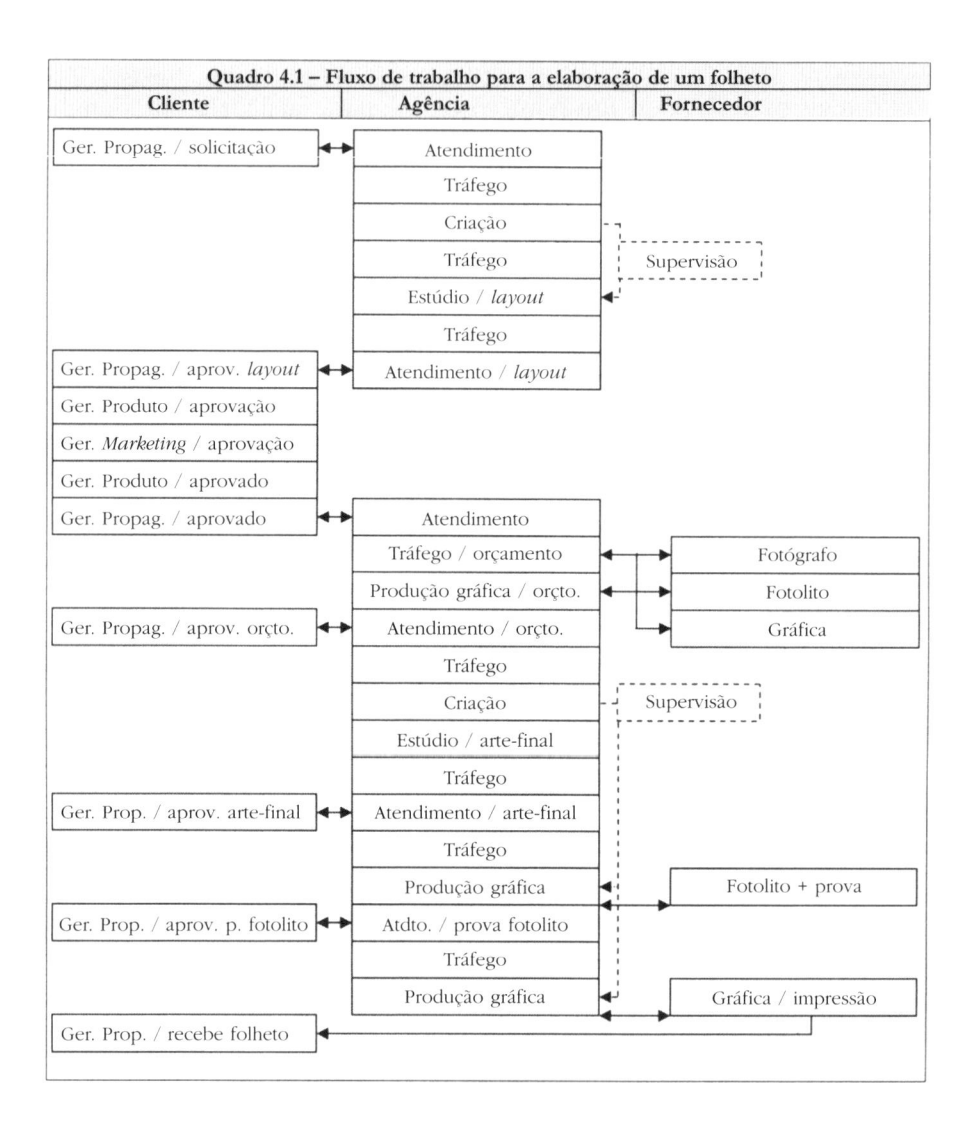

| Quadro 4.1 – Fluxo de trabalho para a elaboração de um folheto |||
Cliente	Agência	Fornecedor
Ger. Propag. / solicitação	Atendimento	
	Tráfego	
	Criação	
	Tráfego	Supervisão
	Estúdio / *layout*	
	Tráfego	
Ger. Propag. / aprov. *layout*	Atendimento / *layout*	
Ger. Produto / aprovação		
Ger. *Marketing* / aprovação		
Ger. Produto / aprovado		
Ger. Propag. / aprovado	Atendimento	
	Tráfego / orçamento	Fotógrafo
	Produção gráfica / orçto.	Fotolito
Ger. Propag. / aprov. orçto.	Atendimento / orçto.	Gráfica
	Tráfego	
	Criação	Supervisão
	Estúdio / arte-final	
	Tráfego	
Ger. Prop. / aprov. arte-final	Atendimento / arte-final	
	Tráfego	
	Produção gráfica	Fotolito + prova
Ger. Prop. / aprov. p. fotolito	Atdto. / prova fotolito	
	Tráfego	
	Produção gráfica	Gráfica / impressão
Ger. Prop. / recebe folheto		

avisa à Criação. Esta supervisiona o processo de produção das fotos para que a ideia do *layout* seja interpretada da melhor forma possível pelo fotógrafo, seleciona os melhores *shots* e elabora a arte-final no estúdio (laboratório de informática).

É comum que as fotos sejam aprovadas pelo cliente e, nesse caso, o Atendimento também participa do processo. Quando a arte-final fica pronta, é entregue ao Atendimento via Tráfego. O Contato leva a peça para a aprovação do Cliente, pessoalmente ou via internet. Recebida a aprovação, o Atendimento autoriza a produção do fotolito e da impressão, novamente via Tráfego. A Criação volta à cena para supervisionar a prova de fotolito e a impressão, garantindo a qualidade. A prova é submetida à aprovação do Cliente antes de ser autorizada a impressão. Pronto o trabalho, a Gráfica entrega os folhetos diretamente ao Cliente, encerrando todo o processo.

Com esse exemplo, pode-se perceber como é complexo e importante o trabalho do Tráfego. Vale registrar que algumas agências, utilizando um programa de controle, não possuem um Departamento de Tráfego como foi demonstrado, deixando que os próprios grupos de Atendimento se ocupem das tarefas.

Considero importante que os Clientes tenham a noção de que um pedido de trabalho feito a uma agência desencadeia um processo que envolve um grande número de pessoas, departamentos e empresas para a sua realização. Portanto, o tempo é um fator fundamental para o bom desempenho das funções desempenhadas pela Agência, assim como a verba alocada a cada *job*.

O ideal é que o Departamento de Tráfego se reporte diretamente ao Gerente da Agência, para que tenha maior força de negociação interna e assuma uma posição imparcial. No entanto, é mais comum estar subordinado à Criação.

O contato ou supervisor de Atendimento precisa adquirir alguns hábitos para o bom desempenho da função. Recomendo que logo ao chegar ao escritório, a primeira coisa a fazer é listar todos os assuntos que merecem a sua atenção naquele dia. Coloque-os em ordem de importância e deixe um espaço ao lado para fazer anotações. Por exemplo, você telefonou para o cliente, mas ele não estava e deixou recado. Anote para, depois, chamar novamente. À medida que for resolvendo os assuntos, vá riscando um a um. Isto estimula porque sente que está andando com o seu trabalho e visualmente pode ver que vão ficando poucos itens para serem terminados. No dia seguinte, volte para a mesma rotina. Pode parecer algo óbvio, mas é impressionante como algo simples assim ajuda a organizar as horas e você rende muito mais sem precisar ficar até mais tarde. Aliás, ficar depois do horário de trabalho todos os dias não é sinal de dedicação, mas sim de falta de organização.

Ao terminar uma reunião com o cliente elabore um Relatório de Visitas, registrando os fatos importantes. Se for uma reunião interna com o fornecedor ou veículo, faça um memorando interno confirmando o que ficou acertado ou uma carta se for para fora da agência. Como as palavras são esquecidas, adquira o hábito de registrá-las enquanto estão frescas, não deixando para o dia seguinte. Os dados desse documento poderão ser usados posteriormente para a emissão de pedidos de trabalho.

Tenha o seu computador organizado, nomeando corretamente os assuntos e arquivando-os nas pastas respectivas. Um bom arquivo é aquele no qual você acha facilmente o que procura. Esta é a regra. Guardar todo mundo faz, mas arquivar é outra coisa bem diferente. Mantenha o Livro do Cliente sempre atualizado, caso decida adotá-lo, ou então arquive corretamente as informações do cliente. Em um dado momento será preciso fazer um *briefing* para a Criação ou para a Mídia, e esses dados serão fundamentais para orientar o trabalho a ser desenvolvido.

Depois de enviar um pedido de trabalho, não espere sentado até receber o plano de mídia ou a campanha da Criação. Dirija-se aos seus colegas e certifique-se de que o pedido foi entendido totalmente ou se ainda falta alguma informação que eles gostariam de saber. Durante o processo, procure acompanhar o desenvolvimento dos trabalhos e, se necessário, faça os comentários para corrigir eventuais desvios de rumo. Como as pessoas estão sempre atarefadas, é normal esquecerem de um ou outro detalhe e o contato direto pode ajudar neste sentido. Além disso, o mídia ou o criativo pode querer trocar algumas ideias com você sobre o trabalho em andamento; por isso, mantenha-se à disposição deles. Lembre-se de que é mais fácil fazer alterações durante o processo de trabalho do que depois de tudo concluído.

Com a Criação é conveniente ter uma primeira avaliação com base nos *rough-layouts*, para ajudar na escolha das ideias apresentadas. Esse procedimento continua nos *layouts* e *story-boards*. É importante só levar ao cliente as peças que receberam a aprovação interna e que estejam coerentes com o *briefing*. Levar materiais inadequados só para mostrar serviço, não é a melhor maneira de impressionar o cliente. A qualidade é que vale.

Estando tudo acertado, o Atendimento entra em contato com o cliente para marcar uma reunião de apresentação do trabalho. Se for aprovado, o contato deverá solicitar o orçamento de produção de todas as peças junto aos departamentos competentes, incluindo os custos internos da agência e os custos externos dos fornecedores, como gráficas, produtoras de som e imagem, fotógrafos etc.

No caso de recusa das peças, o jeito é começar tudo novamente; porém, nessas situações, é importante que o Atendimento peça ao cliente para justificar a recusa do material. Não basta dizer que não gostou, que precisa de mais impacto, ser mais moderno, mais dinâmico e coisas do gênero. Essas generalidades não levam a nada. A crítica do cliente deve ser específica para orientar a Criação sobre o que deve ser evitado ou o que precisa constar nos materiais. De volta para a agência, o Atendimento faz uma nova solicitação por escrito para Criação, sem abrir um novo *job*, detalhando as mudanças necessárias.

A Criação refaz o trabalho, o Atendimento confere as alterações e marca uma nova reunião com o cliente para obter a aprovação final, mas a mesma rotina de acompanhamento já citada deve ser observada. O mesmo acontece se o assunto for com a Mídia.

Estando tudo aprovado, tanto o trabalho criativo como o orçamento de produção, o Atendimento solicita a elaboração da arte-final em editoração eletrônica para as peças gráficas ou solicita aos departamentos competentes reuniões com os fornecedores para passar o *briefing* de produção. Geralmente essas primeiras reuniões são comandadas pelo pessoal da Criação e nem sempre o Atendimento está presente, entretanto, ele precisa estar ciente do que será apresentado ao cliente posteriormente.

Se o trabalho for para a gráfica, deve-se esperar a prova do fotolito para avaliação da impressão, a qual deverá ser submetida à aprovação do cliente antes de ser iniciada a impressão definitiva.

PERGUNTAS

1) Qual é o significado do ditado "a pressa é inimiga da perfeição" para o Atendimento?
2) No relacionamento interno na agência pelo Atendimento, o pedido de Mídia é entregue diretamente no departamento ou passa pelo Tráfego?

3) Contato é o nome que é dado para o profissional que trabalha em que departamento?
4) Qual é a função do Departamento de Tráfego?
5) O que é um *job*?
6) Explique o fluxo de trabalho entre o Cliente, o Atendimento e a Criação na elaboração de um anúncio.

Capítulo 5

DOCUMENTAÇÃO

O registro dos fatos é uma constante em qualquer organização e não poderia ser diferente em uma agência de comunicação, qualquer que seja a sua especialidade. Cabe ao Atendimento organizar e zelar para que todos os documentos sejam arquivados corretamente, não importando se fisicamente estiver na sua sala ou no arquivo central da agência, se for o caso. Sem dúvida, os recursos propiciados pela informática vêm ajudando muito neste sentido, mas um aspecto fundamental é que as informações sejam identificadas rapidamente.

ARQUIVO

Por incrível que pareça, as pessoas costumam nomear os arquivos com o primeiro nome que vem à cabeça, sem se preocupar com a lógica e o bom senso. Isto faz com que a busca pela informação se torne uma aventura cibernética. É necessário, pois, estabelecer um critério que sirva de balizamento para o sistema de arquivamento, o qual deve ser seguido rigorosamente, sem invenções a cada instante. A criatividade irresponsável é a pior inimiga de um bom arquivo. Basta observar as práticas das bibliotecas: todas adotam um sistema de classificação que é observado rigorosamente.

O arquivo básico do Atendimento deve ser refeito anualmente e ser organizado nas seguintes pastas:

1. *Relatório de Visitas* – por cliente e em ordem cronológica.
2. *Correspondências enviadas e recebidas* – por cliente e em ordem cronológica.

3. *Pedidos de criação* (*jobs*) – em ordem cronológica.
4. *Pedidos de mídia* – em ordem cronológica.
5. *Pedidos de produção* – em ordem cronológica.
6. *Orçamentos* – por cliente e em ordem cronológica; dependendo do volume de trabalho, pode ser subdividido em "orçamentos de produção gráfica" e "orçamentos de produção eletrônica".
7. *Informações e dados do cliente* – por assunto, tais como cargo e função dos executivos (se possível com a data de aniversário), endereços da matriz e filiais no Brasil e exterior, dados dos produtos/serviços, evolução e distribuição de vendas etc.
8. *Informações e dados do mercado* – que inclui tamanho e taxa anual de crescimento do mercado, concorrentes diretos e indiretos, características dos produtos/serviços concorrentes, análise de preços, distribuição e comunicação; no caso de comunicação, dados qualitativos (*slogan*, estratégia criativa, posicionamento da marca) e quantitativos (*share of voice*, estratégias de mídia utilizadas etc.).
9. *Livro do Cliente* – atualizado sempre que necessário, é o único que não deve ser renomeado a cada ano, uma vez que se trata de um arquivo histórico.
10. *Briefings* – arquivar o documento completo por produto e em ordem cronológica.
11. *Planos* – arquivar o documento completo por produto e em ordem cronológica.
12. *Layouts e story-boards* – arquivar após a apresentação ao cliente tanto as peças aprovadas quanto as não escolhidas.

A seguir, convém comentar os principais documentos utilizados na agência.

Relatório de Visitas (RV)

O Relatório de Visitas, também conhecido como Relatório de Reunião, deve ser feito rotineiramente após o término de cada reunião com o cliente e/ou fornecedor, registrando os principais tópicos discutidos e as decisões tomadas. A intenção é informar a todos os interessados sobre o ocorrido, participantes ou não da reunião, registrando os assuntos para uma posterior consulta, sempre que necessário. Essa prática é bastante salutar porque as pessoas costumam se esquecer do que foi combinado, mas se está escrito no RV, ajuda a relembrar e esclarecer muitas dúvidas. Por exemplo, a agência devolveu um cromo (fotografia) ao cliente e quatro meses depois ele pede que a agência lhe entregue o mesmo cromo porque se esqueceu que já estava em seu poder. Se o fato foi registrado em um Relatório de Visitas, a dúvida fica tranquilamente esclarecida, mas se não houver o registro, o problema da "perda" certamente recairá sobre a agência.

Os telefonemas importantes onde tenha havido uma decisão, como a aprovação de um orçamento ou de uma peça publicitária, também devem ser registrados como se fosse um Relatório de Visitas, apenas fazendo-se constar após o cabeçalho o termo "confirmação de telefonema".

Todo RV deve ter um cabeçalho com as informações relacionadas no Quadro 5.3 e ser encerrado com um item que alguns chamam de "próximos passos" e outros de "ação". Esse tópico está subdividido em duas partes, uma relativa à agência e outra ao cliente. No corpo de RV o texto, preferencialmente, pode ser subdividido em itens para facilitar a sua localização e organizar melhor as informações.

CORRESPONDÊNCIAS ENVIADAS E RECEBIDAS

Como todas as correspondências são por escrito, aquelas enviadas ou recebidas dos clientes, fornecedores ou veículos devem ser sistematicamente arquivadas, porém as de uso interno podem ser eliminadas após o término do projeto, desde que o assunto tenha caráter temporário e elas já tenham perdido a sua validade quando concluído o trabalho. Por exemplo, a reunião para a apresentação da campanha está marcada para o dia tal, às tantas horas, na sala de reunião principal da agência. Uma vez realizada a reunião, a informação tornou-se obsoleta e pode ser descartada.

PEDIDOS DE CRIAÇÃO (JOBS)

Job é o nome que se dá a qualquer serviço enviado à Criação. Pode ser um anúncio, a criação de uma marca ou uma campanha inteira.

Geralmente as agências costumam ter um formulário específico para fazer um pedido de trabalho para a Criação, que podem ter nomenclatura própria e variar os itens considerados importantes para o desenvolvimento do trabalho criativo.

No momento da elaboração do Pedido de Criação, registra-se o seu número em um outro documento de controle chamado de Livro de *Jobs* ou em um arquivo digital específico para essa finalidade, adotando uma ordem cronológica e numérica. O código numérico é específico para cada cliente. Por exemplo, o cliente A tem o número 1.000, o B tem o número 2.000, e assim por diante, acompanhados do ano em curso. Assim, o primeiro *job* do ano de cada um receberia o número 1.001/06 para o cliente A e 2.001/06 para o cliente B, o segundo 1.002/06 e 2.002/06, respectivamente para cada cliente, até o final do ano. No ano seguinte começa novamente e a numeração passaria a ser 1.001/07, 2.001/07, 1.002/07, 2.002/07 e seguintes, para os mesmos clientes. A organização dos arquivos referentes seguirá esse critério.

O *job* é aberto quando ocorre uma nova requisição de trabalho e cada um tem o seu próprio número. Alguns podem ser acompanhados de um *briefing*, como é o caso de campanhas, cujo modelo de *Briefing de Criação* pode ser visto no Quadro 5.6. No entanto, ele pode ser dispensando quando se trata de pedir a criação de uma ou outra peça isolada. Nesses casos, o Pedido de Criação conterá apenas as informações necessárias, de forma muito objetiva.

Convém comentar termos muito importantes constantes do Pedido de Criação e que podem gerar diferentes interpretações por quem os utiliza:

• FATO PRINCIPAL

Por "fato principal" entende-se que exista uma situação ou evento que vai gerar a necessidade de criação de uma campanha ou peça publicitária. Em outras palavras, é a identificação de qualquer fato que possa ser modificado com o uso da comunicação. Convém que a sua redação seja simples, resumindo a situação que precisa ser enfrentada, como, por exemplo:

a) existem problemas de percepção do consumidor sobre a marca, produto/serviço ou a empresa;
b) as dificuldades causadas pela concorrência devido a uma forte campanha promocional;
c) a marca é pouco conhecida no mercado;
d) o produto terá um novo tamanho de embalagem, mais econômica;
e) o folheto do produto só aborda as características técnicas, sem falar nos benefícios para o consumidor;
f) o principal motivo de compra por parte dos consumidores não foi suficientemente compreendido em peças anteriores.

• **PROBLEMAS OU OPORTUNIDADES A SEREM RESOLVIDOS PELA COMUNICAÇÃO**

Algumas agências usam essa nomenclatura para se referir ao "fato principal" descrito anteriormente. Quando da sua redação, não é preciso separar os problemas e as oportunidades, porque são faces diferentes da mesma moeda. A palavra "problema" significa, neste caso, que a Criação tem um desafio, tem um problema para enfrentar, ou seja, precisa ter uma boa ideia para resolver o problema da comunicação. Sob esse ângulo, por exemplo, comunicar um novo sabor de um suco de frutas não é um problema em si, é algo positivo, é uma oportunidade para gerar mais vendas, porém é visto com um "problema que a comunicação deverá resolver" por meio da campanha.

• **OBJETIVO DE COMUNICAÇÃO**

No caso do "objetivo de comunicação", deve-se ter o cuidado de redigi-lo para responder ao problema identificado anteriormente (fato principal), o qual deverá ser solucionado pela campanha. É possível ter mais de um objetivo. Em outras palavras, os objetivos devem corresponder aos problemas identificados porque, ao serem atingidos, aqueles estarão sanados. Portanto, cada objetivo deve ser escrito de forma clara e precisa, evitando-se o óbvio genérico, tal como "o objetivo é divulgar o novo produto", pois é claro que qualquer tipo de comunicação tem de divulgar alguma coisa – para isso ela existe.

Ordem de Serviço

Ao ser recebido o Pedido de Criação, é aberta uma Ordem de Serviço que nada mais é do que uma ficha contendo todas as informações de identificação do *job* e das peças a serem criadas. Essas fichas, cujo modelo está no Quadro 5.5, são coladas em um envelope, geralmente A4 ou um pouco maior, onde são guardados todos os textos, *rough-layouts* e *layouts* criados para atender à solicitação, bem como uma cópia do pedido e o *briefing*. A Ordem de Serviço é feita somente no início do trabalho, uma única vez. Mesmo sendo uma forma tradicional e muito simples, é passível de ser adotada por agências de qualquer tamanho e especialidade. No meio de tantas ideias geradas pelos criadores, se todas estão reunidas em um só lugar, fica muito mais fácil de serem localizadas e revistas. Quando o *job* termina, esse envelope costuma ser retirado da Criação e arquivado no Departamento de Tráfego, se existir, ou com o Atendimento da conta, para servir de referência no futuro, se necessário.

Briefing de Criação

Existe certa confusão entre o que seja um *Briefing* de Criação e o Pedido de Criação. Em verdade, este último deve orientar os trabalhos da Criação e, como tal, não deixa de ser um *briefing*. A meu ver, o que distingue um do outro é o tipo de trabalho a ser realizado. Quando se trata de uma campanha para o lançamento de um novo produto/serviço ou empresa, uma extensão de linha de produtos, uma nova embalagem ou nova variedade de produto/serviço, a criação de uma marca, a realização de uma promoção ou evento, enfim, quando o assunto é algo novo ou de grande importância para a estratégia da empresa, torna-se necessária a passagem do *briefing* para a Criação porque ele é mais completo, contendo todas as informações necessárias para o desenvolvimento criativo do projeto. No entanto, nem tudo que é solicitado à Criação é algo tão importante. É comum no dia a dia das empresas o pedido para criar um folheto, um cartaz, um cartão de Natal, um anúncio promocional ou coisas do gênero, que não precisam de um *briefing* tão detalhado. Nesse caso, um Pedido de Criação, escrito de maneira clara e objetiva, é mais do que suficiente. Muitas vezes, o excesso de informação pode confundir e turvar a visão daquilo que se pretende.

O Quadro 5.4 traz um modelo de Pedido de Criação, que é mais simples e vai direto ao assunto a ser trabalhado. O Quadro 5.6 traz um modelo do *Briefing* de Criação que poderá ser ampliado com mais informações, se isto for necessário, para que o pessoal da Criação obtenha uma perfeita compreensão do cenário no qual o produto/serviço ou empresa está (ou estará) inserido.

PEDIDOS DE MÍDIA

Os Pedidos de Mídia geralmente são feitos em forma de memorando, via *e-mail*, dentro do sistema em rede da agência. Ele é muito semelhante ao Pedido de Criação, porém apresenta algumas diferenças. Enquanto a Criação lida mais com aspectos comportamentais e emocionais do consumidor-alvo, para o planejamento de Mídia interessa saber qual o percentual de vendas do produto/serviço no país, por estados ou por regiões de vendas, bem como a evolução mensal nos últimos 3 a 5 anos para detectar o período de sazonalidade. Estes são um bom indicador para determinar quando deve ser iniciada a campanha, porém esse assunto, se é para constar no Pedido de Criação, basta dizer que o pico de vendas acontece no verão ou no inverno, por exemplo. No caso de varejo, o percentual de vendas de cada loja também ajuda a analisar a necessidade de esforços específicos em algumas delas, conforme a estratégia de *marketing* adotada. Dados sobre a penetração do produto/serviço no mercado, assim como o índice de distribuição numérica e ponderada, ajudam na escolha dos meios e na distribuição da verba.

Em resumo, a Mídia precisa de dados detalhados porque lida com a cobertura geográfica da campanha e com a concentração da verba nas regiões mais importantes para o cliente. Entretanto, convém relembrar que tanto a Mídia quanto a Criação recebem as mesmas informações sobre o público-alvo. O Quadro 5.7 mostra um modelo de Pedido de Mídia.

PEDIDOS DE PRODUÇÃO

Os Pedidos de Produção, tanto gráfica quanto eletrônica, também são feitos em forma de memorando, via *e-mail*, dentro do sistema em rede da agência. Esses pedidos visam estabelecer os critérios para a solicitação de orçamentos junto às casas produtoras de cine e vídeo, produtoras de som (*spots, jingles*) e gráficas. Sempre que possível, é saudável pedir a cotação de três fornecedores para que se tenha uma base de comparação tanto de preços como de tempo de atendimento e qualidade do trabalho.

As agências costumam classificar os fornecedores informalmente como sendo de primeira, segunda ou terceira linha em função da sua experiência, capacidade técnica, qualidade dos trabalhos já realizados e preço. Entenda-se que uma empresa de segunda ou terceira linha não significa que seja ruim, e sim que possui menores recursos técnicos ou menos experiência que as primeiras e devem ser utilizadas dependendo do tipo de serviço. Por exemplo, a impressão de um volante, por ser uma peça simples e geralmente com tiragem elevada, pode ser feita com toda a segurança e qualidade em uma gráfica de segunda ou terceira linha. Neste caso, é vantajoso para o cliente e para a agência porque não seria possível justificar um orçamento elevado para aquele *job* específico. Por outro lado, se vai ser produzido um comercial para televisão, utilizando mídia nacional e suportado por uma verba respeitável, certamente deverá ser escolhida uma produtora de primeira linha. Os Quadros 5.8, 5.9 e 5.10 apresentam modelos de pedidos para a produção de cinema/TV, rádio e produção gráfica, respectivamente.

Orçamentos

Antes da elaboração da arte-final, o Atendimento solicita o orçamento de produção, geralmente feito junto a três fornecedores, no mínimo, para que se possa ter melhor avaliação dos custos e prazos envolvidos. O orçamento é, portanto, uma estimativa de custo que compreende duas partes:

- 1ª parte – Custos internos da agência, geralmente relativos ao tempo (custo/hora) a ser empregado para a finalização das peças no estúdio, utilizando os recursos gráficos dos programas de computação e mais os custos do material utilizado, como CD-ROM, disquete etc.
- 2ª parte – Custos externos fornecidos por terceiros, como as gráficas, fotolitos, fotógrafos, produtores de som, de cinema, entre outros.

A resposta, portanto, ao Pedido de Produção vem em formato de orçamento apresentado pelos fornecedores, indicando não só os valores como a forma de pagamento, tempo de execução e explicações sobre como o trabalho será realizado.

Quando as peças criadas são aprovadas pelo cliente, o Atendimento pode ter em mãos uma estimativa dos custos internos da agência, mas geralmente eles costumam ser apresentados juntos com os custos externos.

Convém mencionar que, de um modo geral, a primeira reação do cliente é considerar elevados os valores que tem à sua frente. Por isso, é importante que a agência já faça uma primeira negociação com os fornecedores antes de apresentar o orçamento e, também, para sentir o grau de interesse que eles têm em fazer o serviço. Quem trabalha com mais interesse costuma apresentar melhores resultados. Se essa pré-negociação não for feita por falta de tempo ou outra razão, o Atendimento deverá informar ao cliente que os orçamentos ainda não foram negociados, o que ajuda a reduzir aquela visão de "preço alto". Agindo dessa forma, a agência estará cumprindo a sua função, defendendo os interesses do seu cliente.

Às vezes, o Atendimento fica inibido em pedir ao Departamento de Produção para negociar os valores, a forma de pagamento e os prazos com os fornecedores, mas, muito ao contrário, é conveniente que isso seja feito para não chegar na frente do cliente sem ter argumentos de defesa sobre os custos. Invariavelmente, sem esses argumentos, o contato diz "sim, senhor" ao cliente e volta para a agência com a missão de providenciar a negociação. A esta altura, eu pergunto: onde está a iniciativa do Atendimento? No seu papel de supervisão, é melhor se antecipar, demonstrando que já foi feita uma negociação prévia junto aos fornecedores e que mais esforços ainda serão feitos para chegar a valores mais interessantes.

Após a escolha do fornecedor (lembre-se da conveniência em levantar três orçamentos, pelo menos), a agência poderá proceder a uma segunda rodada de negociação para chegar ao preço final. Nessa nova fase, o Atendimento levará esse resultado para a aprovação do cliente e obter a autorização para produzir a peça por aquele valor e no prazo estipulado. A decisão sobre a escolha do fornecedor deverá ficar registrada em Relatório de Visitas e ser comunicada por escrito ao departamento competente, com cópia para a Criação. Algumas agências pedem a assinatura do cliente no orçamento aprovado e outras apenas registram no Relatório de Visitas. No Quadro 5.11 está um modelo de orçamento.

INFORMAÇÕES E DADOS DO CLIENTE

São os dados fornecidos pelo próprio cliente em forma de relatórios, documentos, folhetos ou anotados pelo Atendimento. Uma boa parte dessas informações pode ser incorporada ao *briefing,* no momento da sua elaboração. É uma tarefa contínua do Atendimento que tem a finalidade de manter-se bem informado e atualizado com tudo aquilo que diz respeito ao seu cliente. Por isso, é necessário que exista o arquivamento correto e sistemático de todas as informações para que possam ser localizadas facilmente sempre que necessário.

INFORMAÇÕES E DADOS DO MERCADO

Da mesma forma que no item anterior, as informações e os dados do mercado são fornecidos pelo cliente em forma de relatórios e outros documentos, mas podem ser complementados pelas anotações, observações e pesquisas feitas pela agência. Precisam estar sempre atualizados e ser arquivados sistematicamente para serem incorporados ao *briefing* no momento oportuno.

Livro do Cliente

Não é comum as agências possuírem um Livro do Cliente, mas é aconselhável e importante manter este documento porque ele contém toda a história da conta e uma série de dados que vão sendo acumulados ao longo do tempo.

Criado após a primeira reunião entre agência e cliente, guarda todas as informações sobre a empresa e o produto ou serviço, tendo a finalidade de reunir todos os dados necessários para orientar o planejamento e a criação ao longo do tempo. A data de cada revisão deverá ser destacada logo no início do documento.

O Livro do Cliente poderá conter as seguintes informações:

- histórico da empresa;
- dados do mercado (tamanho, taxa de crescimento, distribuição, legislação, desenvolvimento);
- características do produto/serviço;
- comparações com a concorrência;
- público-alvo;
- diagnóstico (pontos fortes e fracos, ameaças e oportunidades, conclusão);
- problemas que a propaganda tem que resolver;
- posicionamento da marca (premissa básica, justificativa, imagem desejada);
- objetivo de *marketing*;
- objetivo de comunicação;
- estratégias de comunicação;
- histórico da comunicação.

É possível existir alguma confusão com o documento do planejamento porque os dados são muito semelhantes, mas a diferença está na questão do tempo de ocorrência das informações, como pode ser visto no Quadro 5.1. Como todo plano sempre é feito no tempo presente com vistas ao futuro e baseado na experiência do passado, procura associar as variáveis que poderão influenciar o comportamento do mercado e do consumidor quando as ações forem implementadas. Dessa forma, à medida que o plano vai sendo executado, os dados vão se transformando gradativamente em algo já pertencente ao passado. No final da sua execução, os novos dados mais importantes e a avaliação dos resultados obtidos deverão ser incorporados ao Livro do Cliente.

Quadro 5.1 – Diferenças entre Livro do Cliente e Plano de Comunicação		
Passado	Presente	Futuro
Livro do Cliente	Plano de Comunicação	Plano de Comunicação
Registra todos os dados e informações da empresa, produto ou serviço, sendo atualizado toda vez que existir um fato novo.	É desenvolvido com dados do passado, avaliações e previsões sobre o mercado, empresa, produto ou serviço. É a base para orientar o que será feito no futuro.	Com base nos dados, contém as estratégias a serem executadas para atingir os objetivos propostos.
Fase 3	Fase 1	Fase 2

BRIEFINGS

Os *briefings* são documentos que contêm todas as informações necessárias para orientar a agência de comunicação na elaboração de campanhas de propaganda, promoção e relações públicas, compreendendo-se nestas três grandes áreas todas as ferramentas de comunicação existentes. Devido à sua grande importância e ser o ponto de partida para qualquer tipo de *job*, todos os detalhes que lhe dizem respeito foram colocados no capítulo *A importância do* briefing, inclusive o modelo B.

Planos

Os planos são documentos que contêm o planejamento das campanhas de comunicação, podendo incluir propaganda, promoção, relações públicas, *merchandising*, eventos, assessoria de imprensa e o que mais for necessário para solucionar os problemas do cliente com os seus diversos públicos e enfrentar a concorrência. O plano permite coordenar e integrar os objetivos e as estratégias de *marketing* com as de comunicação, ordenando as diversas fases da campanha. Faz-se planejamento para obter o maior rendimento possível da verba de comunicação por meio da sua melhor aplicação e redução tanto dos erros como de desperdícios.

É aconselhável que as campanhas sejam planejadas em bases anuais, dentro do período fiscal do anunciante, para facilitar a alocação da verba. No entanto, é possível fazer planos de médio e longo prazos, abrangendo 2, 3, 5 ou mais anos, da mesma forma que um plano pode se referir a uma campanha que dure apenas algumas semanas ou meses. O mais comum é que ele abranja o período de 12 meses. O modelo A de um planejamento de propaganda pode ser apreciado no Quadro 5.2.

Rough-layout

Os diretores de arte costumam iniciar o seu trabalho de criação rascunhando uma série de desenhos em forma de anúncio, folheto, cartaz ou as cenas para algum comercial. Esses desenhos preliminares contêm apenas a ideia principal, sem nenhum detalhe, e são chamados de *rough* ou *rough-layout*. O pessoal mais antigo ou, melhor dizendo, mais experiente, costuma fazer este trabalho à mão. Alguns mais jovens começam diretamente no computador; no entanto, a habilidade do desenho é infinita e permite expressar melhor as ideias. Pode ser que no futuro, devido à velocidade com que as novidades surgem no campo da informática, os diretores de arte possam vir a contar com melhores recursos para a expressão gráfica. No entanto, criar é um ato emocional, e nada melhor do que o lápis *crayon* para expressar os sentimentos.

Esse processo de materialização das ideias, rascunhadas à mão pelo diretor de arte, costuma contar com a colaboração do redator, a outra metade da dupla de criação, cujas ideias também podem ser expressas em forma de imagem. Dependendo do estilo de trabalho da agência e do entrosamento da equipe, o pessoal de Atendimento também pode participar dessa fase, auxiliando na seleção das melhores ideias.

LAYOUTS

O passo seguinte à elaboração do *rough* é selecionar as melhores opções e apresentá-las ao Diretor de Criação para serem avaliadas e receberem a sua contribuição criativa. Após essa filtragem, as peças são desenvolvidas no computador em forma de *layout*. Contêm a diagramação do trabalho onde estão todos os detalhes, tais como: título, texto, ilustração ou foto, logotipo do produto ou serviço, a escolha do tipo de letra etc., distribuídos harmoniosamente dentro da melhor técnica de diagramação gráfica. A peça toma a sua forma final para ser aprovada pelo cliente.

Nesta fase, é comum haver a participação do Atendimento no sentido de contribuir com suas observações para a melhoria do trabalho e participar do processo interno de aprovação.

ARTE-FINAL

É a forma definitiva da peça após o *layout* ter sido aprovado pelo cliente. O trabalho é encaminhado para o estúdio de computação gráfica para executar a sua finalização. O fechamento do arquivo no computador significa colocar o logotipo correto, a foto ou ilustração final a ser utilizada em alta resolução, corrigir a diagramação e ajustá-la nos tamanhos corretos do anúncio na revista ou jornal, bem como na forma correta do folheto ou material de ponto de venda. A arte-final é, portanto, uma matriz da qual sairá o fotolito e é apresentada em forma de disquete, CD-ROM ou *Zip-drive*.

MODELOS DE DOCUMENTOS

Nas páginas seguintes são apresentados vários modelos de documentos para servirem de referência para uma eventual utilização. Naturalmente, poderão ser adaptados às particularidades de cada agência.

Quadro 5.2 – Modelo A de Planejamento de Propaganda
1. Resumo da situação do mercado onde a empresa atua. Categorias e linhas de produtos/serviços, posição da concorrência, tendências, fatores do microambiente externo à empresa e outras informações pertinentes.
2. Análise comparativa da concorrência direta sob os aspectos de: produto/serviço, preço, distribuição e comunicação, sendo esta última sob o ponto de vista qualitativo (mensagem e qualidade de produção) e quantitativo (investimentos por tipo de mídia).
3. Descrição do público-alvo sob os aspectos demográficos, comportamentais e psicológicos.
4. Definição dos problemas e oportunidades de comunicação ou quais são os fatos que indicam a necessidade de uma campanha.
5. Determinação dos objetivos de comunicação com base no diagnóstico apresentado no item anterior.
6. Posicionamento do produto/serviço frente ao mercado (o conceito da marca).
7. Definição dos objetivos e estratégias de criação e de mídia.
8. Alocação da verba publicitária na mídia, produção e material para ponto de venda, incluindo um valor específico para a realização de pesquisas de avaliação da campanha.
9. Determinação dos sistemas ou métodos de avaliação.
10. Cronograma de aplicação do plano.
11. Anexos: a) Relação das peças da campanha. b) *Layouts*, textos e roteiros das peças criadas. c) Programação de mídia. d) Leis e regulamentos, se houver, que influenciam a aplicação da campanha. e) Qualquer outro assunto de interesse e relativo ao plano.

Quadro 5.3 – Modelo de Relatório de Visitas

Relatório de Visitas

Data do RV: ___ / ___ / ___   Data da reunião: ___ / ___ / ___
Participantes:
   Pelo cliente –
   Pela agência –
Cópia com:

Assuntos tratados

1. Folheto sobre nova linha de produtos

O texto e *layout* foram apresentados e aprovados pelo cliente. A parte onde é mencionada a palavra "couro" deve ser substituída por "couro legítimo" e as modelos deverão ser bem diferentes entre si (loura, morena, asiática etc.). Tiragem de 5 mil exemplares.

2. Plano de mídia

O plano de mídia foi aprovado devendo-se fazer mais duas inserções em cada revista programada e reduzir a programação em rádio proporcionalmente para ficar dentro da verba disponível. Foi confirmada a data para o início da veiculação: ... de ... de ... .

Próximos passos

Pela agência:

- Revisar o texto conforme as anotações acima.
- Orçar as fotos e a impressão.
- Ajustar o plano de mídia conforme o combinado e negociar com os veículos.

Pelo cliente:

- Entregar os produtos para serem fotografados.

Quadro 5.4 – Modelo de Pedido de Criação
Pedido de Criação ***Job*** nº: Cliente: Produto/Serviço: Data do pedido:___ /___ /___   Data prevista de entrega:___ /___ /___ Peças a serem criadas: Solicitado por: Dupla de criação:
1. Peça(s):
2. Formato/duração:
3. Produto/serviço Explicar sucintamente os benefícios e as características que devem ser ressaltadas para diferenciá-lo e que poderão motivar o consumidor.
4. Fato principal ou problema/oportunidade a ser resolvido pela comunicação Quais são os fatos que levam à necessidade desta comunicação.
5. Objetivo da criação Qual é a reação a ser provocada no público-alvo.
6. Público-alvo Descrever as características demográficas, comportamentais (hábitos de compra, de consumo, estilo de vida), psicográficas e como o consumidor se relaciona com o produto/serviço.
7. Posicionamento da marca Não é necessário, mas conveniente para que a peça esteja em linha com o conceito (promessa básica, justificativa, atributos complementares de imagem).
8. Tom/clima da campanha Se deve ser informativa, didática, promocional, familiar, jovem, radical, lançamento de produto/serviço, sério, alegre, racional, emocional, sensual, agressiva, carinhosa etc.
9. Obrigatoriedades de comunicação Logotipo do produto/serviço ou empresa, de associações e de premiações, padrão de cores, tipologia, *slogans*, personagens, mascotes etc.
10. Informações complementares para a criação
11. Verba de produção (opcional)

Quadro 5.5 – Modelo de Ordem de Serviço

Ordem de Serviço

O. S. nº:
Cliente:
Data do pedido:___/___/___

Job nº:
Produto/Serviço:
Data de entrega:___/___/___

Quadro 5.6 – Modelo de *Briefing* de Criação

Briefing de Criação

Job nº:
Cliente:
Data do pedido: ___/___/___
Elaborado por:

Produto/Serviço:
Data de entrega: ___/___/___

1. Histórico da empresa

2. Produto/Serviço
Explicar sucintamente os benefícios e as características que devem ser ressaltadas para diferenciá-lo e que poderão motivar o consumidor, bem como a sua situação no mercado (líder, seguidor etc.).

3. Fato principal ou problema/oportunidade a ser resolvido pela comunicação
Quais são os fatos que levam à necessidade desta comunicação.

4. Comparação do produto/serviço com os concorrentes diretos
Destacar as vantagens e desvantagens frente à concorrência.

5. Público-alvo
Descrever as características demográficas, comportamentais (hábitos de compra, de consumo, estilo de vida), psicográficas e como o consumidor se relaciona com o produto/serviço.

6. Posicionamento da marca
O posicionamento ou conceito da marca é composto por três variáveis: a) *Promessa Básica* – é o principal benefício sobre o qual a criação deverá centrar a campanha; b) *Justificativa* – são argumentos de suporte à pro-

messa básica ou porque podemos dizer o que está na promessa básica; c) *Atributos complementares da Imagem a ser construída* – são valores tangíveis e intangíveis importantes para o público-alvo que ajudam a decisão de compra do produto/serviço. Somados à promessa básica e à justificativa, ajudam a complementar a imagem final a ser criada.

7. Objetivos de *marketing*
8. Estratégias de *marketing*
9. Objetivos de comunicação
10. Estratégias de comunicação
11. Tom / clima da Campanha   Se deve ser informativa, didática, promocional, familiar, jovem, radical, lançamento de produto/serviço, sério, alegre, racional, emocional, sensual, agressiva, carinhosa etc.
12. Obrigatoriedades de comunicação e limitações   Logotipo do produto/serviço ou empresa, de associações e de premiações, padrão de cores, tipologia, *slogans*, personagens, mascotes, etc. Quais são as limitações de ordem legal, espaço permitido pela loja ou área de evento, formatos específicos como o tamanho da caixas e outros detalhes do gênero.
13. Peças a serem criadas / Peças que precisam ser criadas   Anúncio para revista ou jornal, *spot* ou *jingle* de rádio, comercial para televisão ou cinema, *outdoor*, folheto, cartaz, faixa de prateleira, balcão para degustação, papel para forração e outras, indicando o formato, cores, tamanho, grau de sofisticação etc.
14. Informações complementares para a criação
15. Verba da campanha   Informar a parte para a produção da campanha em separado da mídia.

Quadro 5.7 – Modelo de Pedido de Mídia
Pedido de Mídia Para: De: Cliente: Produto/Serviço: Data do pedido: ___/___/___   Data prevista de entrega: ___/___/___ Elaborado por:
1. Verba de mídia.
2. Fato principal que justifica o pedido deste *job*.
3. Descrição do produto/serviço ou empresa. Quais benefícios e características devem ser ressaltados.
4. Descrição do público-alvo (dados demográficos, comportamentais, psicográficos).
5. Cobertura geográfica e áreas prioritárias em ordem de importância.
6. Obrigatoriedades para a mídia (2ª, 3ª ou 4ª capa da revista, 1ª ou 2ª metade da revista, seção do jornal, seleção de ruas para *outdoor*, reaplicação dos descontos negociados em tempo ou espaço etc.).
7. Sazonalidade – Assinalar os meses de maiores vendas: | Jan. | Fev. | Mar. | Abr. | Maio | Jun. | Jul. | Ago. | Set. | Out. | Nov. | Dez. | |------|------|------|------|------|------|------|------|------|------|------|------| | | | | | | | | | | | | |
8. Materiais a serem produzidos: | Meios | Quantidade | Duração – Segundos | Tamanho | |---|---|---|---| | Televisão | | | | | Rádio | | | | | Cinema | | | | | Jornal | | | | | Revista | | | | | *Outdoor* | | | | | Outro (especificar) | | | |
9. Outras informações

Quadro 5.8 – Modelo de Pedido de Produção Eletrônica
Pedido de Produção Cinema/TV
Para: De: Cliente: Produto/Serviço: Data do pedido: ___/___/___   Data prevista de entrega:___/___/___   Elaborado por:
1. Mídia: TV [ ]   Cinema [ ]   Outro (especificar):

2. Título: Duração:
    Título: Duração:
    Título: Duração:

3. Veiculação: Nacional [ ]   Regional [ ] (especificar)   Internacional [ ] (especificar).
4. Quantidade de cópias:
5. Verba disponível:
6. Informações complementares:

Quadro 5.9 – Modelo de Pedido de Produção Eletrônica
Pedido de Produção de Rádio
Para: De: Cliente: Produto/Serviço: Data do pedido: ___/___/___   Data prevista de entrega:___/___/___   Elaborado por:

1. Título: Duração:
    Título: Duração:
    Título: Duração:

2. Veiculação: Nacional [ ]   Regional [ ] (especificar)   Internacional [ ] (especificar).
3. Quantidade de cópias:
4. Verba disponível:
5. Informações complementares:

Quadro 5.10 – Modelo de Pedido de Produção Gráfica
Pedido de Produção Gráfica **Para:** **De:** **Cliente:**   **Produto/Serviço:** **Data do pedido:** ___/___/___   **Data prevista de entrega:** ___/___/___ **Elaborado por:**
1. Tipo de peça:
2. Tiragem:
3. Cores: PB [ ]
4. Papel:
5. Número de dobras:
6. Lombada: canoa [ ]   nº de grampos [ ]   quadrada [ ]
7. Acabamento: verniz [ ]   plastificação [ ]
8. Faca especial: sim [ ]   não [ ]
9. Provas: prelo [ ]   cromalim [ ]   ciba-print [ ]   não [ ]
10. Local de entrega:
11. Faturar contra: Agência [ ]   Cliente [ ]   Endereço:
12. Informações complementares:

Quadro 5.11 – Modelo de Orçamento de Produção Gráfica

Pedido de Orçamento de Produção Gráfica

O. P. nº:
Cliente: Produto/Serviço:
Data do pedido: ___/___/___   Data prevista de entrega: ___/___/___
Elaborado por:

1. Título:
2. Veículo:
3. Formato: Cor [ ]   PB [ ]

Arte	Quant.	R$	Produção	Quant.	R$
Foto PB			Fotolito		
Foto em cores			Rotofilme		
Foto técnica			Prova		
Retoque/Photoshop					
Modelo					
Ilustração					
Vinheta					
Filete					
Faca					
Subtotal			Subtotal		
Hon. agência – 15%			Hon. agência – 15%		
ISS			IPI		
Total (A)			Total (B)		

Impressão

Quantidade						
Custo	Unitário	Total/R$	Unitário	Total/R$	Unitário	Total/R$
Hon. ag. 15%						
IPI						
Total (C)						
Total (A+B+C)						

Estes custos são estimativos, podendo variar 10% para cima ou para baixo
Aprovação   Atendimento _____ __/__/__   Cliente_____ __/__/__

PERGUNTAS

1) O que significa ter um bom arquivo?
2) Qual é a finalidade do Relatório de Visitas?
3) Qual é a diferença entre Pedido de Criação e *Briefing* de Criação?
4) Os orçamentos devem ser solicitados somente a um fornecedor de confiança ou a vários? Justifique a sua resposta.
5) Qual é a diferença entre o Livro do Cliente e o Plano de Comunicação?
6) Qual é a diferença entre *rough-layout*, *layout* e *arte-final*?

Capítulo 6

A IMPORTÂNCIA DO *BRIEFING*

Um dos maiores problemas enfrentados pelas agências de comunicação é conseguir receber um *briefing* por escrito e completo por parte dos clientes. Uma coisa é certa: uma boa campanha depende de um bom *briefing*.

Elaborar esse documento parece ser algo complicado, mas, na verdade, não é. O executivo de contas precisa somente de disciplina e paciência para coletar, organizar e simplificar as informações necessárias, organizando-as no *briefing* para a agência poder elaborar uma campanha de propaganda, promoção ou relações públicas.

Esta é uma prática muito saudável e, por que não dizer, rentável. Sim, porque reduz os erros, além de evitar desperdícios de tempo e dinheiro. O principal é que pode conduzir os trabalhos na direção certa para que atinjam o alvo desejado com mais precisão.

CINCO PERGUNTAS-CHAVE

Ao se realizar qualquer coisa, é preciso saber o que está acontecendo para compreender a situação, decidir o que fazer e colocar mãos à obra. Se isto é válido para a nossa vida diária, claro está que é fundamental para a elaboração de um plano de comunicação. Para ajudar nessa tarefa, existem cinco perguntas que podem ser feitas e estão relacionadas no Quadro 6.1.

Quadro 6.1 – Cinco perguntas-chave para um plano de comunicação
• *Quem* está ou estava atuando? • *O que* aconteceu ou está acontecendo? • *Como* ocorreu ou está ocorrendo? • *Onde*, em que lugar? • *Quando*, em que período?

A resposta a cada uma delas, aplicada ao mercado, à concorrência, ao produto/serviço e à empresa, permitirá formar um quadro da situação. Veja a extensão do significado destas perguntas:

• QUEM

Refere-se às companhias, aos produtos ou serviços que estão atuando no mercado. Em qualquer situação, sempre existem grandes, médias e pequenas empresas. O conhecimento de cada uma, sua força econômico-financeira, estrutura de vendas, sistema de trabalho, seus dirigentes, capacidade técnica e outros fatores permitem traçar um perfil que ajudará a prever suas ações futuras. Não existe regra matemática, mas tendências indicadoras das possíveis ações a serem geradas. Com o correr do tempo, pode-se identificar se uma empresa é mais agressiva do que a outra, se a sua capacidade de reação é lenta ou não, se a sua forma de atuar no mercado é mais uniforme ou irregular e uma série de outras características.

Passando da empresa para os produtos ou serviços, existem várias marcas atuando em cada categoria, com lideranças, novos lançamentos, marcas em decadência ou estacionárias. As diferenças de cada um, seu posicionamento no mercado, tipo de embalagem etc. são informações importantíssimas para permitir uma boa análise.

Por outro lado, empresas, produtos e serviços existem porque há consumidores dispostos a comprar. Saber quem compra e suas expectativas faz parte da situação.

- ## *O Quê*

O que está acontecendo, já aconteceu ou provavelmente irá acontecer com as companhias, produtos, serviços e seus consumidores é o segundo enfoque.

O histórico, as ações, sucessos ou fracassos, se devidamente registrados, indicarão os caminhos a percorrer. É comum acompanhar o desenrolar de um jogo de futebol e observar qual a melhor equipe, os melhores jogadores, os pontos fracos e as possíveis mudanças a serem feitas no ataque ou na defesa para que um time possa sair vencedor. Da mesma forma, o que está acontecendo no mercado que possa afetar o desempenho da empresa é fruto de uma análise de todas as variáveis intervenientes, com a sua respectiva conclusão. Sem compreender o que está acontecendo, fica difícil determinar o que fazer.

- ## *Como*

Não basta saber o que ocorreu, mas, sobretudo, como ocorreu. Se uma determinada marca realizou uma promoção, precisamos saber como foi feita e quais os resultados, para que possa ser idealizado algo melhor. As próprias experiências da empresa precisam ser avaliadas para chegar à conclusão sobre o que saiu certo ou errado. O "como" tem um sentido qualitativo, mais dirigido ao conteúdo das coisas do que às quantidades e outros valores semelhantes.

- ## *Onde*

Os eventos ocorrem sempre em algum lugar, e o conhecimento dessa área de ação é mais um dado informativo para o planejamento. Alguns produtos são lançados primeiramente nos grandes mercados como Rio e São Paulo; outros adotam a estratégia de conquistar posição nos mercados menores, caminhando, gradativamente, do interior para os grandes centros.

Qualquer programa de propaganda, promoção ou relações públicas tem a sua área de atuação definida em função da distribuição do produto. É importante avaliar se o lançamento de uma campanha numa região onde a existência do produto é muito pequena traria um retorno compensador sobre o investimento realizado. Considerando que as verbas publicitárias são limitadas, sempre é bom avaliar onde o dinheiro será aplicado para conseguir o melhor retorno possível.

- **QUANDO**

Esta quinta pergunta fecharia o círculo básico das informações. O período mais adequado a qualquer atividade publicitária deve ser estudado cuidadosamente, pois disto dependerá um resultado mais favorável. Apenas para criar uma imagem absurda, ninguém venderia roupas pesadas de inverno em pleno verão carioca, excetuando-se as pessoas em trânsito pela cidade, residentes em regiões frias, ou aquelas com viagem marcada para a Europa ou os Estados Unidos, que estariam motivadas a este tipo de compra naquele momento.

Se for adotada esta abordagem para cada uma das áreas de informação de um *briefing*, estarão sendo reunidos, de uma forma completa, os dados necessários para um bom planejamento.

MODELO B DE BRIEFING

A palavra *briefing* nasceu durante a Segunda Guerra Mundial. Os militares sentiram a necessidade de melhor organizar os ataques e idealizaram reuniões para instruir os oficiais sobre a missão a ser realizada. Esse método foi adotado principalmente pela aviação, que realizava uma reunião de *briefing* com os pilotos e equipes de combate cerca de 40 minutos antes de levantarem voo. Essa proximidade com o início da ação era por medida de segurança, para não correr o risco das informações vazarem para o lado inimigo.

Depois da guerra, esse termo foi adotado pelas agências de propaganda para significar o conjunto de dados fornecidos pelo anunciante para orientar a sua agência na elaboração de um trabalho de propaganda, promoção de vendas ou relações públicas. Naturalmente essa palavra se popularizou, sendo empregada indistintamente pelos diversos setores da propaganda para designar um pedido de trabalho. Assim, costuma-se passar o *briefing* para a Criação, o *briefing* para a Mídia ou o *briefing* para um fotógrafo, com o intuito de orientar o trabalho com base em informações.

Portanto, para que um *briefing* possa orientar os trabalhos, é importante que esteja fundamentado em algumas informações básicas, podendo ter maior ou menor riqueza de detalhes, dependendo das necessidades de cada caso. No Quadro 6.2 estão relacionados os principais pontos que são importantes para a elaboração de um bom *briefing*.

Quadro 6.2 – Modelo "B" de ***Briefing***
1) Situação de mercado
2) Dados do produto ou serviço
3) Comparação do Produto/Serviço *x* Concorrência
4) Objetivos de *marketing*
5) Posicionamento
6) Público-alvo e localização
7) Qual o problema que a comunicação tem de resolver?
8) Objetivos de comunicação
9) Tom da campanha
10) Obrigatoriedade de comunicação
11) Verba de comunicação
12) Cronograma

A seguir, um pequeno comentário sobre cada um dos tópicos relacionados poderá facilitar a aplicação do modelo sugerido.

1. Situação de mercado

Analisar a situação do mercado é o primeiro passo. Para que o anunciante possa solicitar os serviços da sua agência de propaganda precisa, antes de tudo, conhecer profundamente qual a situação do mercado em que atua. Ninguém pode dar um *briefing* ou passar informações para orientar quem vai realizar o serviço se não souber do que se trata e qual o problema a ser resolvido. Na análise do mercado seria útil conhecer alguns aspectos, a saber:

1.1 Tamanho

A dimensão de um mercado pode ser medida quanto ao seu valor em moeda (real, dólar, libra etc.), quanto ao nível de consumo físico (unidades, toneladas, barris, caixas etc.) e quanto ao número total de pessoas, famílias ou empresas com determinadas características para adquirir o seu produto ou serviço (segmentos). Por exemplo, se o consumo mensal de petróleo de um país é estimado em torno de 1 milhão de barris por dia, a um custo de US$ 65 por barril, o valor desse mercado será de 65 milhões de dólares/dia. Isto significa que existe um mercado real de consumo desta ordem de grandeza. Outro exemplo: se 10% de 3 milhões de famílias de uma região tivesse potencial de compra para adquirir aparelhos de videocassete, isto representaria um mercado potencial da ordem de 300 mil aparelhos, considerando-se a aquisição de uma unidade por família; agora, se apenas 20% deste total de 300 mil for comprado a cada ano, teremos um mercado real de 60 mil aparelhos/ano. Como se pode perceber, a variável tempo é sempre considerada porque os valores precisam referir-se a um determinado momento, geralmente um ano. O Quadro 6.3 permite visualizar estes dois conceitos.

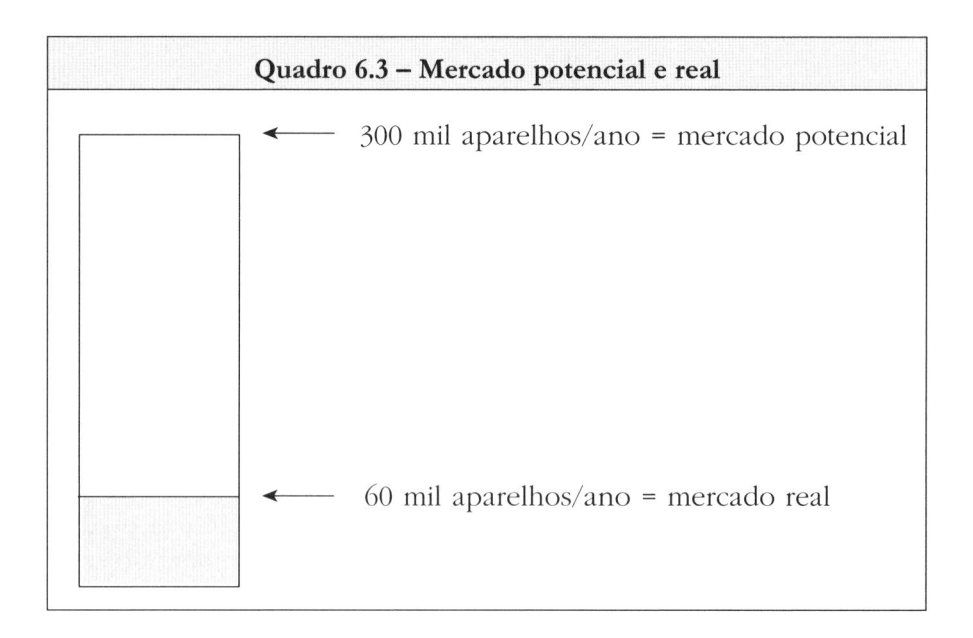

Quadro 6.3 – Mercado potencial e real

← 300 mil aparelhos/ano = mercado potencial

← 60 mil aparelhos/ano = mercado real

Quando se dimensiona um mercado específico estamos, na realidade, avaliando o seu potencial. É fácil deduzir que um mercado com grande potencial oferece maiores possibilidades de retorno sobre o investimento realizado, permitindo à empresa decidir se compensa participar dessa oportunidade e em que nível seria recomendável competir.

1.2 Tendência

Os mercados se constituem em algo dinâmico, podendo apresentar três tendências: crescimento, estagnação ou retração, sendo que a primeira e a última podem ter taxas de aceleração ou desaceleração variáveis. Por exemplo, o mercado de *jeans* pode estar crescendo a uma taxa de 5% ao ano, enquanto o de minicomputadores estará a um ritmo de 20% ao ano. Dependendo da tendência e do seu ritmo, os esforços publicitários poderão ser maiores ou menores porque no primeiro caso a conquista dos consumidores será mais difícil do que no segundo.

Quando um mercado está com uma elevada taxa de crescimento, significa que essa expansão está sendo provocada pela entrada de novos consumidores. Nessa situação, vale a pena investir em propaganda para aproveitar este momento favorável, fazendo com que maior número de pessoas compre o seu produto ou serviço. O retorno sobre o investimento será bastante favorável. Se, ao contrário, o mercado apresenta uma pequena taxa de crescimento, significa que será necessário fazer um esforço maior para conquistar os consumidores e o retorno sobre o investimento publicitário será menor do que no caso anterior. Como ilustração, pode-se comparar as taxas de crescimento com a velocidade da correnteza de um rio. Nas partes de corredeiras, a velocidade do caiaque é bem maior do que nos trechos de água tranquila. Por isso, aproveite a correnteza quando ela aparecer.

1.3 Concorrência

A concorrência é, sem dúvida, um item importantíssimo a ser analisado. Como as empresas estão empenhadas em uma verdadeira luta por uma melhor participação no mercado, é fundamental conhecer as atividades da concorrência para poder planejar as suas ações de ataque ou defesa. É conveniente que esta análise seja feita não só em nível do produto ou serviço, mas, também, em relação às empresas. O raciocínio é muito simples: se souber com quem está competindo, conhecer os seus recursos, sua agilidade e capacidade de reação, será mais fácil se preparar para a batalha, como foi mencionado no início deste capítulo.

1.4 Avanço tecnológico

Em algumas áreas, a tecnologia se faz sentir mais presente do que em outras. É o caso da eletrônica. Naturalmente, o domínio do *know-how* técnico é imprescindível para conferir ao produto ou serviço novos atributos que o diferenciem da concorrência e ofereçam maiores benefícios aos usuários.

2. Dados do Produto ou Serviço

Podem ser distinguidos três aspectos básicos:

2.1 Características

Todo produto tem a sua marca e características físicas e/ou químicas, como tipo de embalagem, tamanho, modelos, cores, fragrâncias, sabores. É um bem tangível, pode ser tocado e estocado. Nem todas as características de um produto podem ser verificadas pelos consumidores através dos sentidos. Por exemplo, a qualidade do som de um equipamento pode ser percebida e avaliada (tangível), mas a vitamina A contida em uma gelatina é intangível para o consumidor. Os serviços, por sua vez, são um bem intangível; não podem ser estocados, são consumidos na hora em que são utilizados e têm suas especificações. Por exemplo: um pacote de viagens turísticas tem o seu roteiro, dias de duração, tipo de transporte, excursões, traslados, categoria do hotel, custo e forma de pagamento.

2.2 Preço

É um fator indicativo do valor do produto ou serviço que permite a sua comparação com os concorrentes e facilita a sua localização no segmento de consumidores com capacidade de compra para adquiri-lo. O preço pode ser registrado pelo seu valor absoluto, ou seja, quanto custa um frasco de creme hidratante de determinada marca na prateleira do supermercado (preço ao consumidor) ou o seu preço da indústria pelo qual é vendido para o canal de distribuição (preço ao comércio).

Existe, também, o conceito de preço relativo, que é calculado em função da sua quantidade. Por exemplo, se o creme hidratante Yoió é vendido por R$ 5,00 (preço ao consumidor) em um frasco de 300 ml, teremos um preço relativo de R$ 0,0166 por mililitro. O concorrente Elis Plus é vendido também pelo mesmo preço, mas em unidades de 250 ml, o que dá um preço relativo de R$ 0,0200 por mililitro. Facilmente pode-se concluir que a marca Yoió é mais barata do que a marca Elis Plus.

O acompanhamento dos preços dos concorrentes ao longo do tempo permite analisar qual a estratégia que está sendo utilizada. Por exemplo, é de conhecimento público que a linha de produtos ao consumidor da Johnson & Johnson costuma ter um preço sempre acima da média do mercado. Essa postura é justificada pela companhia com a alta qualidade dos seus produtos.

Um terceiro ângulo que pode ser comentado sobre este tópico é o valor percebido do produto/serviço por parte do consumidor. Alguns são avaliados em um nível acima do seu custo real e outros abaixo. Para ilustrar o "valor percebido" vou contar uma historinha que aconteceu comigo. Outro dia levei um relógio de bolso relativamente antigo, do início do século XX, para consertar o ponteiro que tinha caído e fazer uma limpeza. O lojista viu o relógio como uma peça de colecionador e deu um orçamento exageradamente alto, baseado no possível valor do produto que tinha em suas mãos. É claro que não aceitei o preço e iniciei uma negociação que resultou em um desconto de 30%, isto porque o relojoeiro não tinha argumentos para justificar o preço inicial do seu serviço. Certamente o relógio não valia tanto quanto aparentava.

Essa percepção do valor de um produto ou serviço é algo que pode ser explorado convenientemente, servindo de referência para uma tomada de decisão sobre qual o preço de venda que pode ser adotado com mais vantagem. Pode acontecer que o seu produto possa ser vendido por 10, mas o público acha que vale 15 ou 5. Na primeira hipótese, você poderá melhorar a sua margem de lucro, mas, na segunda, não adiantará colocá-lo no mercado porque não encontrará comprador.

Como parte componente do preço está o desconto financeiro concedido em função do prazo de pagamento, o desconto por volume de compra, o custo de colocação do produto na casa do cliente devido ao transporte e a importância da marca.

2.3 Distribuição

O conhecimento do canal de distribuição utilizado pela empresa e pela concorrência é muito importante para saber o grau de cobertura e penetração do produto, assim como a velocidade do fluxo das mercadorias nas diversas etapas da distribuição. Saber, geograficamente, se o produto é vendido nacional, regional ou localmente e em que tipo de estabelecimentos está presente, se em supermercados, butiques, magazines, postos de gasolina, assim como o tipo de loja, se fina ou popular, grande ou pequena, e qualquer outra característica que possa influenciar o seu negócio. Não se pode esquecer que o produto será exposto e o conhecimento do ponto de venda, a área destinada ao produto e a maneira como é disposto na loja, vai ajudar a criação de peças adequadas ou o planejamento de promoções mais eficientes.

O mesmo raciocínio se aplica aos serviços. Teoricamente, uma rede de hotéis internacional tem maior grau de competitividade do que um hotel isolado. Uma companhia aérea pode ser preferida não só pelas cidades que serve, mas pelo tipo de instalações que possui para o atendimento aos seus passageiros.

2.4 Vendas e Área da Ação

É útil informar como as vendas se comportam mês a mês ao longo dos anos, para ter uma noção do seu volume e de uma possível ocorrência de sazonalidade. Como qualquer ação publicitária se dará em um bairro, cidade, município, estado, região ou nacionalmente, é preciso determinar as áreas onde se pretende operar, o seu grau de importância e prioridade. A importância é dada pelo volume de vendas e a sua prioridade será determinada pelo potencial de consumo. Exemplo: uma indústria de balas tem uma distribuição de vendas conforme o Quadro 6.4.

Quadro 6.4 – Distribuição de vendas e índice de potencial de consumo

Estados	Vendas %	Índice %
São Paulo	40	20
Rio de Janeiro	25	15
Parará	15	5
Santa Catarina	5	3
Rio Grande do Sul	10	7
Minas Gerais	5	8
Outros	0	42
Total	100	100

Esta distribuição de vendas indica que existe grande concentração de vendas em 5 estados, revelando uma posição confortável acima do potencial de consumo de cada região. No entanto, Minas Gerais está abaixo do seu potencial de consumo, o que poderá sugerir uma prioridade para este estado com ações mais direcionadas a fim de conquistar todo o seu potencial. Naturalmente os dados da tabela são fictícios.

2.5 SAZONALIDADE

Outro aspecto a ser considerado é a sazonalidade de vendas do produto ou serviço. Enquanto há produtos que são consumidos durante todo o ano com certa regularidade, como o pão, o leite e o creme dental, outros apresentam uma concentração de consumo em determinados meses. Chama-se sazonalidade de um produto ou serviço essa característica cíclica de oscilação nas vendas, ou seja, um produto ou serviço é sazonal quando apresenta aumentos e reduções nas suas vendas sempre nas mesmas épocas do ano. O produto ou serviço não é sazonal quando sempre tem um comportamento regular de vendas, entendendo-se com esta afirmação que não seria uma linha horizontal, mas que existirão sempre algumas oscilações, com pequenas variações sobre a média do período, sem que haja repetição desses pequenos altos e baixos ao serem comparadas as mesmas épocas de anos consecutivos.

Em regiões agrícolas, a época da safra costuma impulsionar as vendas do comércio local, devido à maior circulação de dinheiro e ocasionando, também, um efeito sazonal sobre as vendas. Por outro lado, os produtos de limpeza possuem um comportamento de consumo mais equilibrado durante o ano. As cervejas costumam apresentar um aumento de vendas e de consumo no último quadrimestre e início do ano, devido às festividades de Natal e Ano-Novo, bem como o período de verão e Carnaval. Os bronzeadores e sorvetes são produtos sazonais, dos quais a grande concentração de vendas é feita nos meses de verão, representando cerca de 2/3 ou mais do movimento anual. Já os chocolates e os vinhos tintos têm maior aceitação no inverno. Artigos próprios para presentes apresentam seu melhor desempenho no Natal e nas datas promocionais, como Dia das Mães, Dia dos Namorados e Dia dos Pais. Perfumes e cosméticos costumam ser bem vendidos nessas datas. Material escolar e brinquedos costumam ter três picos de vendas: o primeiro no início das aulas de cada semestre, o segundo, no mês de outubro devido ao Dia da Criança, e o terceiro, no Natal. A Figura 6.1 ilustra hipoteticamente esse movimento sazonal de vendas.

Figura 6.1 – Sazonalidade de vendas e consumo

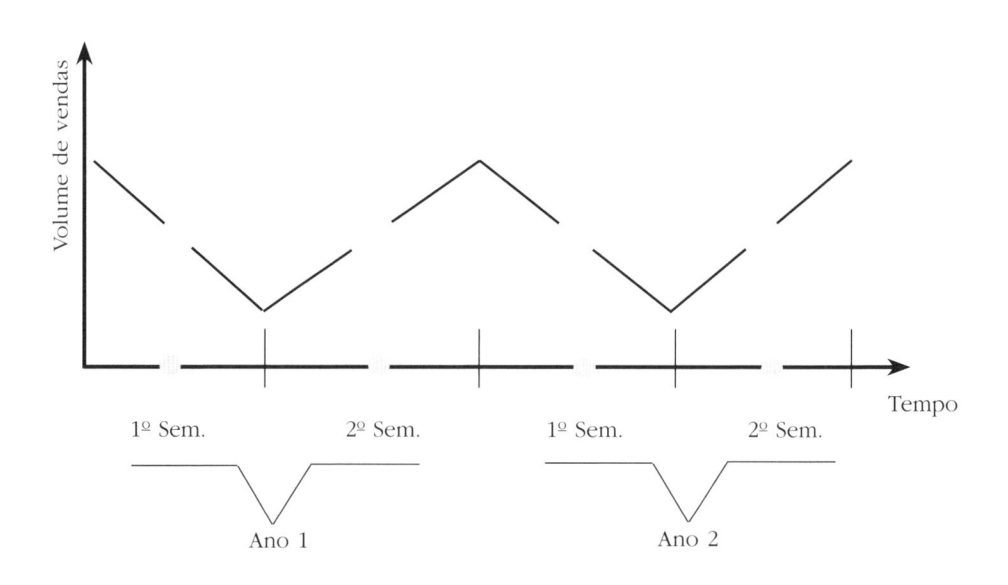

Em virtude desse fenômeno, costuma vir a pergunta: quando devo fazer uma promoção de vendas ou uma campanha de propaganda, na época de vendas baixas ou na de vendas altas? A resposta é: depende. Depende da capacidade de produção da fábrica ou de atendimento da loja e da atuação da concorrência. Suponha que uma fábrica possa produzir 10 mil unidades por mês de um produto. Se, na época de grandes vendas, é colocada toda a produção e ainda são deixados de ser atendidos alguns pedidos, então, nesse caso, fazer qualquer tipo de campanha só aumentaria as vendas, acarretando maiores problemas de produção para a firma. Se, ao contrário, na época de alta, o volume máximo chegasse a 6 mil unidades, restando uma capacidade ociosa de 4 mil, aí sim, seria conveniente realizar um esforço promocional para aproveitar a oportunidade do mercado comprador e tentar utilizar a capacidade de produção ainda não preenchida de 4 mil unidades.

Outro raciocínio também pode ser feito. Na primeira hipótese de utilização total da capacidade produtiva no período de alta, pode-se promover o produto na época de baixas vendas para conseguir que elas não caiam tanto, diminuindo a diferença entre o pico máximo e mínimo de vendas.

No entanto, nem tudo são vendas e, às vezes, torna-se necessário proteger a nossa imagem contra uma atuação eficiente da concorrência. A intenção passa a ser a manutenção da lembrança da marca na mente dos consumidores (*share of mind*) e a sua imagem (*brand awareness*). Mesmo com a capacidade de produção ou de atendimento esgotada, pode ser realizada uma campanha de propaganda apenas para a manutenção da marca porque os anos passam, os consumidores se renovam e é preciso proteger o futuro do negócio.

Geralmente, apesar das vendas se processarem durante os 12 meses do ano, a ação publicitária costuma ser localizada em determinados períodos. O principal motivo está na limitação das verbas de comunicação das empresas. Como existe a necessidade de manter uma presença mínima da mensagem do produto ou serviço, tanto em termos de alcance como de frequência média (*reach and frequency*), a solução é concentrar os esforços em determinados períodos para que a presença da marca seja melhor notada.

Outro aspecto que nem sempre é aproveitado pelas empresas são as oportunidades de comunicação. Quando, há muitos anos, o Sr. Gerald Ford foi eleito presidente dos Estados Unidos, uma agência publicou um anúncio para o seu cliente, concessionária de veículos Ford, capitalizando a coincidência do sobrenome Ford e obtendo ótima repercussão junto ao mercado. Enchentes e "apagões" de eletricidade em uma cidade podem servir de argumento publicitário para determinados produtos ou serviços, da mesma forma que medalhas de ouro em jogos esportivos podem inspirar bons anúncios. Situações desse tipo, baseadas em notícias ou assuntos que estão em evidência popular, podem constituir-se em boas oportunidades para divulgação. Em um planejamento publicitário é conveniente ter uma verba de reserva para ser utilizada nessas ocasiões.

A oportunidade pode existir ao serem detectados certos hábitos ou tendências de mercado. As férias costumam levar muita gente para determinados lugares turísticos, mudam o comportamento das pessoas, criando novas alternativas de consumo. Uma lição típica desse aproveitamento nos é dada pelo pessoal do interior que, nos fins de semana, arma suas barracas improvisadas à beira das estradas para vender frutas, verduras, coco gelado e milho cozido ao pessoal da cidade que por ali trafega.

Observar sempre, mantendo a antena da mente ligada, pode trazer bons resultados. Para facilitar a vida, algumas revistas especializadas na área de comunicação e alguns autores de livros sobre promoção têm publicado calendários promocionais, fornecendo uma série de datas ao longo de todo o ano, passíveis de serem exploradas pela comunicação. As agendas para anotações também costumam conter informações sobre as datas religiosas e os feriados. A Biblioteca Mário de Andrade, da Prefeitura de São Paulo, possui também calendários de datas fixas e móveis sobre eventos, inventos, descobertas, personalidades e outras classificações.

Quando existem dados, também é interessante fornecer a participação de mercado (*market share*) da nossa marca juntamente com a da concorrência.

3. Comparação do Produto/Serviço x Concorrência

É aconselhável que a análise comparativa do nosso produto ou serviço seja feita com os concorrentes diretos, caso contrário ficará muito abrangente, complicando o diagnóstico. De preferência, concentre suas energias em dois ou três competidores para obter maior quantidade de informações e permitir uma comparação mais rica.

Uma forma prática de realizar essa tarefa é montar um quadro comparativo com os itens realmente importantes para o seu tipo de negócio. Suponha que a empresa Montes Verdes fabrique uma linha de queijos frescos, do tipo ricota e requeijão, tendo como concorrentes diretos as empresas Paulínia e Carioca. A comparação poderia conter os dados dos três fabricantes constantes no Quadro 6.5, permitindo verificar quais são os pontos fortes e fracos da Montes Verdes em relação aos seus concorrentes. A partir daí, ficará mais fácil saber o que pode ser melhorado para enfrentar a luta pelo mercado em melhores condições.

Quadro 6.5 – Comparação com a concorrência direta			
Itens importantes	Montes Verdes	Paulínia	Carioca
Tipo de produtos:			
Ricota	Boa qualidade	Boa qualidade	Melhor qualidade
Requeijão	Boa qualidade	Melhor qualidade	Boa qualidade
Tamanhos oferecidos	200g e 40g	250g e 45g	250g e 50g
Preço/consumidor: Ricota Requeijão	200g – R$ 4,00 400g – R$ 7,00 200g – R$ 5,00 400g – R$ 9,00	250g – R$ 5,00 450g – R$ 8,00 250g – R$ 6,00 450g – R$ 10,00	250g – R$ 4,00 500g – R$ 8,00 250g – R$ 5,00 500g – R$ 9,00
Distribuição	Superm./padaria	Superm./padaria	Superm./padaria
Propaganda	2 meses no 1º sem. 2 meses no 2º sem. Intensidade média Criatividade razoável	3 meses no 1º sem. 3 meses no 2º sem. Intensidade média Boa criatividade	Não faz
Promoção	Não faz	Não faz	4 vezes/ano. Intensa Boa criatividade
Rel. Públicas	Não faz	Esporádica	Não faz
Embalagem	Padrão	Especial. Destacada	Padrão

127

3.1 Problemas e Oportunidades

Uma vez que já sabemos os pontos fortes e fracos em relação aos concorrentes diretos, é possível identificar quais os que se constituem em problemas a serem solucionados ou revelam oportunidades para serem aproveitadas.

No exemplo das fábricas de queijos, a Montes Verdes e a Paulínia não fazem promoção, mas a Carioca sim. Esta, por sua vez, não utiliza a propaganda. Portanto, caso a Montes Verdes queira tirar uma fatia do mercado da Carioca, poderá utilizar a promoção para fazer frente a este concorrente. O fato da Montes Verdes não ter usado a promoção até este momento, que seria um ponto fraco, na realidade pode se transformar em uma oportunidade para atacar o concorrente desejado. Por outro lado, a ricota Montes Verdes tem um preço relativo por grama de R$ 0,020 para a embalagem de 200g e de R$ 0,018 na de 400g, contra R$ 0,016 da ricota Carioca, tanto na embalagem de 250g como na de 500g. O consumidor está pagando mais barato pelo produto Carioca em relação ao da Montes Verdes. Aqui fica caracterizado um ponto fraco que seria, também, um problema.

Continuando com esta análise em todos os itens, torna-se possível relacionar os problemas e oportunidades. A sua ordenação, no sentido do mais importante para o menos importante, dará o diagnóstico da situação, que servirá de base para traçar os objetivos e escolher a estratégia mais adequada.

4. Objetivos de *Marketing*

A agência de comunicação precisa conhecer os objetivos de *marketing* do cliente, uma vez que a realização de uma campanha deverá contribuir para eles sejam alcançados. No entanto, é preciso não misturar os objetivos de comunicação com os de *marketing*. Como referência, pode-se admitir que esses objetivos são mais relacionados ao preço, à distribuição, ao lançamento ou à sustentação de um produto ou serviço no mercado, bem como às vendas, níveis de participação de mercado, conquistas de novas regiões geográficas e outros semelhantes. Os de comunicação estão mais relacionados à percepção dos consumidores em relação à marca, produto, serviço ou empresa.

5. Posicionamento

Entende-se por posicionamento a maneira pela qual queremos que o produto ou serviço seja percebido pelo público-alvo. É a definição do perfil, da imagem que deverá ser comunicada e construída na mente do consumidor. Segundo Kotler (1997), é a imagem que queremos colocar na cabeça do consumidor.

No posicionamento, fica determinado "o que dizer", qual a mensagem a ser transmitida, cabendo à agência, através da sua criação, encontrar a melhor forma de "como dizê-la". Normalmente, essa tarefa é de responsabilidade do anunciante. Entretanto, é comum a agência participar dessa etapa em cooperação com o seu cliente. A sua expressão pode ser feita numa redação composta de pelo menos três itens:

a) *Promessa básica* – que é o benefício principal a ser divulgado, ou seja, o motivo que levará o consumidor a preferir a marca.
b) *Justificativa* – é o argumento de suporte que explica a promessa básica; é o porquê pode ser feita aquela promessa.
c) *Atributos complementares da imagem desejada* – são as qualidades intrínsecas ou extrínsecas da marca a ser adicionada aos dois itens anteriores, complementando o posicionamento.

Para facilitar a memorização, o posicionamento pode ser expresso pela seguinte equação:

$$P = PB + J + ID$$

O P significa "posicionamento", PB é a "promessa básica", J é a "justificativa" e ID são os "atributos complementares da imagem desejada". Esse conjunto de informações constitui o conceito da marca que servirá de base para a construção da sua imagem junto ao público. É como se fosse um tripé de máquina fotográfica. Cada um dos três itens pode ser representado por uma perna, e a marca equivale à câmera que ficará apoiada sobre elas. Por isso, todas são importantes para orientar o trabalho de criação de uma campanha de propaganda. À falta de uma, a câmera (marca) não se sustentará.

6. PÚBLICO-ALVO E LOCALIZAÇÃO

Quem é o consumidor? Quais são as suas características? Se você não souber quem deverá receber a sua mensagem, como poderá ser criada e divulgada? É uma tarefa delicada que exige uma cuidadosa análise e clareza na sua definição. Se bem-feita, irá facilitar o trabalho de mídia e da criação. O Quadro 6.6 relaciona as características do público-alvo que podem ser consideradas.

Quadro 6.6 – Características para definição do público-alvo
• Demográficas • Culturais • Religiosas • Étnicas • Hábitos de compra e de consumo • Estilo de vida • Psicológicas • Atitudinais

Vale a pena comentar cada uma delas:

• *DEMOGRÁFICAS*

São as características referentes ao sexo, idade, estado civil, grau de instrução, classe econômica, local de moradia e outras do gênero.

• *CULTURAIS*

Devido à imigração, o Brasil é um país com uma variedade cultural muito grande. Basta pensar que o Carnaval do Rio de Janeiro, o da Bahia e o do Recife são bastante diferentes. As festas folclóricas do Sul do país nada têm a ver com as do Nordeste, para não falar dos hábitos de alimentação.

- **RELIGIOSAS**

O Brasil é considerado um dos maiores países católicos do mundo. No entanto, verifica-se uma diversidade religiosa bastante ampla, representada pelo espiritismo, candomblés, igrejas evangélicas, judaicas, islâmicas ortodoxas, para citar algumas. Naturalmente, a crença religiosa influencia o comportamento das pessoas.

- **ÉTNICAS**

Por causa também da imigração, existem no país várias comunidades de asiáticos, africanos, indígenas, brancos, mestiços etc., que possuem seus hábitos, necessitam de produtos, serviços e comunicação diferenciados.

- **HÁBITOS DE COMPRA E DE CONSUMO**

E por falar em hábitos, é preciso considerar que as pessoas compram de modo diferente, consomem produtos diversos e nos mais variados momentos, não só como reflexo das influências anteriormente citadas, mas devido ao seu poder aquisitivo.

- **ESTILO DE VIDA**

Cada grupo tem o seu próprio modo de vida, se veste diferente, pratica esporte ou gosta de programas culturais, uns gostam de ficar em casa e outros preferem viajar com frequência. Há um sem-número de possibilidades que precisam ser conhecidas se quisermos fazer uma boa comunicação com o público-alvo.

- **PSICOLÓGICAS**

Nem tudo na vida é racional. As reações das pessoas são motivadas por razões muitas vezes desconhecidas e que só podem ser detectadas por meio de pesquisas motivacionais. Existem os medos, os comportamentos compulsivos, as atitudes conservadoras e uma grande variedade de reações ditadas pelo inconsciente das pessoas. Alguns produtos, inclusive, são mais sensíveis à forma de serem comunicados do que outros, como as toalhas higiênicas femininas, artigos funerários, seguro de vida, para citar alguns. Se toda essa malha de influências favoráveis ou desfavoráveis à compra de produtos ou serviços puder ser conhecida, mais precisa será a comunicação.

- **ATITUDINAIS**

Finalmente, mas não menos importante, é conhecer a atitude das pessoas sobre determinado produto, serviço ou situação de vida. Por exemplo, os brasileiros que são fanáticos pela Seleção Brasileira de Futebol, no momento dos campeonatos mundiais possuem uma só atitude de alegria ou sofrimento, conforme o desenrolar do jogo. Quando sai um gol, quem estiver ao lado, não importa se conhecido ou desconhecido, velho ou jovem, homem ou mulher, judeu ou católico, todos se abraçam e possuem a mesma atitude de alegria e júbilo. Muito bem, essa atitude perante determinadas situações está sendo usada para determinar o perfil do público-alvo. Quando a Nike lançou o *slogan Just do it* (Simplesmente faça), utilizou o conceito de realização pessoal, de garra, de busca pela vitória, independentemente de a pessoa ser um atleta. Qualquer um na sua vida pessoal ou profissional pode compartilhar desses sentimentos, ser um vencedor e, consequentemente, ter maior afinidade com a marca do que com as demais concorrentes.

7. QUAL O PROBLEMA QUE A COMUNICAÇÃO TEM DE RESOLVER?

Complementando as informações, deve-se escrever a resposta à pergunta: Qual o problema que a propaganda tem de resolver? A bem da verdade, o problema pode ser uma oportunidade, mas sob o ponto de vista da comunicação, existe um desafio ou problema a ser resolvido. Este poderá ser interpretado como o fato principal, objeto da campanha, ou seja, o que determinou a sua elaboração. Suponha que, ao ser realizada uma pesquisa junto aos consumidores dos queijos Paulínia, aqueles do exemplo já utilizado, verificou-se que os produtos eram percebidos pelo público como sendo um pouco gordurosos. Esse fato poderia restringir as vendas, uma vez que os produtos eram bastante leves, possuindo um mínimo de gordura devido à sua formulação. Este seria um problema: os queijos Paulínia são tidos como gordurosos quando, na verdade, não o são.

Como se pode perceber, o problema é um fato, é uma constatação. Nesse momento, não deve ser escrita nenhuma recomendação, como, por exemplo, "lançar uma campanha para explicar que os queijos Paulínia não são gordurosos". Este texto indica uma estratégia "lançar uma campanha" com o objetivo de esclarecer que os "queijos não são gordurosos".

8. Objetivos de comunicação

O objetivo da comunicação é uma resposta ao problema de comunicação. Continuando com o exemplo, o objetivo da comunicação dos queijos Paulínia poderia ser: "comunicar a leveza dos produtos e o seu baixo nível de gordura". Trata-se, portanto, da solução de um problema de imagem que, por estar muito bem definido, facilita o desenvolvimento do trabalho criativo. Como a definição do objetivo de comunicação envolve certa sutileza na sua definição, aqui estão alguns possíveis exemplos:

- lançar a marca de um novo produto ou serviço;
- obter o *top of mind* da marca;
- elevar o *share of mind* da marca;
- conseguir um elevado *recall* ou índice de lembrança da campanha;
- construir a imagem da marca;
- sustentar ou consolidar a imagem da marca de um produto ou serviço já existente;
- reposicionar o produto ou serviço;
- comunicar a exclusividade tecnológica de determinada empresa, produto ou serviço;
- comunicar um novo tamanho, sabor ou perfume de um produto;
- comunicar um novo tipo de plano de saúde ou de seguros.

9. Tom da campanha

É aconselhável que o anunciante expresse o seu ponto de vista sobre a campanha. A sua expectativa sobre o que deveria ser feito deve ser analisada pela agência para, então, aceitá-la ou não. Como o cliente tem profundo conhecimento do seu negócio, é importante que passe os seus pensamentos a respeito do tipo de comunicação que considera adequada. No entanto, não significa que a agência deva interpretá-los como algo imutável, mas sim como uma sugestão que merece ser analisada e caso ache que existe outra maneira de melhor comunicar o pretendido. Na hora da apresentação das suas ideias, a agência deverá justificá-las, dando os seus argumentos para fazer diferente da sugestão inicial expressa pelo cliente. Que fique bem claro, o fato de o cliente dizer o que pensa não é uma ordem, mas sim um ponto de vista que deve ser considerado. Por exemplo, o anunciante acha que a contratação de um artista poderá ajudar na campanha, mas a agência encontra uma ideia baseada em situações da vida real (*slice of life*) que propicie um melhor ambiente para o desenvolvimento da mensagem, com maior criatividade e impacto. Nessa hipótese, como em qualquer campanha, deve ser apresentado o raciocínio que justificaria a sua adoção.

10. Obrigatoriedade de comunicação

Muitas companhias, especialmente as de grande porte, possuem o seu manual de comunicação visual que determina precisamente como a marca deve ser aplicada sobre fundo claro e escuro, o padrão de cores, o seu desenho métrico para permitir ampliações e reduções, sua papelaria, como decorar a frota de carros e um sem-número de outras especificações. Esse manual é como se fosse uma bíblia. Não pode ser alterado e as regras devem ser seguidas à risca. Outras possuem um personagem ou mascote, como o desenho do peru da Sadia, a menininha do "Nhac" da margarina Claybom e os bonequinhos dos cobertores Parahyba, que devem ser utilizados nas peças publicitárias. Algumas associações pedem para que as campanhas dos seus associados levem frases que sejam do interesse da classe, como, por exemplo, a menção de "use sempre capacete" empregada pelos fabricantes de motocicletas.

11. Verba de comunicação

É importante que o anunciante informe a verba disponível para a propaganda à sua agência, em função dos recursos disponíveis. Quando não o faz e solicita um plano, a agência fica sem referências de valor e costuma desenvolver um plano ideal. O resultado costuma ser um só: o cliente se depara com uma cifra além das suas possibilidades, exigindo que um novo plano seja elaborado dentro da sua realidade. Acontece que a verba é, então, revelada nessa oportunidade, resultando em perda de tempo e esforços para ambas as partes. Por isso, é mais produtivo que seja informada logo no início dos trabalhos.

Veja "Ambiente e filosofia de trabalho", no Capítulo 7.

12. Cronograma

Como um *briefing* é uma solicitação de trabalho, torna-se importante determinar as principais datas das suas diversas etapas. Por exemplo:

- data da apresentação do *briefing*;
- data da apresentação da campanha;
- data da reunião de pré-produção do comercial de TV;
- data para a entrega das artes-finais e copião (TV);
- data para aprovação dos custos negociados de mídia;
- data da entrega dos materiais de ponto de venda;
- data do início da veiculação.

Além das etapas e datas do cronograma, são mencionados os responsáveis pela execução de cada uma, se a agência, o cliente ou terceiros.

Conclusão

O documento de *briefing* é uma ferramenta de trabalho de grande importância para a elaboração de uma campanha de propaganda, de promoção, de relações públicas, de *marketing* direto ou qualquer outra modalidade.

Como a comunicação é para produzir resultados, ela precisa ser direcionada corretamente para atender às necessidades dos anunciantes. Para que isso aconteça, a agência precisa receber todas as informações pertinentes ao desenvolvimento do seu trabalho, uma vez que o planejamento da comunicação dirige as ações de uma forma coordenada e coerente para ajudar o cliente na suas ações mercadológicas.

O modelo de *briefing* apresentado contém os tópicos necessários para organizar as informações que são importantes para a correta determinação das estratégias de comunicação, de criação e de mídia.

ROTEIRO PARA COLETA DE INFORMAÇÕES PARA A ELABORAÇÃO DO BRIEFING

Houve um tempo em que foi formado o Grupo de Atendimento, em São Paulo. Enquanto existiu, os profissionais envolvidos procuraram dar a sua contribuição à sua área de atuação e um dos trabalhos desenvolvidos foi um roteiro para auxiliar o contato a levantar informações junto ao cliente. Foi feita uma relação ampla de itens e perguntas, procurando atender as características das mais variadas empresas, produtos e serviços. Esse material, revisado e atualizado, poderá auxiliar o profissional de Atendimento no levantamento de dados junto ao clientes; porém, é conveniente utilizá-lo com bom senso devido à sua abrangência, selecionando os tópicos que são mais pertinentes a cada situação. O roteiro é o seguinte:

PRODUTO/SERVIÇO

1) Nome.
2) Categoria.
3) Embalagens (tipos, pesos, conteúdo, sabores etc.).
4) Locais de uso.
5) Formas de uso e de consumo, por escala de importância.
6) Preços aos canais de distribuição e ao consumidor.

7) Composição industrial (matérias-primas, componentes principais etc.).
8) Qual a imagem que o produto tem no mercado?
9) Quais as principais características diferenciadoras em relação à concorrência?
10) Quais os principais pontos positivos deste produto/serviço?
11) Quais os principais pontos negativos deste produto/serviço?
12) Outras influências sobre o comportamento de compra e consumo do produto/serviço (ambientais, culturais, religiosas, geográficas etc.).

Mercado

13) Qual o tamanho do mercado potencial expresso em volume ou unidades e em moeda (real, dólar, euro, ien, peso etc.)?
14) Qual o tamanho do mercado real expresso em volume ou unidades e em moeda (real, dólar, euro, ien, peso etc.)?
15) Quais os principais mercados (área/regiões/estados etc.)?
16) Qual a participação do produto/serviço neste mercado expresso em volume ou unidades e em moeda (real, dólar, euro, ien, peso etc.)?
17) Qual a evolução deste mercado (taxa anual de crescimento ou de queda)?
18) Qual é o período de sazonalidade, indicando se houver mais de um?

Consumidor

19) Quem compra o produto/serviço?
20) Quem decide a compra do produto/serviço?
21) Quem consome/usa o produto/serviço. Descreva os dados demográficos: sexo, classe econômica, faixa etária, nível de escolaridade, estado civil, número de filhos e ocupação profissional.
22) Por que o consumidor compra?

23) As razões de compra são racionais ou emocionais?
24) Quais os benefícios que o consumidor espera deste produto?
25) Descreva os fatores psicológicos, culturais e outros que caracterizam o comportamento do consumidor.
26) Quais as influências ambientais, culturais, religiosas ou étnicas a que o consumidor costuma estar exposto?
27) Em que local o produto/serviço é comprado?
28) Normalmente, como é feita a compra? Defina os hábitos e atitudes dos consumidores em relação ao produto/serviço, tais como: periodicidade de compras, quantidades compradas, preferências etc.

DISTRIBUIÇÃO

29) Quais são os canais utilizados (supermercado, padaria, bar, restaurante, farmácia, drogaria, loja de conveniência, banca de jornais etc.)?
30) Quantos estabelecimentos estão na área de venda do produto/serviço por tipo de canal?
31) Qual é a participação (%) de cada canal sobre o total das vendas?
32) Qual é o índice de distribuição numérica (%) do produto em cada canal e no conjunto dos canais?
33) Qual é o índice de distribuição ponderada (%) do produto em cada canal e no conjunto dos canais?
34) O que pode ser feito no sentido de que esta distribuição possa ser melhorada (novos pontos de vendas, outros canais, mais espaço na área de venda nos canais atuais etc.)?
35) Existem restrições legais, éticas ou políticas para que essa distribuição seja melhorada?

PREÇOS

36) Qual o preço do produto e sua relação com a concorrência? É mais baixo, está na média, é mais alto ou muito alto? Considere o preço por tipo ou tamanho de embalagem, se for o caso.

37) Existem restrições legais para se estabelecer o preço por parte das autoridades?
38) Se não existirem restrições legais, comente a política de preços para este produto, critérios utilizados etc.
39) Qual é a reação do consumidor em relação ao preço deste produto? Pequena variação no preço pode estimular significativamente a procura?

CONCORRÊNCIA

40) Defina os dois ou três principais concorrentes diretos (marcas, produtos e fabricantes).
41) Quais os preços praticados pelos concorrentes? Considere o tipo ou tamanho das embalagens, se for o caso, e qual é a diferença percentual do preço do seu produto/serviço em relação aos principais concorrentes diretos.
42) Qual a política de vendas praticada pelos concorrentes diretos, tais como: descontos especiais, bonificações, prazos de pagamentos etc. que de certa forma facilitem a comercialização?
43) Pontos positivos e negativos dos produtos/serviços concorrentes diretos.
44) Comente as principais campanhas de propaganda dos concorrentes, quanto a verbas, temas, sucesso/insucesso, mídia, época, regiões etc.
45) Comente a atuação da concorrência na área de *merchandising* e promoções (peças, temas, presença, atuação), receptividade junto ao público e junto ao comerciante etc.
46) Comente qualquer outra atividade de comunicação realizada pelos concorrentes diretos, tais como: eventos, assessoria de imprensa, *marketing* social, esportivo, cultural etc.
47) Comente os produtos/serviços concorrentes indiretos e sua influência sobre o mercado e sobre o produto/serviço.

PESQUISAS

48) Que tipos de pesquisa foram ou costumam ser realizados para este produto/serviço?

49) Dê os principais resultados, caso as informações solicitadas já não tenham sido fornecidas em itens anteriores.

50) Existe uma verba anual para pesquisa de mercado e/ou comunicação?

OBJETIVOS E METAS DE MERCADO

51) Defina os objetivos de mercado para este produto/serviço e as respectivas metas. Por exemplo: o objetivo é atingir a liderança do mercado e a meta é obter uma participação de mercado de x% no exercício fiscal, o que dará a liderança ao produto.

OBJETIVOS E METAS DE COMUNICAÇÃO

52) Defina os objetivos e metas de comunicação para a empresa, produto ou serviço. Por exemplo: ter o objetivo de conseguir um significativo aumento no índice de conhecimento da marca e a meta de que esse índice será de x% no público-alvo; ter o objetivo de posicionar a marca conforme o conceito determinado no plano e conseguir com que x% do público-alvo o identifique corretamente; ter o objetivo de criar uma atitude favorável à marca e que x% do público se pronuncie neste sentido etc.

CRIAÇÃO

53) Qual é o posicionamento da marca/produto/serviço a ser comunicado?

54) Quais os pontos positivos do produto que devem ser ressaltados, como benefícios secundários?

55) Quais os pontos negativos que devem ser evitados?

56) Qual é o fato principal que conduz à necessidade da criação de uma campanha?

MÍDIA

57) Qual mídia tem sido usada com melhores resultados?

58) Qual verba para a veiculação?
59) Qual verba de produção para mídia?
60) Quais os períodos para veiculação?
61) Quais são as áreas de maior interesse para a empresa, indicando se é para expansão, manutenção do produto/serviço ou defesa contra a concorrência?
62) Qual é o limite mensal de pagamentos que podem ser assumidos pela empresa?

PROMOÇÃO E MERCHANDISING

63) Quais as peças que devem ser desenvolvidas, tamanhos e respectivas quantidades?
64) Qual a verba para material de ponto de venda/*merchandising*?

VERBA DE COMUNICAÇÃO

65) Qual é a verba anual para a campanha de comunicação da empresa, produto ou serviço, subdividindo a sua aplicação em propaganda, promoção, relações públicas etc.

PERGUNTAS

1) Quais são os itens que compõem o modelo de *briefing*?
2) Por que um *briefing* bem-feito é importante?
3) Explique a pergunta "Qual o problema que a comunicação deve resolver".
4) Quais são os três elementos ou variáveis que compõem o posicionamento da marca?
5) Escreva o posicionamento para o exemplo do queijo Montes Verdes, considerando os três elementos que o compõem.
6) Qual é a importância da agência saber a verba publicitária da campanha?
7) Elabore um cronograma de trabalho a partir da data em que é passado o *briefing* à agência.

8) Quais são as cinco perguntas-chave para a coleta de informações?
9) O que significa a palavra *briefing*?
10) O que você entende por sazonalidade?
11) O que você entende por posicionamento da marca?
12) Os objetivos de comunicação devem responder ao problema de comunicação, são idênticos aos objetivos de *marketing*, são as formas para se chegar ao público com eficiência ou são idênticos aos objetivos de mídia?
13) Qual é a importância do *briefing* para o desenvolvimento de uma campanha de comunicação e quais são os itens que o compõem?

Capítulo 7

ESTIMATIVA E ADMINISTRAÇÃO DA VERBA DE COMUNICAÇÃO

Nunca é demais repetir o que foi escrito no capítulo anterior, *A importância do* briefing. Com base nos recursos disponíveis, é importante que o anunciante informe a verba disponível para a sua agência para as ações de comunicação. Quando não o faz e solicita um plano, a agência fica sem referência de valor e costuma desenvolver o plano ideal. O resultado é um só: o cliente se depara com um cifra além das suas possibilidades, exigindo que novo plano seja elaborado dentro da sua realidade. Acontece que a verba é, então, revelada nessa oportunidade, mas já provocou perda de tempo e esforços para ambas as partes. Por isso, é mais produtivo que seja informada logo no início dos trabalhos e é o anunciante que precisa determinar o quanto dispõe para investir nas ações de comunicação, nunca se esquecendo de que o seu projeto é feito sob medida.

AMBIENTE E FILOSOFIA DE TRABALHO

Aqui cabe abrir parêntese para não dar a falsa impressão de que as agências costumam propor mais do que é necessário. Acontece que muitos anunciantes não têm noção do custo da propaganda ou se propõem a atingir metas ambiciosas, levando a agência a dimensionar um plano de mídia tecnicamente correto quanto à realidade do mercado e à concorrência que tem de enfrentar, porém desproporcionalmente acima das finanças da empresa.

Por outro lado, para ser imparcial, podem ocorrer também alguns erros de avaliação por parte da agência, propondo ações superdimensionadas ou, ao contrário, planos modestos demais para conseguir os resultados pretendidos. Daí a importância em se conhecer antecipadamente a verba publicitária, o que demonstra um entrosamento saudável entre anunciante e agência.

A filosofia sobre o uso do orçamento publicitário está baseada na lógica. Parte-se do princípio que precisa ser aplicado na íntegra durante o exercício fiscal a que pertence. O raciocínio é muito simples: quanto maior for o número de pessoas atingidas pela campanha e com maior frequência de mensagens, mais forte ela será, aumentando, assim, as possibilidades de sucesso. A cada corte no orçamento, diminuirá a sua intensidade. Por esse motivo, se existe um valor disponível para a comunicação e que esteja dentro dos parâmetros financeiros da empresa, é aconselhável que seja bem administrado para render o máximo possível. Em poucas palavras, administra-se bem verba de comunicação, não se economiza, a não ser que seja inevitável.

É bom repetir que quando se faz uma ação de comunicação, a verba deve ser direcionada para conseguir o maior número de mensagens possíveis, durante mais tempo e em maior número de regiões. Portanto, o investimento deve favorecer as aplicações em mídia, tendo preferência sobre a verba. No entanto, e este ponto é muito importante, a parte destinada à produção dos materiais publicitários deve ser suficiente para garantir a sua qualidade. Anúncios e comerciais mal executados reduzem a eficácia de uma grande ideia.

CÁLCULO DA VERBA

Procurando dar um enfoque eminentemente prático e de fácil utilização por qualquer tipo de empresa, existem duas formas para calcular a verba de comunicação de um produto, serviço ou empresa: o método fixo e o variável.

O método fixo consiste em estipular um valor para as ações de comunicação, considerando a disponibilidade financeira da empresa e das necessidades previstas no planejamento das campanhas. Determina-se esse valor que passa a ser uma quantia fixa para ser aplicada durante o período considerado no plano. A vantagem desse método é que existe maior garantia de que a verba preestabelecida permitirá a execução do plano, independentemente dos resultados colhidos pela empresa durante aquele período, naturalmente respeitando os limites do razoável porque, numa situação de emergência, ela poderá ser suspensa. Sua adoção é aconselhável no período de lançamento de produtos ou serviços, quando a empresa chega à conclusão de que é realmente necessário esse tipo de investimento para o bom crescimento dos negócios, mesmo que os resultados venham a ser colhidos a médio ou longo prazos.

O cálculo pode ser feito com base nos resultados financeiros a serem obtidos pela empresa no exercício que está por terminar. O ideal é que esta previsão seja feita no último trimestre do ano fiscal, como outubro ou novembro, por exemplo, ao ser projetado o faturamento do ano seguinte. A outra forma, caso o orçamento esteja sendo preparado no início de exercício fiscal em andamento, como em janeiro, por exemplo, já se sabe o que aconteceu no ano anterior, o dinheiro já entrou no caixa da companhia e será aplicado no exercício vigente.

Quanto ao cálculo pelo método variável, determina-se um percentual sobre a previsão do faturamento a ser obtido no exercício seguinte, tomando-se por base a empresa no seu todo ou considerando cada linha de produtos.

Utiliza-se o primeiro caso – faturamento da empresa – quando a companhia possui uma linha muito extensa de produtos, cada um dando uma pequena contribuição para a receita total. Nessas condições, cada produto em si não teria verba suficiente para a sua divulgação, mas o seu conjunto permitirá gerar uma quantia suficiente para tal. Costuma ser o caso dos produtos de beleza como Lancôme, Revlon e outros que fazem a campanha focada na marca e na linha de produtos. Os eletrônicos também adotam esse sistema tais como Sony, Mitsubishi, Phillips, entre outros, que costumam fazer campanhas de conceito da marca. Eventualmente, podem focar em alguma linha de produtos, como televisores, videodisco, aparelhos de som, para só citar alguns, devido a um lançamento ou época maior de compra, como é o caso da Copa do Mundo de Futebol, quando costuma aumentar a compra de televisores.

Quando a empresa possui marcas com alto faturamento, como é o caso do sabão em pó OMO, creme dental Colgate, achocolatado Nescau, sabonete Dove ou um modelo de automóvel, por exemplo, cada uma tem faturamento suficiente para gerar a sua própria verba publicitária. Nesse caso, esta alternativa passa a ser mais aconselhável do que a primeira, mesmo porque cada um precisa dar a sua contribuição para o lucro da companhia.

NÍVEIS DE INVESTIMENTO

É muito difícil estimar a quantia necessária para executar uma campanha *vis-à-vis* a situação do produto/serviço no mercado e a atuação da concorrência. Como não se sabe o que realmente acontecerá no momento da veiculação da campanha, qualquer interferência ou mudança das regras do jogo provocará um resultado melhor ou pior do previsto. No entanto, existem alguns parâmetros que podem ser usados para diminuir a margem de erro, a saber:

- a experiência da agência e do anunciante;
- o nível de atividade dos concorrentes;
- os percentuais sobre o faturamento do produto/serviço, geralmente utilizados por algumas categorias por permitirem praticar um preço aceitável pelo mercado e dar o apoio de comunicação necessário à marca.

Alguns comentários sobre cada um desses pontos são feitos a seguir.

• *EXPERIÊNCIA DA AGÊNCIA E DO ANUNCIANTE*

Além dos dados de mercado, índices de audiência dos meios de comunicação, fórmulas matemáticas e pesquisas, entre tantas variáveis, há ainda um outro fator chamado "intuição" ou "sensibilidade", resultado das análises feitas e somadas à experiência obtida com as ações já realizadas. Por exemplo, duas emissoras de rádio podem ter índices de audiência semelhantes e perfis de ouvintes muito parecidos. No entanto, uma dá melhor resposta à campanha do que a outra. Por quê? Possivelmente por causa dos seus comunicadores ou da sua grade de programação que seleciona, naturalmente, pessoas com gostos diferentes, apesar de possuírem os mesmos parâmetros demográficos, como sexo, idade, estado civil, grau de instrução e outras características. Como comunicação não é uma ciência exata, e há controvérsias se é ciência ou não, experiência e sensibilidade são fatores a serem considerados.

Duas experiências vividas demonstram a observação anterior. Um cliente que produzia ventiladores industriais teve o seu anúncio veiculado em duas revistas técnicas de circulação dirigida, com tiragem semelhante e atingindo o mercado industrial. As consultas de uma das revistas foi 70% maior do que a outra, naturalmente porque o tipo de indústrias da primeira era diferente da outra. O outro caso foi de uma fábrica de *lingerie* que tinha uma loja de ponta de estoque. Em um primeiro mês foi feita uma campanha de rádio com um perfil de ouvintes que condizia com o público-alvo do produto, produzindo bons resultados de vendas. No mês seguinte, foi utilizada outra emissora com o mesmo perfil de público, conforme pesquisas do Ibope, mas o resultado foi bem menor do que o anterior. A razão pode ser atribuída ao fato de as pesquisas não abordarem os aspectos comportamentais das consumidoras, o que certamente influencia a resposta ao veículo utilizado, uma vez que as mensagens dos comerciais eram as mesmas.

• ATIVIDADE DOS CONCORRENTES

Primeiro deve-se comparar os investimentos publicitários com os da concorrência, determinando o *share of voice*, ou seja, qual a participação da marca no total dos investimentos de mídia na categoria do produto/serviço onde está atuando, em um determinado período. Além dos valores financeiros, é possível medir o total de GRPs utilizados no mesmo período e os meios utilizados pelas diferentes marcas anunciantes. Esses dados podem ser adquiridos de duas empresas no Brasil, o Ibope e a A. C. Nielsen, que elaboram mensalmente os relatórios de investimentos publicitários realizados nos meios de comunicação de massa – televisão, rádio, jornal, revista, *outdoor*, cinema – com base nos preços de tabela dos comerciais e anúncios veiculados. Patrocínios e *merchandising* eletrônico não são computados, nem os materiais para ponto de venda.

Com base nesses números, pode-se estimar a verba necessária para competir em igualdade de condições. Se o anunciante tem mais recursos do que os demais, fica mais fácil, entretanto a sua verba pode ser menor do que a dos concorrentes. Nesse caso, o que é muito comum, a estratégia de mídia deverá ser mais inteligente, aproveitando as oportunidades que são deixadas pelas outras marcas.

- **PERCENTUAIS SOBRE FATURAMENTO**

De um modo geral, e dependendo do nível de atividade do setor, os produtos de limpeza costumam trabalhar com 4% a 5% sobre o faturamento anual, produtos de toalete e higiene pessoal com 5% a 6%, eletrodomésticos em torno de 3%, bebidas alcoólicas por volta de 10%, e assim por diante. Não existe uma regra, apenas a prática tem demonstrado que esses níveis permitem manter uma razoável atividade de comunicação sem inviabilizar o preço dos produtos ao consumidor final.

Esses percentuais não podem ser usados de forma rígida e precisam ser alterados em função das circunstâncias. Apesar da comodidade para efetuar os cálculos, esse método tem a desvantagem de aumentar a verba de comunicação quando as vendas vão bem e de diminuí-la quando os volumes estão decrescendo. Cabe, portanto, ao gerente responsável pelo produto alterar os percentuais para dar o suporte devido ao produto quando ele mais precisa ou de melhorar a margem de lucro não aplicando os valores adicionais em comunicação quando os ventos são favoráveis.

DISTRIBUIÇÃO DA VERBA

Uma vez determinada a verba total, vem a etapa de distribuí-la pelos diversos itens constantes da campanha. Inicialmente, podem ser consideradas as quatro disciplinas básicas, a saber:

- *Propaganda* – Incluindo a parte de produção, veiculação e material para ponto de venda.
- *Promoção de vendas* – Considerando o custo da campanha em si, o material para ponto de venda e, ainda, o valor dos prêmios, brin-

des, viagens, supervisão e qualquer outro item relacionado com essa atividade.
- *Relações públicas* – Abrangendo as atividades de assessoria de imprensa e eventos, como convenções, feiras, exposições, jantares e outros. Algumas companhias costumam alocar os recursos de feiras e exposições no item relativo à promoção de vendas.
- *Merchandising* – A verba para o material de *merchandising*, também conhecido como material de ponto de venda, pode estar alocada tanto em propaganda como em promoção, como mencionado acima, dependendo a qual campanha venha a pertencer. Quando é feito o *merchandising* eletrônico em veículos de divulgação, como a aparição do produto em uma novela, normalmente faz parte da verba de propaganda.

Uma outra distribuição é quanto à aplicação em mídia, produção e ponto de venda, sendo que:

- *Mídia* – Geralmente consome a maior parte da verba, principalmente quando se trata de produtos de consumo final, consumo durável e semidurável.
- *Produção* – Que corresponde aos materiais necessários para a veiculação, como comerciais de televisão e de rádio, anúncios para jornais, revistas e *outdoor*, material para mala direta, entre outros.
- *Ponto de venda* – Refere-se à produção das peças para as lojas varejistas, como *displays* expositores, cartazes, bandeirolas, faixas de prateleiras, papel de forração, móbiles etc.

Naturalmente, dependendo da dimensão da empresa e do volume das atividades publicitárias, o gerente responsável poderá detalhar cada um dos itens acima citados como lhe aprouver, dependendo das suas necessidades de informação gerencial ou de auditoria contábil. O Quadro 7.1 exemplifica como a verba de comunicação poderá ser distribuída.

Quadro 7.1 – Modelo de distribuição da verba de comunicação			
Atividade	Alocação	R$	%
Propaganda	Mídia		
	Produção (anúncios e comerciais)		
	Ponto de venda/*merchandising*		
	Subtotal		
Promoção de vendas	Mídia		
	Produção (anúncios e comerciais)		
	Ponto de venda/*merchandising*		
	Prêmios e brindes		
	Subtotal		
Relações Públicas	Evento		
	Mídia		
	Produção (anúncios e comerciais)		
	Materiais de campo (arena)		
	Assessoria de Imprensa		
	Materiais de apoio		
	Subtotal		
Verba total			100

A experiência tem indicado que as campanhas de propaganda de produtos de consumo final geralmente são baseadas na televisão e complementadas pelos outros meios. Por se tratar de produtos industriais, com consumo durante todo o ano, independente de haver sazonalidade ou não, os meios massivos são bastante adequados e costumam receber de 80% a 90% da verba, ficando os restantes 20% ou 10% para a produção de comerciais e anúncios. O material de ponto de venda não está considerado nessa divisão.

As campanhas de varejo, normalmente de curta duração, com predominância da televisão e do jornal, já admitem uma proporção diferente da anterior. Como o período da mídia é mais curto do que nos produtos industrializados e as campanhas são promocionais, em sua maioria, a parte destinada à mídia passa a ser um pouco menor, em torno dos 70%, ficando a diferença para a produção dos comerciais e anúncios. Da mesma forma, o material para ponto de venda não está considerado nesta divisão da verba.

Geralmente os materiais para PDV são considerados em separado para o cálculo da verba devido à estratégia adotada pelo anunciante. Alguns costumam dar uma atenção especial ao trabalho nas lojas, expondo da melhor maneira possível os seus produtos e exigindo uma verba maior. Outros trabalham de forma diferente, preferindo fazer ações de propaganda, promoções ou eventos, por considerarem que trazem melhores resultados, o que resulta em menores verbas para o PDV.

O orçamento de comunicação precisa ser distribuído ao longo do ano, determinando-se o fluxo da aplicação financeira nos diferentes meios e nos materiais produzidos. O exemplo do Quadro 7.2 ajuda a compreender esta questão.

Quadro 7.2 – Fluxo de aplicação financeira de campanha de propaganda						
Meio	Abril R$	Maio R$	Junho R$	Julho R$	Total R$	%
Televisão	30.000	——	30.000	——	60.000	52,6
Revista	7.000	7.000	7.000	7.000	28.000	24,6
Jornal	6.000	——	——	——	6.000	5,2
Rádio	4.000	4.000	4.000	4.000	16.000	14,0
Outdoor	4.000	——	——	——	4.000	3,6
Total	51.000	11.000	41.000	11.000	114.000	100
%	44,8	9,6	36,0	9,6	100	

ADMINISTRAÇÃO DE RECURSOS

Além de estimar e distribuir a verba entre as ações de comunicação e ao longo do tempo, é necessário administrar esses recursos, uma vez que deverão ser pagos dentro dos prazos estipulados. Para isso, pode ser feita uma relação das aplicações autorizadas, os seus custos e os respectivos prazos de pagamento. Ao lado de cada um, deixar mais uma coluna para anotar as datas reais de pagamento ou as possíveis alterações. Essa relação deve ser enviada à contabilidade da agência e do cliente para que eles possam também exercer o controle dos pagamentos, providenciando o numerário correspondente. Veja o modelo no Quadro 7.3 que utiliza os valores do quadro 7.2.

Quadro 7.3 – Controle da aplicação financeira em comunicação				
Ações	Valor R$	Data Vencimento	Data Pagamento	Observações
Televisão	30.000	15/maio		
	30.000	15/julho		
Revista	7.000	30/maio		
	7.000	30/junho		
	7.000	30/julho		
	7.000	30/agosto		
Jornal	6.000	15/maio		
Rádio	4.000	30/maio		
	4.000	30/junho		
	4.000	30/julho		
	4.000	30/agosto		
Outdoor	4.000	15/maio		
Total	114.000	—	—	—

Um aspecto importante que deve receber a atenção do Atendimento é o referente aos prazos de pagamento. Muitas vezes, uma campanha é cancelada porque a forma de pagamento não está dentro das disponibilidades do cliente. Nesse sentido, administrando-se os prazos oferecidos pelos fornecedores e pelos veículos de comunicação, pode-se viabilizar um projeto. No Quadro 7.4 está demonstrado este raciocínio.

Suponha que foi produzido um comercial de rádio durante a primeira quinzena de janeiro, cuja nota fiscal foi datada em 15 do mesmo mês para pagamento em 30 dias da data (dd) da sua emissão, vencendo, portanto, em 15 de fevereiro.

A veiculação do comercial poderia ter sido iniciada no dia 16 de janeiro, mas devido a dificuldades de caixa, o início da campanha foi marcado para o mês seguinte, em 16 de fevereiro, durante 30 dias. Acontece que a emissora concedeu um prazo de pagamento de 30 dias fora o mês (dfm), ou seja, fora o mês da veiculação, o vencimento fica marcado para o dia 30 do mês seguinte. Dentro dessas condições, a veiculação feita durante a segunda quinzena de fevereiro deverá ser paga em 30 de março, e a veiculação da primeira quinzena de março vencerá em 30 de abril, como está demonstrado no Quadro 7.4.

Agindo dessa forma, houve o alongamento da dívida, facilitando a vida do anunciante. Caso a veiculação tivesse iniciado logo após o término da produção, os vencimentos ficariam mais próximos e teriam de ser honrados dentro de 90 dias, em lugar de 120 dias. Costumo chamar essa programação de "princípio do cheque pré-datado". Muitas vezes não há condições para você comprar um televisor à vista, mas se a loja fizer em 4 prestações, basta assinar os cheques e levar o aparelho para casa.

| Quadro 7.4 – Aproveitamento dos prazos de pagamento ||||
Itens	Janeiro	Fevereiro	Março	Abril
Produção				
Veiculação				
Pagamento	15/01	15/02	30/03	30/04

O PROBLEMA DE ORÇAMENTOS NA AGÊNCIA

Um dos objetivos da administração de agências é manter um bom e saudável relacionamento entre os vários departamentos. No entanto, sempre surgem diversos problemas que afetam o tão desejado entrosamento, especialmente na área do Atendimento e da Criação, podendo-se identificar vários fatores que causam estas divergências que, por sinal, são até positivas no sentido de aprimoramento profissional. Convém, portanto, comentar a seguir sobre a elaboração das estimativas dos custos de produção, com a consequente elaboração do orçamento e a sua aprovação pelo grupo de Atendimento.

SUBJETIVIDADE

A execução de uma peça de propaganda, apesar de ser algo material, possui uma boa dose de subjetividade quando se trata de avaliar os trabalhos de direção artística, retoques especializados de fotografias digitais, contratação de testemunhos famosos, concepções de cenografia e uma série de outros aspectos, cujo critério de julgamento é geral-

153

mente fluido, escasso ou mesmo inexistente, prevalecendo o critério pessoal, em muitos casos. Os problemas, então, surgem devido à preocupação em se cobrar o preço justo. Apenas para exemplificar, pode ser encontrada uma série de situações que costumam dar origem a algumas dessas discussões, levando-se em conta que a produção está intimamente ligada à criação que lhe dá origem:

- *COMPRA DE PACOTE*

A tão difundida prática de que maiores volumes de compra propiciam maiores descontos e, consequentemente, a redução dos custos unitários gera a tentação para a compra de '"pacote" com o fim de obter melhores preços. Assim, a contratação de uma série de fotografias com o mesmo fotógrafo é acompanhada da expectativa de um desconto significativo e não a simples multiplicação do custo unitário pelo número total de fotos a serem produzidas. Quando o Tráfego não negocia o referido desconto, o Atendimento logo reclama. Se, por um lado, eles têm alguma razão, por outro, é preciso considerar que cada fotografia é um trabalho artesanal onde, nem sempre, se pode usar a mesma locação, a mesma iluminação, a mesma maquiagem e tudo o mais que lhe é pertinente para gerar alguma economia de escala. Cada caso precisa ser analisado para se avaliar as possibilidades de redução no custo final do "pacote". Se considerar a produção de som e imagem, o mesmo raciocínio pode ser aplicado, inclusive na produção gráfica ao se tratar de trabalhos diferentes.

- *REDUÇÕES SUBSTANCIAIS*

Muitas vezes os orçamentos são estimados com uma grande margem de segurança devido à precariedade das informações, falta de detalhes de produção ou pela expectativa vaga dos resultados esperados. Quando, então, estes dados são complementados, já se sabe exatamente o que se quer e o orçamento é revisto, pode ocorrer uma significativa redução, ficando a impressão de que tinha sido elaborado sem o devido cuidado. Como a urgência é uma característica do dia a dia da agência, torna-se comum uma estimativa prévia que ao sofrer uma grande modificação gera alguns problemas. Isso porque as premissas para a sua elaboração foram esquecidas. O contrário também pode ocorrer, ou seja, é feita uma estimativa muito conservadora, quando na realidade os cursos serão muito maiores. Independentemente da variação que possa ocorrer para maior ou menor, se for grande, sempre causará mal impressão ao cliente.

- **SOLICITAÇÕES DE REDUÇÕES**

O Atendimento, com o conhecimento mais atualizado das verbas disponíveis e responsável pela sua administração, geralmente procura redução nos preços com o objetivo de otimizar a sua aplicação. Esse tipo de atitude sistemática leva o pessoal de Produção e Criação a não ser muito receptivo a esses apelos por estarem mais preocupados com a qualidade, sendo esta mais uma causa de atritos.

- **AUMENTO DE PREÇOS**

Chegar ao cliente e dizer que o orçamento sofreu uma redução, mesmo substancial, é relativamente mais fácil de explicar do que uma situação inversa. Não estou me referindo aos aumentos devidos à inflação, mesmo que sejam pequenos, mas àqueles provenientes do fornecedor ou da agência. A atitude mais cômoda é dizer que o problema está nas mãos de quem orçou, mas não é assim que se trabalha porque o nome da agência está envolvido. Cabe ao Atendimento enfrentar a situação junto ao cliente, porque muitas vezes o erro foi cometido por inexperiência, ingenuidade ou mesmo uma previsão apressada. Essa resistência por parte do Atendimento em aceitar qualquer valor levantado pelos departamentos de produção pode gerar novas fricções internas.

- **URGÊNCIA**

Vale a pena mencionar novamente este aspecto. A urgência é um fenômeno frequente em uma agência de propaganda. Às vezes, torna-se difícil fazer uma estimativa de custos em curto espaço de tempo, devido às variáveis envolvidas no projeto, mesmo quando se trata de casos aparentemente simples. Normalmente, a Produção ou o Tráfego reclama que não têm tempo suficiente e o Atendimento acha que o departamento competente tem de estar aparelhado para agir imediatamente. É preciso analisar cada caso para que aqueles realmente urgentes recebam uma atenção especial e os demais, não tão urgentes assim, possam ser atendidos logo em seguida. O bom senso e a cooperação precisam imperar.

- **CRIAÇÃO E LIMITE DE VERBA**

A relatividade das coisas é uma realidade. Campanhas geniais ou ideias brilhantes poderão ser executadas com menores verbas. Como propaganda é serviço artesanal, a qualidade não é diretamente proporcional às verbas de produção, mas acontece que muitas vezes se esquece desse fato e são idealizadas coisas hollywoodianas com um custo desproporcional ao plano correspondente de mídia.

- **COMUNICAÇÃO INTERNA**

"Casa de ferreiro, espeto de pau" é um ditado muito certo. Comumente estimativas de custo são entregues às secretárias ou assistentes sem maiores explicações. O Atendimento, tendo à sua frente uma folha cheia de números frios, poderá tirar conclusões erradas, justamente por falta de comunicação adequada. Esse fato é ainda mais importante frente ao cliente que, por direito, poderá perguntar detalhes do orçamento antes de dar a sua aprovação e o Atendimento deverá estar em condições de esclarecer.

- **ABC DAS APROVAÇÕES**

Um dos sistemas mais elementares em uma agência de propaganda é a aprovação dos orçamentos antes da execução de qualquer trabalho. Devido à velocidade dos serviços, das comentadas urgências e do elevado grau de confiança que geralmente existe entre o cliente e a agência, a rotina básica para aprovações – conseguir a assinatura de todas as pessoas responsáveis – é esquecida em vista da prestação de um serviço dentro da rapidez solicitada. É claro que se os custos forem acima do esperado surgirá um atrito entre Criação e Atendimento porque este terá a difícil tarefa de explicar o fato ao cliente. Portanto, um serviço não deve ser executado sem antes estar aprovado pelo anunciante, ou, em casos de emergência, assumir o risco e estar preparado para aguentar as consequências.

• *Arquivo básico*

Todas as pessoas têm a tendência de guardar coisas, mas arquivá-las corretamente é outro assunto. É muito importante que o Departamento de Produção mantenha um arquivo atualizado sobre amostras de papel, escalas de cores, informações sobre tipos de tinta e retículas utilizadas pelas editoras, dados sobre os recursos dos fornecedores na área gráfica e eletrônica, enfim, toda a série de elementos fundamentais ao trabalho. A falta desses dados numa sexta-feira, às 19 horas, pode complicar a vida de muita gente. Este tópico pode ser apreciado com outras considerações no capítulo *Rotina de trabalho*.

Parece válida a tentativa de se criar um modelo que retrate as situações até aqui mencionadas, para simplificar ao máximo as variáveis e permitir concentrar a análise naquilo que realmente é mais significativo. Com esse intuito, considere os interlocutores representados pelo Atendimento e pela Criação, sendo, o primeiro, responsável final pela orientação e administração das contas, e o segundo, responsável pelos trabalhos de criação e produção. Neles reside a origem dos problemas orçamentários. Observe que estes dois setores independentes não são estanques. No dia a dia se completam, objetivando um trabalho mais integrado e de melhor nível profissional. Isoladamente, a eficiência de cada um é reduzida, praticamente não podendo subsistir dentro dos níveis que se exige da propaganda atual.

O que geralmente acontece é que o Atendimento, por força de suas funções administrativas e até mesmo comerciais, tem a tendência de procurar os menores preços. Lidando regularmente com os assuntos financeiros do cliente, sofrendo constantemente a pressão de fazer as coisas pelo menor custo possível, o Atendimento tem sempre em mira apresentar orçamentos que mostrem a intenção da agência em zelar pelos interesses financeiros das suas contas.

Por seu turno, a Criação, ao dar continuidade ao processo criativo quando da sua execução, procura valorizar o resultado a ser obtido. Essa vontade de fazer o melhor geralmente conduz a uma disposição em aceitar orçamentos mais elevados com o receio de que valores menores possam prejudicar a qualidade do trabalho a ser desenvolvido. Entretanto, como o assunto é bastante intangível, fica difícil definir o que se entende por qualidade do produto criativo.

Dentro do conceito de que o processo criativo não termina com a aprovação da campanha ou da peça publicitária, mas tem continuidade no processo de produção, a existência de verbas razoáveis permite certos experimentos e maior flexibilidade na hora da execução dos trabalhos. Melhores profissionais, equipamentos com maiores recursos, possibilidade de testes ou maior número de alternativas (várias fotos, maior metragem na filmagem, maior número de provas gráficas etc.) aumentam as possibilidades de uma execução mais primorosa.

São, portanto, duas forças contrárias que jamais encontrarão o equilíbrio, a não ser que haja uma interação perfeita e um esforço conjunto para buscar a melhor qualidade dentro do menor preço possível. É muito fácil trabalhar em extremos, no máximo ou no mínimo, mas na manutenção do termo médio é que reside a dificuldade, mas é também onde está a solução. É preciso considerar que se trata de um relacionamento entre pessoas e não de máquinas programadas. Esquematicamente, a Figura 7.1 representa este pensamento, ilustrando-o sob uma forma mais simples para maior facilidade de compreensão. A área de Criação, representada pelo retângulo com a seta de preços apontando para cima, mostra a sua tendência em aceitar orçamentos mais elevados. A área de Atendimento, representada pelo retângulo com a seta de preços para baixo, indica a sua tendência em procurar orçamentos menores. O ponto de equilíbrio entre essas duas forças divergentes poderá ser encontrado quando se realizar uma interação entre as partes, via negociação.

Figura 7.1 – Orçamento – Ponto de Equilíbrio

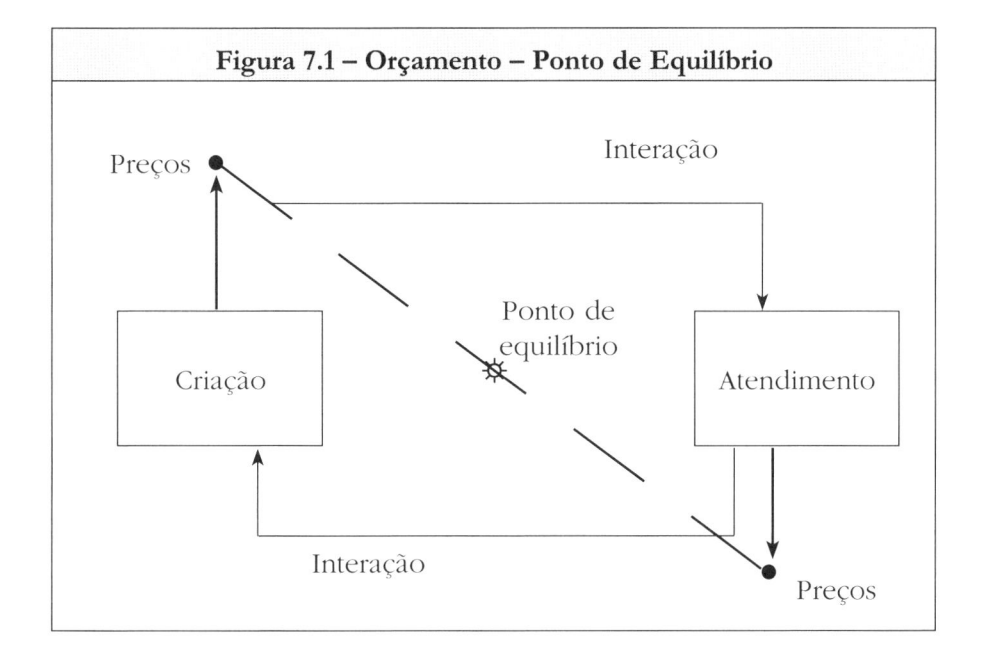

Essa interação poderá ser conseguida mediante um trabalho de motivação do pessoal e coordenação dos interesses porque existe um denominador comum a todos os integrantes da equipe. Esse denominador capaz de catalisar os esforços da Criação e do Atendimento reside no objetivo único de se atingir uma alta qualidade na execução de cada campanha, de cada peça publicitária, e de servir ao cliente da melhor maneira possível. A boa administração destes fatores resultará na compreensão e cooperação dos integrantes da agência, solucionando os problemas aqui considerados.

Conclusão

A verba de comunicação é de responsabilidade do anunciante e não deve ser um valor qualquer. Está relacionada ao faturamento da empresa ou do produto/serviço porque precisa estar de acordo com a capacidade financeira da companhia em honrar os seus compromissos e com a necessidade da intensidade da campanha.

Normalmente considerada uma despesa pela contabilidade, é importante que seja vista como um investimento na marca, da mesma forma que uma indústria adquire uma máquina, uma loja decora as suas instalações ou um banco desenvolve um sistema de *e-business*, pois tornar a marca conhecida e respeitada também é um investimento.

A verba é normalmente aplicada para dar suporte às estratégias de comunicação e atingir os objetivos. Em qualquer caso, quanto maior for a verba, maior será a intensidade da campanha, o que aumentará as probabilidades de sucesso. Em qualquer circunstância, não esquecer que os investimentos em produção devem propiciar uma boa qualidade do material, sob pena de prejudicar a eficiência da mensagem.

O planejamento dos prazos de pagamento das faturas poderá viabilizar a execução de um projeto, ao serem adaptados conforme o fluxo de caixa da empresa anunciante.

O cuidado na elaboração de orçamentos pode evitar uma série de atritos entre os departamentos da agência e, também, junto ao cliente.

PERGUNTAS

1) A verba de comunicação deve ser fornecida pelo cliente, calculada pela agência ou negociada entre o cliente e a agência?
2) Qual é o significado do termo *share of voice* em uma categoria de produto?
3) Como deve ser dividida a verba de comunicação entre as diferentes disciplinas – propaganda, promoção, produção, relações públicas, *merchandising* e eventos – adotadas em um planejamento?
4) A verba de comunicação pode ser calculada pelo método fixo e pelo método variável. Explique cada um deles.
5) Por que as estimativas de preço devem ser feitas com muito cuidado? Quais são as consequências quando a variação de preço é muito grande em relação a uma estimativa preliminar?
6) Explique o interesse da Criação e do Atendimento no momento de orçar a produção de um trabalho.

Capítulo 8

Apresentação de Campanhas

O Contato vive em reuniões devido às suas múltiplas funções. Sempre está trocando ideias com alguém ou negociando um orçamento, um prazo ou a adoção de uma determinada estratégia. Por isso, as reuniões precisam ser planejadas e executadas profissionalmente para que não se perca tempo e seja possível tomar decisões. É horrível quando todos falam e ninguém se entende, saindo do encontro sem saber o que cada um deve fazer. Parece incrível, mas acontece mesmo.

Reuniões

Os americanos têm um sistema de reuniões que considero ideal. O primeiro ponto a ser comentado é que sempre marcam a hora de início e de término da reunião, obedecendo rigorosamente o período determinado. Os participantes começam a chegar 5 a 10 minutos antes, de modo que no horário marcado os assuntos começam a ser discutidos. Quando faltam uns 15 minutos para o encerramento, faz-se o *wrap up*, ou seja, resume-se o que foi discutido, tomam-se as decisões e são distribuídas as tarefas futuras aos presentes.

O segundo ponto é que alguém é apontado como o responsável pela reunião. Como tal, prepara a agenda dos assuntos a serem tratados, relaciona o nome dos participantes, a data, hora e local do encontro, enviando o documento a todos com antecedência para que possam se preparar para a reunião com as informações necessárias. No início da reunião, distribui novamente a agenda aos presentes porque alguns podem não tê-la levado consigo e isso ajuda na sequência dos trabalhos. Anota, também, os principais pontos discutidos para fazer o Relatório de Visitas, enviando cópia a todos, inclusive àqueles que não estiveram presentes, mas que têm algo a ver com os assuntos tratados.

O terceiro ponto é sobre a arrumação da sala. O responsável deve se certificar de que a sala esteja limpa, com papel para anotações e canetas. Se possível, sempre é aconselhável providenciar café e água logo no início, o que ajuda a criar um clima mais agradável.

O quarto ponto refere-se aos equipamentos necessários, tais como aparelho de DVD, projetores de luz, aparelho de som etc. Tudo deve ser testado antes da reunião e arrumado adequadamente na sala, para facilitar o trânsito das pessoas e a melhor visibilidade possível.

Apresentação ao cliente

Uma apresentação ao cliente é sempre uma reunião importante porque a agência está se expondo. Portanto, deve ser muito bem organizada e apresentada. A sequência é importante para que haja uma lógica na apresentação dos dados, informações, planos, peças publicitárias e orçamentos, sendo fundamental o Atendimento estar preparado para responder a todas as perguntas, argumentando adequadamente e persuadindo com fatos.

Nas apresentações é costume o Atendimento contar com a colaboração dos colegas da Criação, da Mídia, da Pesquisa e do Planejamento. Muitas vezes também é acompanhado pelo fornecedor ou veículo. Por isso, ele precisa saber conduzir e controlar a reunião para que a agenda seja seguida, evitando desvios ao serem introduzidos assuntos que, muitas vezes, não são pertinentes àquele momento.

É importante estar sempre atento a tudo o que for discutido, anotando os dados e os pontos principais. Pergunte quando não entender, não é vergonha nenhuma.

Como foi dito, após a reunião, faça um Relatório de Visitas com base nas suas anotações.

Como preparar uma sala ou auditório

A seguir está uma relação de tópicos que devem ser considerados ao ser montada uma apresentação e os cuidados necessários para que tudo saia em ordem.

- **PÚBLICO**

    Procure saber quem são os participantes e quantos estarão presentes, para que a apresentação seja montada para melhor atender às expectativas. Geralmente, quanto mais alto é o escalão, mais objetiva e direta deve ser a explanação das estratégias e raciocínios que conduziram à recomendação que está sendo feita, apoiada apenas pelas informações vitais. Presidentes, vice-presidentes e diretores de alto nível normalmente não dispõem de muito tempo e têm a necessidade de compreender os projetos sob o ponto de vista estratégico. Nesse sentido, excesso de detalhes e explicações não acrescenta nada para uma tomada de decisão e, caso sejam necessárias, elas serão solicitadas no momento. Nesses casos, mantenha a apresentação bem simples, indo direto ao que interessa, mas tenha à disposição todos os detalhes para atender a alguma pergunta específica.

    Por outro lado, reuniões em nível de gerência precisam ser mais detalhadas porque os gerentes é que terão a responsabilidade de implementar a campanha, passar informações para os vendedores e demais departamentos da empresa, para os fornecedores e os canais de distribuição, sem esquecer, naturalmente, dos consumidores.

- **SALA**

    Em função do número de participantes da reunião, o tamanho da sala deve ser suficiente para acomodar todas as pessoas confortavelmente. Este cuidado cria um ambiente mais receptivo às ideias porque os participantes estarão focados nos assuntos, em lugar de se preocuparem onde vão colocar as suas pastas e *notebooks*. Além do tamanho, a disposição das cadeiras e mesas ajuda no relacionamento entre as pessoas, ao permitirem boa visibilidade do apresentador e dos materiais, bem como facilita a troca de ideias entre elas. Por exemplo, uma mesa retangular comprida faz com que as pessoas que estão sentadas do mesmo lado e próximas à cabeceira não consigam se ver, exigindo que se curvem para frente ou para trás para se comunicar. Esse esforço leva a um rompimento de comunicação com os demais, uma vez que o assunto está visivelmente direcionado entre as duas pessoas. Entretanto, se essa mesa tivesse formato oval, essas mesmas pessoas nas extremidades poderiam se ver com toda a comodidade e a conversa não estaria isolando os demais.

A colocação da tela e dos aparelhos deve ser de tal forma que todos possam visualizar a exposição sem dificuldade. Quanto maior for a sala ou auditório, maior deve ser a tela para projeção. No caso de não existir o telão em auditórios, podem-se usar vários televisores distribuídos pelas laterais do ambiente.

- **EQUIPAMENTO**

Quanto menos equipamento, melhor, pois diminui a possibilidade de panes e facilita o controle do que será exibido. Imagine se você for utilizar *data-show*, aparelho de som e de DVD, projetor de *slides*, retroprojetor e *flip-charts*. A cada momento terá de acionar os controles, mudando de um para outro, o que pode quebrar o ritmo da apresentação ou, até mesmo, ligar o aparelho errado na hora errada. E se a caneta para o *flip-chart* não for encontrada, ou, então, está ressecada e não escreve direito? Lembre-se, quanto mais simples, melhor. Em qualquer situação, todos os equipamentos devem ser verificados com antecedência, nunca no momento de começar o encontro.

- **DISPOSIÇÃO DE MESAS E CADEIRAS**

O tipo de mesa a ser utilizada em uma reunião e a disposição das cadeiras vão depender do objetivo do encontro. Existem vários modelos que são comentados a seguir e podem ser visualizados na Figura 8.1:

✓ *Formato em U* — O formato em U dispõe as cadeiras em semicírculo, independente de ser arredondado ou retangular, como demonstrado na Figura 8.1. Este modelo cria um ambiente de arena, no qual o chefe ou moderador ocupa a posição central e à frente do U, como indicado pelo ponto preto da mesma figura. Deve ser usado quando se tem um grupo em torno de 20 pessoas, aproximadamente, e pretende estimular o debate sobre os temas ou sugestões para a solução de problemas.

✓ *Espinha de peixe* – Neste formato as cadeiras são dispostas em forma de V, com um corredor ao centro, e o apresentador fica à frente das filas. O seu uso é mais adequado para apresentações a um número maior de pessoas, nas quais se deseja alguma participação do auditório, mas não muito. O grupo que está à direita enxerga com facilidade os que estão à esquerda, na mesma fila, e vice-versa, permitindo que ocorram discussões e trocas de ideias entre esses grupos. No entanto, os que estiverem em fileiras diferentes terão mais dificuldade para participar, que é o que se pretende. Dessa forma, fica mais fácil o apresentador controlar e orientar as discussões.

✓ *Auditório* – No formato auditório as cadeiras são dispostas em paralelo. Este modelo é mais adequado para apresentações a grande número de pessoas, nas quais não se deseja a participação do auditório. Esta poderá ocorrer, geralmente, sob a forma de perguntas, durante ou após a apresentação. A disposição das pessoas lado a lado isola cada uma do restante do conjunto, exceto, é claro, das que lhe são vizinhas, dificultando uma ampla participação, o que seria o desejado neste tipo de arrumação.

✓ *Mesas em formato quadrado ou redondo* – É o modelo mais adequado para a realização de trabalhos em conjunto porque as pessoas estão sentadas em volta da mesa, todas podem se ver e têm espaço na mesa para colocar seus *notebooks*, pastas, calculadoras, blocos de anotações e o que mais for necessário para o trabalho.

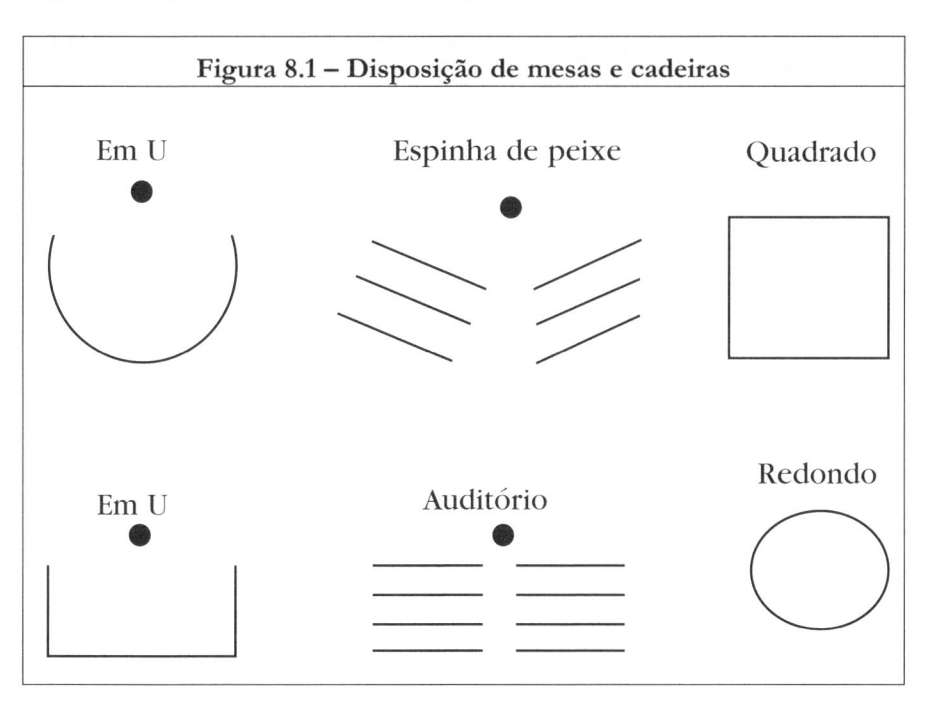

Figura 8.1 – Disposição de mesas e cadeiras

✓ *Disposição dos equipamentos* – A disposição dos equipamentos em um auditório também é importante para facilitar a tarefa do apresentador. Em uma palestra, por exemplo, é muito comum o apresentador montá-la em forma de *slides* utilizando o programa Powerpoint, o que tornará necessário o uso de um *data-show* acoplado a um computador para a sua projeção. Se houver exibição de vídeo, o mesmo equipamento poderá ser utilizado.

Com todos esses recursos, a disposição ideal está demonstrada na Figura 8.2. O palestrante, representado pelo ponto próximo ao computador, indica a sua posição perto do computador/vídeo, a qual lhe permitirá acionar os comandos com facilidade, sem passar pela frente do projetor (*data-show*), o que projetaria a sua silhueta contra a tela ao fundo, interrompendo a visualização do *slide* que está sendo mostrado. As caixas de som ao fundo e de cada lado do palco permitem a boa distribuição do som para todo o auditório e, este, por sua vez, estará confortavelmente instalado, sem nada à sua frente que possa dificultar a visualização do apresentador, dos *slides* e vídeos, além de acompanhar auditivamente toda a exposição.

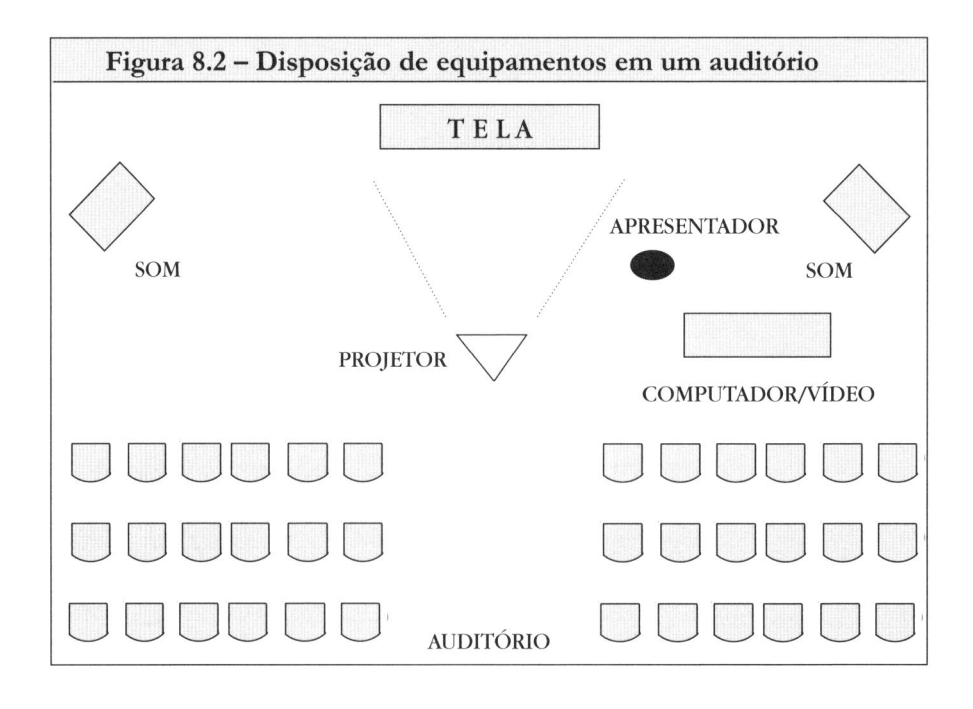

Figura 8.2 – Disposição de equipamentos em um auditório

Verifique, também, onde estão os interruptores de luz para poder reduzir a iluminação do ambiente no momento da projeção, bem como as tomadas para saber se será preciso fio de extensão para os equipamentos.

É uma questão de logística que convém ser observada para que a palestra possa transcorrer dentro de um ritmo satisfatório, sem "ruídos" que venham a distrair a atenção da plateia.

- ## *Materiais*

Os materiais precisam ser dispostos na sequência da apresentação. É desesperante quando a pessoa tem de parar para procurar um documento ou peça publicitária que deverá ser mostrada naquele momento. Dá a impressão de desleixo e desorganização. Cuidado com o vento do ventilador do equipamento que está sendo utilizado ou com o ventilador da sala, se houver. Eles poderão espalhar o material durante a apresentação, o que seria motivo de risos, perda da concentração e consequente perda do ritmo da apresentação.

- ## *Treinamento*

Para que tudo saia perfeito, é preciso preparar-se adequadamente para a apresentação. A melhor forma para isso é treinar, fazendo a apresentação para um colega da empresa, o que ajuda a memorizar o que será dito e mostrado. Isto lhe dará confiança porque terá domínio sobre o assunto a ser tratado. Durante o treinamento, o colega poderá fazer observações sobre a sequência a ser seguida, comentar a fala e a argumentação, bem como sugerir para alterar alguns *slides* visando melhor compreensão. Marque o tempo de toda a apresentação para que não fique muito cansativa. Se for o caso, estipule um intervalo para uma pequena pausa para o cafezinho. Muito cuidado com o uso do humor. A regra é bem simples: se você não sabe contar piadas ou dizer coisas espirituosas, não tente porque muito provavelmente não vai dar certo. Seja você mesmo: cada um tem o seu estilo, respeite-o e procure desenvolver suas habilidades naturais. É o melhor caminho.

- **INTRODUÇÃO DA APRESENTAÇÃO**

Logo no início é importante dar uma ideia do conteúdo, ou seja, o roteiro e o tempo que tomará a apresentação. Para isso serve o treinamento. Informe, também, as regras do jogo, ou seja, informe se pode ser interrompido ou não. Nesse caso, avise que haverá um tempo disponível ao final para que as perguntas possam ser respondidas. Justifique esta solicitação aos participantes dizendo que, dada a sequência utilizada, muito provavelmente as perguntas que forem surgindo terão as suas respostas logo a seguir. No entanto, se isto não ocorrer, o apresentador estará à disposição ao final para esclarecer o que for necessário.

- **SEQUÊNCIA DA APRESENTAÇÃO**

Procure apresentar os dados e informações de maneira lógica, bem encadeada, de sorte que a exposição de uma parte conduza à seguinte. Essa ordenação facilita a compreensão do que está sendo exposto e, se os participantes entenderem o seu raciocínio, ficará mais fácil aprovar a sua proposta.

- **DEBATES**

Em qualquer situação, deixe sempre um tempo para debates e perguntas antes de encerrar. É natural que as pessoas tenham dúvidas, por melhor que seja a apresentação, ou queiram alguma informação adicional. Por isso, procure imaginar as possíveis perguntas que poderão surgir e prepare as respostas adequadas. Ao satisfazê-las, você estará preparando o terreno para que a sua proposta venha a ser aprovada. Evite tomar a pergunta em caráter pessoal para não ficar nervoso, o que pode contribuir para a perda de controle da situação. Responda no mesmo tom e ritmo da sua apresentação.

- **APRESENTAÇÃO**

Nunca se esqueça de que o apresentador é a figura principal e não o material que será apresentado, muito menos o uso dos recursos da tecnologia. A postura do apresentador é sempre de pé, olhando de frente para as pessoas e nunca mostrando as costas, por ser deselegante e por perder o contato com os ouvintes. Faça poucos movimentos, de maneira natural, utilizando as mãos e o corpo para reforçar os aspectos principais da sua fala. Se precisar ler o texto, continue virado para a frente, olhando para o público entre um trecho e outro, evitando ficar com os olhos fixados só no papel. Manter o contato visual com as pessoas é fundamental para prender a atenção dos ouvintes. Obedeça a sequência dos *slides*, sem pular, para que as pessoas possam acompanhar a sua explanação mais facilmente.

- ## Voz

A respiração é importante para oxigenar o cérebro e as cordas vocais. A respiração lenta e em profundidade facilita a oxigenação, além de lhe transmitir calma e confiança. A voz precisa ser clara e com volume. A clareza é conseguida com uma boa dicção, pronunciando corretamente as palavras, sem "engolir" sílabas ou letras. Para conseguir esse objetivo, faça o seguinte treinamento: olhando para o espelho, pronuncie as palavras de um texto à sua escolha articulando cada sílaba ao máximo. Esse exercício mexe com a musculatura facial, tornando-a mais flexível e facilitando a pronúncia das palavras posteriormente quando forem ditas normalmente.

O volume da voz depende da quantidade de ar que existir em seus pulmões e pode ser obtido muito facilmente. Primeiro, lembre-se da respiração. Segundo, basta olhar para a pessoa mais distante na sala e falar como se fosse só para ela. Naturalmente você aumentará o volume de voz até que ela o escute claramente. Você pode até perguntar se ela o está ouvindo bem. As outras pessoas que estiverem entre ela e você certamente estarão ao alcance da sua voz. Não menos importante é a entonação das frases. As mesmas palavras podem ter um sentido de pergunta ou de afirmação. Por exemplo: dependendo da entonação, a frase "você vai almoçar comigo hoje" pode ser um convite ou uma afirmação.

- ## Indicador

Alguns apresentadores gostam de usar um apontador de luz ou vareta, para indicar à plateia o ponto que está sendo comentado. No entanto, é conveniente que você tenha a mão firme para apontar o facho de luz *laser* no local certo. Muitas vezes o nervosismo faz a mão tremer e o ponto luminoso na tela se transforma em um inseto voador que não sabe onde pousar. O resultado não pode ser mais desastroso porque o auditório fica rindo e torcendo para que o apresentador acerte na palavra ou desenho desejado.

• USO DO RETROPROJETOR

Se o equipamento for um retroprojetor, é conveniente usar uma folha de papel entre a lâmina do aparelho e a transparência para tampar a parte que ainda não foi comentada. Dessa forma, a atenção fica concentrada somente no texto ou desenho que está sendo explicado.

As transparências podem ser lidas diretamente do aparelho, o que permite situar o apresentador de frente para o público. Com o auxílio de uma caneta ou lápis colocado sobre a lâmina refletora do aparelho, fica fácil apontar para a parte da transparência que se quer destacar. Entretanto, algumas pessoas preferem ler da tela onde está projetada a transparência; mas, nesse caso, o apresentador deve posicionar-se a 45 graus entre ela e o público, para não perder o contato visual.

• DISTRIBUIÇÃO DE MATERIAIS

A distribuição de materiais, como planos, relatórios, peças publicitárias etc., só deve ser feita no final da apresentação para não desviar a atenção dos participantes. Se for feita durante a exposição, fatalmente as pessoas vão começar a ler e analisar o material recebido, desviando a atenção do que está sendo apresentado. Uma exceção pode ser feita quando existe um documento, como uma tabela cheia de números que precisam ser compreendidos. Nessa hipótese, uma cópia deve ser distribuída a todos os presentes para que possam acompanhar as explicações. É desagradável quando o apresentador diz, "sabe, como a tabela é muito grande os números ficaram pequenos para caber na tela", então eu vou ler para vocês. Evite essa situação e distribua a cópia. Depois retome à sua exposição normalmente.

Quando se tratar de palestra, o procedimento pode ser diferente, distribuindo o material antes da apresentação para que as pessoas possam fazer anotações, se assim o desejarem.

- ## Slides *e transparências*

A elaboração de *slides* e transparências deve ser de forma muito simples, com pouco texto. Eles são apenas referências para o apresentador dissertar sobre o assunto. Como sugestão, use o tipo Arial, em negrito, tamanho (corpo) 28 a 36 para o título, e entre 18 e 24, em negrito, para o texto. Pode ser tudo em maiúsculo (caixa alta) ou em caixa alta e baixa, com início das frases em maiúscula e o texto seguinte em minúsculas. Existem outros tipos como o Times New Roman ou Verdana que também estão presentes em todos os computadores. Outros tipos, como o Helvetia ou Tahoma, por exemplo, não são lidos corretamente por algumas máquinas por uma questão de configuração. Já tive problemas nesse sentido.

- ## *Tabelas*

Uma tabela precisa ser apresentada de forma correta, ou seja:

a) com cabeçalho completo que indique o conteúdo dos dados;
b) deve sempre indicar a unidade de medida, como R$, US$, %, caixas, barris, sacos etc.;
c) o período a que se referem os dados (semana, mês, trimestre, semestre, ano);
d) puxar sempre o total dos números nas colunas;
e) não se esquecer de indicar a fonte dos dados;
f) e anotar alguma observação importante sobre os dados no rodapé da tabela.

PERGUNTAS

1) Qual é a importância em se cumprir o horário estabelecido para as reuniões e o que deve ser feito nos últimos 15 minutos?
2) Por que é importante saber quem são as pessoas que vão participar de uma reunião e quantas são?
3) Quando uma sala deve ser montada em forma de U?
4) Por que o apresentador deve sempre treinar a sua apresentação?

5) Os materiais, como anúncios e relatórios, podem ser distribuídos durante a reunião? Justifique a sua resposta.
6) Além dos dados, que elementos de identificação devem constar de uma tabela?

Capítulo 9

A CRIAÇÃO DA AGÊNCIA

Todo anunciante procura uma agência que tenha um bom produto criativo. Sabe que campanhas brilhantes podem incentivar a venda dos produtos e serviços, preocupação constante de qualquer empresa. Por isso, o pessoal de Criação é visto com certa admiração pelas ideias que tem e possa vir a ter, um misto de arte e técnica, de sensibilidade, arrojo e bom senso.

COMO A CRIAÇÃO VÊ O ATENDIMENTO E VICE-VERSA

Muito se tem falado sobre a "briga" eterna entre o Atendimento e a Criação. Se por um lado é verdade, por outro é muito natural. Se admitir que o Atendimento é o responsável pela *conta*, ou seja, tem a obrigação de fazer com que as coisas aconteçam corretamente, no prazo certo, por um preço justo, fica fácil entender por que ele entra em atrito não só com o pessoal da Criação, como da Mídia e demais departamentos. Sua função é zelar para que todos os trabalhos feitos para o "seu" cliente sejam os mais bonitos, inteligentes e inusitados a cada momento.

Existe, pela natureza do trabalho, uma interferência branca em todos os assuntos. Por interferência branca quero dizer que é normal o Atendimento sugerir e pedir modificações em planos, orçamentos e campanhas, uma vez que ele está profundamente envolvido com os negócios do cliente. Possui uma visão mais abrangente e conhece melhor as expectativas dos gerentes e diretores, se for, é claro, um profissional com P maiúsculo. Tenho percebido que o problema começa a existir na forma do relacionamento entre as partes. O Atendimento não deve ser autoritário, o que não significa falta de firmeza nas decisões, mas sim precisa atuar para motivar as pessoas, entusiasmá-las, procurando destacar o lado bom das coisas e criticando com educação o que for preciso.

Os criativos, por sua vez, precisam entender que essa interferência branca do Atendimento não tem a intenção de interferir na sua área de responsabilidade, nem que os comentários contrários às suas ideias sejam uma espécie de avaliação da sua competência profissional. O bom senso entre ambos é o melhor caminho para chegarem a um acordo, uma vez que têm o mesmo objetivo: fazer sempre o melhor para o cliente.

A GRANDE IDEIA

A FCB – Foote, Cone & Belding, uma rede de agências de propaganda com sede em Chicago, EUA, na qual tive a oportunidade de trabalhar, procurou saber qual a melhor forma de avaliar uma campanha ou peça publicitária. Com essa intenção, entrevistou um grande número de diretores de Criação nos mais variados países onde atua, bem como diretores de Atendimento, gerentes das suas agências e clientes. O resultado dessa enquete foi surpreendente porque em vez de ser apresentado um procedimento ou um conjunto de regras para detectar a boa ideia criativa, eles chegaram à conclusão de que um bom trabalho criativo deve ser:

- relevante,
- inesperado e
- bem executado.

Essa simplicidade é que surpreendeu, tornando a abordagem verdadeira e de aplicação mundial. Por "relevante" entende-se que a mensagem precisa ser importante para o público-alvo porque, se ele não tiver interesse sobre o produto ou serviço que lhe está sendo apresentado, de nada vai adiantar. As pessoas só prestam atenção naquilo que faz sentido para elas ou que venha a solucionar algum problema ou, ainda, satisfazer uma necessidade.

O "inesperado" é o que caracteriza a criatividade, uma ideia que surpreenda as pessoas. Pode ser o comercial com um final inesperado, uma forma nova de apresentar coisas já conhecidas, pode ser um toque de humor e até mesmo uma piadinha. Enfim, qualquer ideia que torne a peça publicitária memorável, que mexa com o público, que cause algum impacto.

Finalmente, mas não menos importante, o item "bem executado" significa que a produção seja esmerada, feita com todo o cuidado e carinho. Uma grande ideia pode ser perdida se for mal executada. Esse ponto é importante porque existe a preocupação de se economizar no orçamento de produção, fazendo-se concessões que podem prejudicar a qualidade final. Uma produção de bom nível precisa contar com profissionais de talento e recursos que podem custar um pouco mais caro; porém, são eles que farão a diferença entre o excelente e o razoável.

ETAPAS DO PROCESSO CRIATIVO

O processo criativo exige algum tempo para que o cérebro humano possa responder à solicitação de criar uma campanha, seja do que for – propaganda, promoção, *marketing* direto, evento etc. Esse processo passa por várias fases, a saber: imersão, compreensão, conclusão, concepção e execução. O Quadro 9.1 ilustra o processo.

Ao receber um pedido de criação, a dupla formada pelo redator e pelo diretor de arte começa a tomar conhecimento dos fatos que levaram à necessidade de se criar uma campanha ou peça publicitária. Leem os dados do *briefing*, conversam com o Atendimento, pesquisam

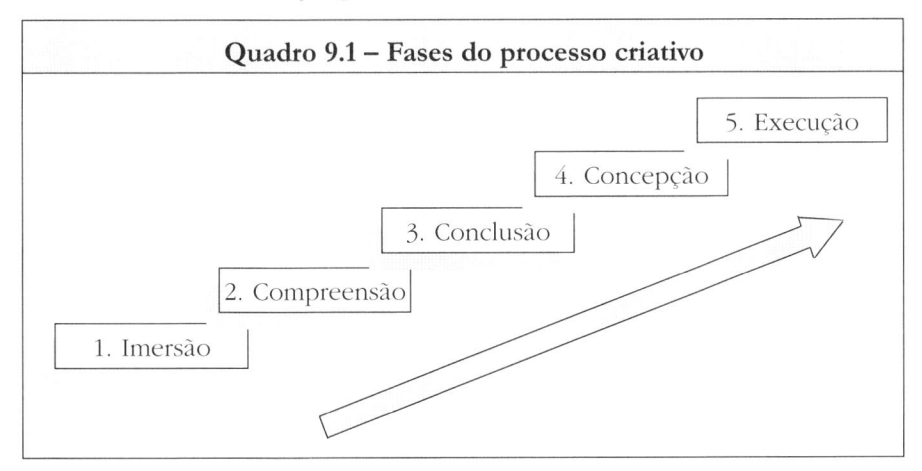

Quadro 9.1 – Fases do processo criativo

1. Imersão
2. Compreensão
3. Conclusão
4. Concepção
5. Execução

imagens e referências que possam servir de inspiração para o desenvolvimento do trabalho. Esta primeira fase de imersão é a do período investigativo em busca de uma direção ou abordagem a seguir.

Depois de algum tempo, a correlação entre os dados, referências, e tudo o mais que foi acumulado pelo cérebro, produz um cenário que leva o criador a compreendê-lo e a perceber a inter-relação sobre o que precisa ser dito e as expectativas do público-alvo. Enquanto a dupla não compreender como as coisas acontecem, fica muito difícil criar a mensagem adequada.

O terceiro passo vem com naturalidade porque, uma vez compreendido o cenário, fica mais fácil chegar à conclusão sobre o melhor caminho a ser seguido. Pode-se perceber que se trata do método dedutivo, ou seja, o começo abrange uma grande quantidade de informações que são filtradas gradativamente, selecionando o que é mais relevante para o consumidor.

Nesse momento, os criativos estão mentalmente preparados para conceber as ideias. Lembre-se de que precisam ser relevantes e, ao mesmo tempo, inesperadas. Agora, sim, começam a brotar os conceitos e ideias que podem propiciar duas ou mais abordagens diferentes para a mesma mensagem. São temas diferentes que podem ser desenvolvidos para gerar alternativas de campanhas ou de peças publicitárias. Por exemplo, três anúncios com abordagens diferentes para o lançamento de um determinado produto. Essas opções costumam ser apresentadas ao cliente para que uma seja escolhida de comum acordo ou, até, podem ser submetidas a uma pesquisa junto ao público-alvo para avaliar qual delas tem maior probabilidade de sensibilizar o consumidor.

Uma vez escolhida a alternativa vencedora, vem a fase da sua produção. Como foi dito, é tão importante produzir bem todas as peças quanto criá-las. Imagine que um comercial é apresentado sob a forma de um *story-board*, um roteiro ou mesmo um *script*. Transformá-lo em um filme com ação, música, boa atuação dos personagens, cenários, ambientação e iluminação, será preciso ser acompanhado de perto pelos profissionais de Criação e estar nas mãos de um diretor de cinema capaz para a tarefa, além de contar com uma equipe de produção de bom nível. O mesmo cuidado deve ser dado à produção de rádio e de peças gráficas.

Na busca da grande ideia, a Criação utiliza todos os valores humanos para comunicar a sua mensagem. O famoso psicossociólogo Maslow escreveu sobre a psicologia do consumo e classificou as necessidades que motivam as pessoas a adquirir o que precisam ou que simplesmente gostariam de possuir. Esse estudo ficou conhecido como hierarquia das necessidades ou a pirâmide de consumo de Maslow. Essa classificação não constitui uma sequência, como se pode presumir pela nomenclatura recebida; duas ou mais podem ocorrer simultaneamente e não necessariamente sempre na mesma ordem, e abrange as seguintes necessidades: fisiológicas (fome e sede), segurança (segurança e proteção pessoal e da família), sociais (integração e amor), respeito (autoestima, reconhecimento, *status*), autorrealização (desenvolvimento e realização pessoal).

O Pedido de Criação

O Pedido de Criação, cujo formulário pode ser visto no capítulo *Documentos*, não encerra a tarefa do Atendimento ao ser encaminhado ao respectivo departamento para ser elaborado. Muito pelo contrário, por melhor que seja a redação, existem nuances a serem comentadas entre o Atendimento e a Criação para uma melhor compreensão do *job*. É esse diálogo que vai permitir esclarecer dúvidas e aperfeiçoar a interpretação dos dados; porém, mesmo assim, é importante que haja o acompanhamento por parte do Atendimento junto à Criação. A intenção é dar continuidade ao diálogo, sem interferências, ou seja, o pessoal de Atendimento não vai ver os *rough-layouts* para aprová-los com antecedência ou para tentar melhorá-los. Isso seria um erro porque os criativos precisam de tempo para elaborar as ideias e expressá-las convenientemente. Se uma pessoa fica a toda hora interferindo, dizendo faça isso ou aquilo, o criativo pode perder a sua linha de raciocínio.

O papel do Atendimento, durante esse período de desenvolvimento da campanha ou da peça publicitária, é ajudar a dupla de criação a escolher os melhores caminhos, indicando as ideias que melhor retratem a mensagem desejada e explanando a sua percepção sobre outras que conduzem a uma compreensão equivocada daquilo que se pretende comunicar. Por exemplo, tentar mudar o texto ou o título dando sugestões do tipo "por que você não escreve deste jeito?" ou "por que você não cria uma situação de montanha em lugar de praia?", ou, pior ainda, "por que você não coloca uma loira no lugar de uma morena?". Isto é interferência direta no trabalho criativo e não deve acontecer. Qual deveria ser a abordagem, portanto? Quanto ao texto, seria dizer que não está muito clara a mensagem ou que o título não expressa bem o conteúdo do texto, e deixar o redator encontrar a solução, dentro do estilo dele. Para o diretor de arte poderia argumentar que uma situação de praia remete mais à percepção de calor, por exemplo, e que seria mais adequado ter uma imagem que conduzisse à sensação de frescor, elemento que seria importante para estar contido na mensagem. Entretanto, jamais dizer que prefere uma loira ou uma morena no anúncio, a não ser que seja um produto para tingir os cabelos que precise deste tipo de representação feminina.

É preciso diferenciar o que é subjetivo do que é pragmático, como a ação específica de um produto ou serviço. No lado subjetivo, interpretativo, perceptivo, é que residem as divergências entre o Atendimento e a Criação. Naquilo que é concreto, não tem problema, como dados de desempenho, destaque para determinada parte do produto ou item do serviço a ser anunciado, e assim por diante.

AVALIAÇÃO

O processo de avaliação de campanhas e peças publicitárias é sempre um problema, e continuará sendo, porque envolve uma parte objetiva e outra subjetiva. Objetivamente é possível avaliar se o conteúdo da mensagem está correto, ou seja, se o que precisa ser dito sobre a empresa, produto ou serviço está de acordo com as informações contidas no *briefing*. A parte mais difícil é julgar a ideia criativa por conter elementos psicológicos, como a dinâmica das cores e dos sons, que são totalmente subjetivos, mas que influenciam o julgamento das pessoas. As avaliações ocorrem por comparação e as referências do ser humano estão contidas no seu cérebro, servindo como um grande banco de dados. Todo o estímulo recebido, como o *layout* de um anúncio, é naturalmente comparado com os valores individuais que, por sua vez, são únicos e distintos em cada uma das pessoas.

A avaliação mais comum é feita pelo julgamento profissional de um grupo de executivos formado pelo pessoal do cliente e da agência envolvidos no projeto. Do lado do cliente podem estar o gerente de produto, de propaganda e de pesquisa, o diretor de *marketing*, o da área comercial e até o presidente da companhia, dependendo da sua estrutura e forma de funcionamento. Do lado da agência participam o Atendimento, a Criação, pesquisa e, em muitos casos, o pessoal da Mídia, e também aqueles que estão envolvidos no mesmo projeto.

Para tentar reduzir um pouco essa subjetividade no julgamento da parte criativa, podem ser usados como guia alguns aspectos importantes que merecem estar presentes em qualquer material publicitário. São os seguintes:

- ### IMPACTO

É a capacidade da peça publicitária de chamar a atenção do público, mesmo que seja rapidamente. Se, por exemplo, o leitor estiver folheando uma revista e interromper a sequência para ver o anúncio, significa que alguma coisa no título ou na imagem causou algum impacto na pessoa, chamando a sua atenção.

- ### IDEIA DIFERENTE

Qualquer ideia criativa precisa ser diferente das veiculadas pela concorrência, caso contrário pode ser confundida e estará levando o consumidor a atribuir os valores da sua marca para a do concorrente. Em uma linguagem popular, pode-se dizer que "está sendo colocada uma azeitona na empada dos outros".

- ### FORTE IDEIA CENTRAL

Conhecida também como "tema", é a ideia em torno da qual a campanha é desenvolvida. Uma das muitas campanhas de sucesso feita pelo McDonald's no Brasil, por exemplo, era composta por cinco comerciais para televisão. Em todos eles, a ideia central era "o uso correto do português", representada pela figura de um professor que corrigia o uso errado de várias palavras, que eram ditas pelos protagonistas de cada comercial. As situações eram diferentes, assim como os personagens e os textos, mas toda a ação girava em torno do professor que ia fazendo as correções na medida em que os erros eram cometidos e tudo isso cercado de muito bom humor.

- ### *Compreensão da mensagem*

O título, o texto, a imagem, a música, os efeitos sonoros, tudo deve passar a mensagem muito facilmente. Parte-se do princípio que o público não deve fazer nenhum esforço para compreender o que o anunciante pretende dizer.

- ### *Destaque para o produto*

Não significa que o produto precisa ser mostrado em tamanho amplificado, ocupando o maior espaço visual possível ou sendo repetido inúmeras vezes na parte de áudio. O destaque pode ser conseguido quando a Criação tem uma ideia que conduza naturalmente o consumidor para o produto e a sua marca. Na televisão existem muitos exemplos de comerciais que são rotulados como "não verbais", isto é, não existe texto, apenas a imagem, e é possível identificar claramente a mensagem. Da mesma forma, há outros comerciais que não mostram o produto, mas todos o identificam com facilidade.

- ### *Simplicidade*

O ser humano gosta de complicar as coisas. Uma regrinha básica em comunicação é a seguinte: se você tem algo a dizer, diga, não fique divagando, vá direto ao ponto. Quando a pessoa tem de parar para pensar sobre o que o anunciante quer dizer exatamente, é um sinal de que a peça está complicada, difícil de entender.

- ### *Credibilidade*

Mais importante do que os demais itens, a credibilidade é fundamental para uma boa campanha. De nada adianta tirar nota 10 nos aspectos anteriores se as pessoas desconfiarem da mensagem.

O resumo destes 7 itens que compõem o guia para avaliação de campanhas pode ser observado no Quadro 9.2.

Quadro 9.2 – Guia para avaliação de campanhas
• Impacto • Ideia diferente • Forte ideia central • Compreensão da mensagem • Destaque para o produto • Simplicidade • Credibilidade

Mesmo utilizando esse recurso do guia, ocorre, em muitos casos, que esse grupo pode chegar a um impasse durante a reunião ou ter dúvidas sobre duas alternativas de campanha que parecem ser muito boas. Quando as opiniões são divididas, o mais sensato é realizar uma pesquisa de mercado junto ao público-alvo daquele projeto. Basicamente as pesquisas podem ser classificadas como de cunho qualitativo ou quantitativo.

As qualitativas são pesquisas em profundidade, com o objetivo de conhecer as reações dos entrevistados sobre as campanhas e as peças que a compõem. Costumam ser utilizadas reuniões de grupos (*focus groups*) ou entrevistas individuais em profundidade que, geralmente, são compostas por uma amostra selecionada pelo critério de conveniência ou julgamento.

Não se trata de perguntar se gostaram ou não do que lhes está sendo apresentado, porque, então, se transformariam em "especialistas em comunicação" em um piscar de olhos, adotando ares de juízes infalíveis e implacáveis sobre a validade de cada um dos materiais expostos. A pesquisa é conduzida para descobrir como as pessoas percebem as campanhas, qual é a leitura que fazem de cada peça, se compreendem a mensagem que está sendo transmitida ou se existe alguma proposta que poderia conflitar com as suas crenças e valores éticos. Esse tipo de informação é fundamental para ajustar ou mesmo eliminar certa abordagem criativa que, à primeira vista, parece ser muito interessante, mas não transmite adequadamente os valores da marca nem a mensagem desejada.

Por ser qualitativa, os resultados obtidos são apenas indicativos, não podendo ser projetados como sendo um comportamento dos consumidores visados. Esse tipo de pesquisa é muito conveniente não só para avaliar, mas para descobrir aspectos comportamentais do público para servir de orientação para o desenvolvimento de campanhas.

As pesquisas quantitativas, como o nome sugere, são realizadas com base em amostras probabilistas configuradas dentro de uma margem de erro e intervalo de confiança predeterminado. O critério estatístico e a metodologia adotada permitem projetar os resultados obtidos sobre o mercado representado pela amostra. É comum utilizar a pesquisa qualitativa em uma primeira etapa e a quantitativa logo em seguida, com a finalidade de validar o que foi descoberto na primeira etapa.

Devido ao exposto, a pesquisa pode ser utilizada em dois momentos, classificados em pré-teste e pós-teste. O pré-teste é realizado antes ou durante o desenvolvimento das campanhas com a finalidade de orientar a criação, fornecendo informações sobre o comportamento do consumidor em relação ao produto, serviço, conceitos e ideias. O pós-teste é realizado após a finalização da campanha, ou seja, as peças já foram produzidas para a veiculação. A finalidade dessa etapa é validar o que foi produzido, para que se tenha certeza de que as ideias da criação foram corretamente transformadas nas peças da campanha, como anúncios, comerciais e material de ponto de venda, como pode ser visto no Quadro 9.3.

Quadro 9.3 – Pesquisas qualitativas – Características		
Especificação	Pré-teste	Pós-teste
Momento	Realizado antes ou durante o desenvolvimento da campanha.	Realizado após a produção da campanha.
Objetivo	Levantar dados para orientar a criação.	Confirmar se a concretização da proposta da campanha nos materiais foi feita com sucesso.
Itens mais usuais	Conceitos, *slogans*, anúncios e comerciais de TV.	Anúncios e comerciais de TV.

FLUXO DE TRABALHO

O trabalho da Criação quando já está na fase 4 – Concepção, desenvolve-se também em etapas, que são as seguintes:

1ª etapa – elaboração do rough-layout

O *rough layout* ou simplesmente *rough*, como costuma ser chamado, é o desenho preliminar feito à mão de cada ideia que vai surgindo na mente do diretor de arte. Em resumo, é a materialização das ideias da dupla em forma de rascunho. Consiste apenas na elaboração do rascunho da imagem e da distribuição do título, subtítulos, textos e logotipo na área destinado ao anúncio, folheto, cartaz ou qualquer outra peça publicitária. Geralmente são feitos muitos *roughs* para registrar as ideias, sem muita preocupação pelas melhores alternativas, porque esse procedimento ajuda a pensar e um desenho pode levar a outro, devido à associação natural das ideias. O redator, a outra metade da dupla de criação, também participa, contribuindo não só com títulos, mas com sugestões para a parte visual. Quando se esgotam as possibilidades, a dupla faz a seleção das opções mais criativas e adequadas à proposta de trabalho para apresentá-las ao diretor de criação que, por sua vez, dará a sua contribuição para aperfeiçoar aquelas com maior potencial de desenvolvimento.

O pessoal mais antigo, ou, melhor dizendo, mais experiente, tem o hábito de fazer o *rough* à mão, uma vez que a arte do desenho permite expressar melhor os sentimentos, dadas às suas ilimitadas possibilidades. Alguns profissionais mais jovens costumam ir direto para o computador; entretanto, não seria a prática mais aconselhável conforme a opinião dos maiores diretores de criação, não só do Brasil como de qualquer país.

Quando se trata de criar comerciais para a televisão ou cinema, o redator costuma escrever o *script* ou o roteiro. O primeiro é uma síntese que descreve a situação imaginada e o texto básico que a acompanha. O roteiro é um pouco mais detalhado, uma vez que descreve o áudio e o vídeo de cada cena. Agora é a vez do diretor de arte prestar a sua colaboração ao redator, sugerindo textos e situações para compor o comercial. É comum, também, fazer o *story-board,* uma espécie de história em quadrinhos que ilustra o roteiro mencionado. Em cada cena são indicados os efeitos sonoros, tipo de música etc., como no roteiro.

Dependendo do sistema de trabalho da agência e do grau de entrosamento da equipe, o Atendimento também participa do processo, uma vez que possui um conhecimento mais profundo do cliente, do produto ou serviço, as variáveis de mercado, tendo maior número de informações que poderão servir de referência para estimular esta etapa criativa e torná-la mais objetiva.

2ª etapa – elaboração do layout

Uma vez selecionadas as alternativas mais interessantes, o diretor de arte passa a limpo no computador com todas as cores, incluindo o texto do redator e fazendo a diagramação da peça. Nesta etapa, o diretor de Atendimento, junto com a dupla de Criação e com o diretor de Criação, faz uma revisão final do material, elimina ainda o que não for muito adequado, fazendo a seleção final do que será apresentado ao cliente.

Dependendo do volume de trabalho, o estúdio de computação gráfica pode elaborar o *layout* sob a supervisão do diretor de arte.

3ª etapa – elaboração da arte-final

É a forma definitiva da peça. Após ser aprovado pelo cliente, o trabalho é encaminhado para o estúdio de computação gráfica, para a elaboração da arte-final, que nada mais é do que uma matriz que servirá para a produção do fotolito para posterior impressão. A arte-final é arquivada em CD-ROM, *Zip* ou disquete, para ser entregue à gráfica que fará o trabalho.

A diferença entre o *layout* e a arte-final é que esta última usará a foto ou ilustração definitiva, assim como o texto aprovado e o logotipo com as suas características oficiais. A diagramação será verificada, assim como a tipologia (tipo de letra). Será confeccionada nas dimensões corretas do anúncio para o jornal ou revista, assim como para as demais peças, como folhetos, cartazes, faixa de prateleira para supermercados etc. É, portanto, o fechamento do arquivo no computador, em alta resolução.

Uma prova impressa da arte-final é entregue ao Atendimento para a sua aprovação que, por sua vez, obterá a aprovação do cliente. Só então estará liberada para a impressão.

4ª etapa – supervisão da produção

É responsabilidade da Criação acompanhar a produção das peças gráficas e eletrônicas para que a ideia do *layout* seja materializada da melhor forma possível.

Costuma-se dizer que o processo criativo não termina no *layout*, mas prossegue durante a produção do material. Isso é verdadeiro porque os criadores discutem com os produtores, especialistas em cinema, som, fotografia e artes gráficas, o que pretendem em cada peça. Esses profissionais, com a sua visão voltada para aquilo que sabem fazer de melhor, costumam contribuir com os seus recursos técnicos e o seu talento para melhorar ainda mais as ideias. Não se trata de substituí-las por outras, mas sim de aperfeiçoá-las, tornando-as mais lindas e fascinantes. Esse acompanhamento é muito importante para garantir a qualidade do material.

PERGUNTAS

1) Como a Criação vê o Atendimento e este vê a Criação?
2) Quais são os elementos básicos que uma grande campanha deve possuir?
3) Quais são as etapas do processo criativo?
4) O que significam os termos *story-board* e *script*? Qual é a diferença entre um e outro?
5) Quais são os componentes do Guia para avaliar trabalhos criativos e o que significa cada um?
6) Qual é a diferença entre pré-teste e pós-teste?

Capítulo 10

A MÍDIA DA AGÊNCIA

O Atendimento precisa conhecer de tudo um pouco e a Mídia, cujo setor lida com a maior parte da verba publicitária, não poderia deixar de ser comentada. Geralmente a verba nunca é suficiente para fazer tudo o que seria necessário; entretanto, é preciso viver a realidade dos fatos. Por maior que seja a conta, o cliente sempre necessita atuar em várias frentes e procurar solucionar uma série de problemas ao enfrentar as dificuldades do mercado e a atividade da concorrência. Se um anunciante é grande, as suas necessidades também o são, resultando que, relativamente, a sua verba não consiga pagar tudo o que gostaria de ter feito. Portanto, apesar de verbas maiores serem mais confortáveis de serem trabalhadas, não é somente o seu tamanho que vai decidir a melhor estratégia a ser utilizada.

PLANO DE MÍDIA

A administração da verba do cliente, portanto, precisa contar com o apoio do Planejamento de Mídia, sendo fundamental saber qual é a verba a ser aplicada, como foi dito no capítulo *A importância do briefing*, uma vez que os objetivos e estratégias serão determinados em função dos recursos disponíveis para enfrentar uma determinada situação de mercado.

É errôneo pensar que se o planejador tiver 100 aplicará os 100, se tiver 200 também aplicará tudo, quando, talvez, 150 fossem suficientes. Pode parecer ganância por parte da agência, mas o raciocínio é simples: se o anunciante dispõe de uma quantia para divulgar o seu produto ou serviço, e se ela for utilizada integralmente, significa que a campanha será mais forte, por mais tempo, possivelmente em um número maior de regiões, resultando em uma pressão mais forte sobre o público-alvo e competindo melhor com os seus concorrentes. O segredo não é economizar a verba, mas administrá-la muitíssimo bem, fazer boas negociações e escolher sempre as melhores alternativas. A sua boa administração significa "esticar" o dinheiro, comprando mais tempo e espaço pela mesma quantia, selecionando com critério os veículos a serem programados, escolhendo os períodos certos para veiculação e determinando a maior intensidade possível.

Convém que todo Plano de Mídia contenha os tópicos relacionados no Quadro 10.1. Alguns conceitos relativos a cada um destes tópicos são comentados a seguir.

Quadro 10.1 – Tópicos de um Plano de Mídia
• Objetivos • Estratégia • Justificativa • Tática • Programação

• OBJETIVOS

Para que uma estratégia possa ser adotada, é necessário determinar primeiro os objetivos do Plano de Mídia, definidos pelos conceitos de GRP, TRP, Cobertura, Alcance, Frequência e Continuidade, como pode ser apreciado no Quadro 10.2.

Convém comentar um pouco mais o conceito de GRP. Ele é o resultado da equação: GRP = alcance x frequência média, ou seja, é a soma bruta das audiências de uma dada programação, indicando a intensidade ou força da programação de mídia, como foi dito acima. Por exemplo: um alcance pretendido de 70% e uma frequência média de 8 vezes darão um GRP de 560 pontos. Um produto que tenha este nível em uma programação de duas semanas, por exemplo, terá uma presença superior ao de um concorrente que faça uma campanha com 350 GRPs no mesmo período de tempo. Não se está comparando verbas, mas sim o resultado quantitativo da seleção de veículos e programas para um Plano de Mídia.

Quadro 10.2 – Conceitos de mídia na determinação de objetivos	
Nomenclatura	Conceito
GRP – Gross Rating Point	É a soma bruta da audiência de uma dada programação. Em linguagem mais simples, é a intensidade ou a força de uma programação de mídia.
TRP ou TARP – Target Rating Point	O índice TRP tem o mesmo conceito do GRP, só que aplicado ao *target* do produto ou serviço, ou seja, a soma bruta da audiência de uma programação no público-alvo. Este é o índice efetivo, pois está atingindo o público-alvo desejado, enquanto o GRP atinge todas as pessoas que se utilizam dos veículos escolhidos para o Plano de Mídia.
Cobertura	É a região geográfica atingida pelo sinal das emissoras de rádio e televisão ou pela distribuição dos exemplares de jornais e revistas, bem como a localização dos materiais da mídia exterior.
Alcance (*Reach*)	Total de pessoas atingidas por uma dada programação, pelo menos uma vez.
Frequência (*Frequency*)	Número médio de vezes que o público-alvo é atingido com uma dada programação.
Continuidade	São os períodos escolhidos para a implementação de uma dada programação.

O Quadro 10.3 procura exemplificar o conceito de "soma bruta da audiência de uma programação". Um aspecto importante a ser levado em consideração em um planejamento de mídia é a região ou regiões onde será implementada a campanha. Em uma campanha nacional, por exemplo, o Plano de Mídia pode determinar níveis de alcance e frequência diferentes, priorizando com maior intensidade as áreas determinadas pelo planejamento de *marketing*.

Quadro 10.3 – Exemplo de cálculo do GRP			
Programas	Audiência – %	Nº de Comerciais	GRP
14 horas	10	3	30
16 horas	15	4	60
20 horas	40	2	80
31 horas	20	3	60
Total		12	230

Outro importante conceito é o de alcance. Para ilustrar, a Figura 10.1 procura representar este conceito. Por exemplo, imaginando-se que o objetivo seja atingir 75% do *target*, foi feita uma programação em rádio (RD) alcançando cerca de 20%, mais as inserções em revistas (RV) que elevaria esse número para 45% e completando com a televisão para chegar aos 75%. Esse acréscimo a cada novo meio incluído é conseguido pela adição de novas pessoas que só foram expostas às mensagens em uma das mídias programadas, uma vez que somente é considerado o primeiro contato com a mensagem. O raciocínio é o seguinte: somam-se as pessoas que só ouviram o comercial nas rádios, mais as que só leram o anúncio na revistas e mais as que só assistiram o comercial na televisão.

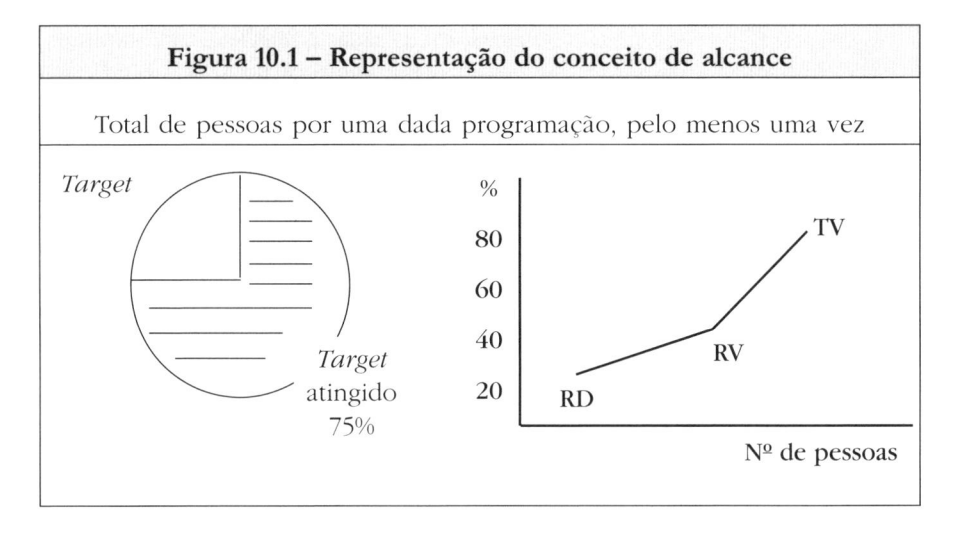

Figura 10.1 – Representação do conceito de alcance

Total de pessoas por uma dada programação, pelo menos uma vez

Target

Target atingido 75%

Completando os conceitos, na Figura 10.2, representando a frequência média, há duas ilustrações. A primeira está formada por três círculos que representam as pessoas que assistiram ao comercial na televisão em cada dia da semana. No exemplo, temos um comercial na segunda-feira, outro na terça e mais um na quarta-feira. A interseção do círculo da segunda com a terça-feira representa que aquelas pessoas assistiram ao comercial nos dois dias. Da mesma forma, a interseção dos outros círculos significa que as pessoas também assistiram ao comercial naquele dia e nos demais. No centro da figura, estão as pessoas que assistiram a todos os comerciais, na segunda, na terça e na quarta-feira. Imagine, agora, que esse processo se multiplique exponencialmente, considerando uma programação com grande número de comerciais nos mais diversos horários, falando apenas de televisão neste exemplo. Somente um *software* matemático de computador poderia calcular rapidamente o número médio de vezes que as pessoas de um determinado público-alvo seriam atingidas por uma programação de mídia.

A segunda ilustração é um histograma, gráfico que demonstra a distribuição de frequência de uma séria estatística. No eixo vertical está uma escala percentual que indica a proporção de pessoas do *target* que viram os comerciais. No eixo horizontal estão relacionados cinco comerciais de televisão, que representam uma determinada programação. A leitura se faz da seguinte maneira: cerca de 10% das pessoas assistiram apenas a um comercial, 20% viram o comercial duas vezes, 30% ficaram expostas três vezes, e assim por diante, até a última coluna que mostra que 15% do *target* assistiu a todos os cinco comerciais.

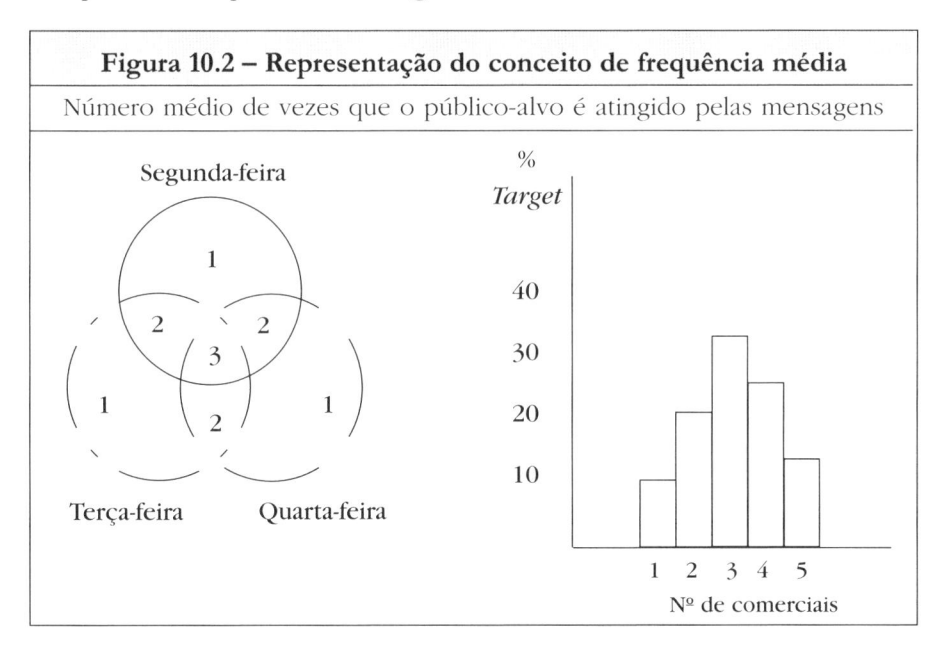

Figura 10.2 – Representação do conceito de frequência média

Número médio de vezes que o público-alvo é atingido pelas mensagens

Considerando-se a mesma verba, é preciso decidir o que seria mais conveniente para uma determinada campanha: maior alcance ou maior frequência, porque o dinheiro precisa ser alocado conforme essas prioridades. Na Figura 10.3 pode ser visualizada uma gangorra, na qual o alcance ocupa uma das extremidades e a frequência a outra, para representar que dada uma mesma verba, se a prioridade for para um dos lados, o outro desce, e vice-versa.

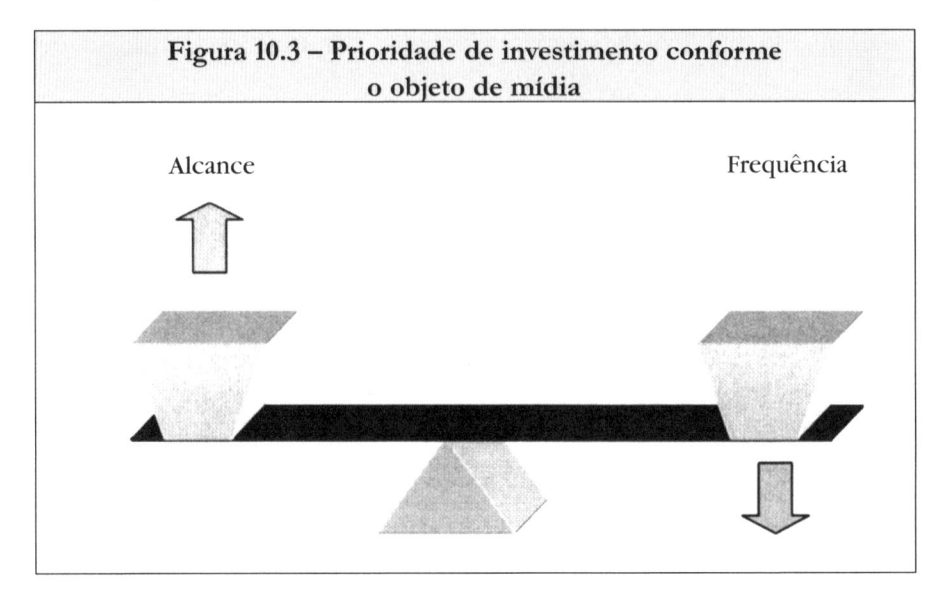

Figura 10.3 – Prioridade de investimento conforme o objeto de mídia

- *JUSTIFICATIVA*

O nome já diz. Levando em consideração as características de cada meio, a sua adequação à estratégia criativa e aos objetivos da campanha, justifica a escolha ou a eliminação de cada um. Por exemplo, suponha que a recomendação seja o emprego da televisão como mídia básica, complementada pela veiculação em revistas femininas. A justificativa poderia ser: a televisão é recomendável porque, pelo seu alto alcance nacional, permite melhor a demonstração de uso do produto e a repetição da marca, atendendo às necessidades da criação e ao objetivo de elevar o *share of mind*, enquanto as revistas permitirão que as informações mais específicas sobre o produto sejam melhor assimiladas pelo público-alvo.

• ESTRATÉGIA

No caso da Mídia, existem várias estratégias a serem adotadas conforme o caso; por isso, o Atendimento precisa informar aos seus colegas deste setor qual é a situação a ser enfrentada, preparando um *briefing* com todas as informações necessárias. No capítulo *A importância do briefing* esse assunto é comentado com maiores detalhes; mesmo assim, pode-se dizer que as estratégias a serem adotadas contemplam o "ataque", a "defesa" ou a "manutenção" de uma posição no mercado. Naturalmente, a primeira é mais agressiva e necessita de uma verba maior do que as demais, sendo geralmente utilizada quando se trata de lançamento de produto, conquista de nova região geográfica ou a realização de uma promoção. A estratégia de "defesa", como o nome sugere, é utilizada para se defender de um ataque da concorrência ou para enfrentar problemas de uma percepção equivocada da empresa, produto ou serviço, por parte do consumidor. A terceira possibilidade, a de "manutenção", é escolhida quando a marca já possui uma boa participação no mercado, suas vendas estão seguindo dentro das possibilidades de mercado ou o produto se encontra no estágio de "maturidade" dentro do conceito de ciclo de vida do produto.

Em cada uma das três estratégias básicas, pode-se adotar um enfoque de "concentração" ou "abrangente". Como pode ser visto no Quadro 10.4, a concentração se dará geograficamente ou selecionando o tipo de mídia e/ou por tempo. Na estratégia concentração seletiva por tipo, escolhem-se poucos meios, pequeno número de veículos e tipos de programa que melhor atinjam o público-alvo, como novelas ou telejornalismo, revistas para jovens, entre tantas possibilidades, por exemplo. Na seletiva por tempo, determina-se por quanto tempo será feita a campanha, bem como são selecionados poucos horários, o que facilita de conseguir melhor frequência de exposição das mensagens. As estratégias podem ser combinadas para atender aos objetivos de alcance e frequência estipulados no plano.

A opção abrangente é a mais rara de ocorrer, devido às limitações orçamentárias, mas seria aquela aplicada na grande maioria, se não em toda a região de vendas do cliente, utilizando uma significativa variedade de meios.

Pertence, também, à estratégia de Mídia a determinação do volume a ser investido nos períodos de lançamento e sustentação da campanha, assim como a sua distribuição pelas diversas regiões do país.

	Quadro 10.4 – Estratégias genéricas de mídia	
Concentração	Geográfica	Bairro, cidade, estado ou região
	Seletiva por tipo	Tipo de mídia, programa ou veículo
	Seletiva por tempo	Período de tempo ou horários determinados
Abrangente	Utiliza uma variedade de meios e horários na maioria ou em todas as áreas de vendas do anunciante	

- *TÁTICA*

Traduz a estratégia escolhida ao analisar e especificar a adequação dos veículos em função da melhor penetração no *target*, as vantagens do custo por mil pessoas atingidas (CPM), o índice de audiência e leitura, a superposição do público-alvo atingido, a periodicidade do veículo impresso, a sua distribuição geográfica, a adequação editorial, entre outras variáveis. Como no exemplo anterior, se a estratégia foi concentrar em televisão, a tática indicaria quais as emissoras escolhidas, os programas, os comerciais e anúncios a serem veiculados em cada período, quais as revistas, além de outras particularidades que permitam ao anunciante compreender como será aplicada a sua verba.

- *PROGRAMAÇÃO*

Consiste em distribuir a verba entre os veículos selecionados ao longo do tempo da campanha. Essa programação considera todos os comerciais e anúncios nos veículos selecionados, determinando o mês, dia e hora dos programas de televisão e rádio, o mês, a semana e a posição na revista, o dia da semana e a posição no jornal, a quinzena e os locais do *outdoor*, a semana e os cinemas escolhidos, a duração dos comerciais, o tamanho e as cores dos anúncios, tudo relacionado a cada custo de veiculação, índices de audiência e leitura, GRPs, descontos negociados e valor a ser pago aos veículos. Em uma comparação simplista, seria o pacote de Mídia que está sendo comprado, com todas as suas características.

Essa programação é aprovada pelo cliente, sendo a base para a emissão das autorizações de mídia que são enviadas pela agência a cada veículo selecionado, autorizando a inserção do comercial ou do anúncio, conforme o especificado. É conveniente que o departamento financeiro do cliente possua uma cópia, para provisionar o dinheiro nas datas de pagamento, junto com a cópia das autorizações.

Algumas considerações

Parece óbvio, mas é sempre bom lembrar que o público-alvo a ser trabalhado pela Mídia é exatamente o mesmo passado para a Criação. O produto ou serviço são desenvolvidos para atender às expectativas de um determinado público. Consequentemente, tanto a linguagem da criação quanto a seleção dos veículos para levar a mensagem do anunciante sempre serão destinadas ao mesmo público.

A sazonalidade de vendas é um dado muito útil para o planejamento de Mídia porque serve para orientar sobre qual o período mais adequado para veicular a campanha. Essa informação parte do cliente. Ele precisa dizer se pretende aproveitar o período favorável de vendas para atingir o máximo da sua capacidade de produção ou se prefere auxiliar o período mais fraco das vendas para que ela não caia tanto, diminuindo, assim, a diferença entre o pico máximo e mínimo das vendas. Esse fato é importante porque grandes variações na produção podem causar problemas de manutenção da mão de obra da indústria.

Nenhuma empresa vende igualmente em todos os seus territórios. Sempre há aqueles onde possui uma boa participação de mercado, outros onde está razoável e aqueles onde está vendendo muito abaixo do potencial do mercado. O *marketing* do cliente deverá traçar os seus planos para escolher as áreas prioritárias, que deverão receber um tratamento especial para melhorar ou proteger uma determinada posição. A aplicação da Mídia nas áreas adequadas ajudará na melhor administração da verba publicitária.

Dois institutos de pesquisa no Brasil – A. C. Nielsen e Ibope – costumam fazer o levantamento das atividades em Mídia de uma série de categoria de produtos, informando o que foi veiculado mês a mês, em que região foi feita a pesquisa e em que tipo de Mídia. Essas informações estimadas ao preço da tabelas dos veículos onde as campanhas foram veiculadas permitem calcular o *share of voice*, ou seja, a participação dos investimentos feitos pelas marcas que anunciaram em cada categoria de produtos pesquisada. A análise desses dados é importantíssima para saber qual a estratégia de Mídia que a concorrência vem utilizando e com que intensidade, medida em GRPs. Sabendo-se o que o competidor está fazendo, fica mais fácil traçar uma estratégia para contrabalançar a agressividade do oponente.

Existe certa relação, não matemática, entre *share of voice* e *share of market*. Os resultados de um investimento em Mídia dependem de vários fatores, mas pode-se afirmar que quanto maior for o *share of voice*, haverá maior probabilidade de que o *share of market* seja aumentado porque uma Mídia mais intensa fará com que maior número de pessoas sejam atingidas pela campanha durante um período mais longo e maior número de vezes, resultando em uma elevação do índice de recordação da marca (*recall*). Se a marca passa a ser mais conhecida e possui uma boa imagem, a tendência é que as pessoas intensifiquem as suas compras, provocando o aumento do *share of market*.

Os hábitos e a frequência de compra de produtos e serviços são conhecidos, fica mais fácil traçar as táticas de Mídia, programando os comerciais e anúncios em datas mais próximas do momento da compra ou do consumo. Dessa forma, as mensagens ainda estão na mente dos consumidores, ajudando na decisão de compra.

A continuidade de uma campanha pode ser linear ou por períodos. Este último é mais utilizado porque nenhum anunciante possui a verba que gostaria ou precisaria ter. Por maior que seja, sempre falta para se fazer alguma coisa, porque tudo é muito relativo. Um cliente que possua uma verba de 50 milhões anuais e outro com 50 mil, apenas dimensiona o tamanho da empresa ou a importância do produto no mercado. O primeiro certamente terá uma distribuição nacional e o segundo possivelmente atuará em uma pequena região, porém as dificuldades são, relativamente, as mesmas; muda apenas a sua dimensão. O Quadro 10.5 ilustra o conceito de continuidade. Os meses assinalados, de fevereiro a outubro, indicam que a programação de Mídia terá uma veiculação linear, ou seja, será contínua durante esses meses. Na opção "períodos", o quadro mostra uma programação no primeiro trimestre, voltando no período de agosto a novembro. O período pode variar em número de meses, de acordo com a necessidade de cada situação. O efeito de ondas, também conhecido como *wave-effect*, significa que a veiculação é feita em vários períodos curtos, um sim, outro não. Por isso a alusão ao efeito de ondas, isto é, uma onda de veiculação, depois para, volta outra onda, depois para, e assim por diante.

Cada um dos períodos de veiculação, independentemente da sua duração, é considerado um *flight* no linguajar dos profissionais de Mídia.

Quadro 10.5 – Exemplo do conceito de continuidade de campanha												
Opções	Jan.	Fev.	Mar.	Abr.	Mai.	Jun.	Jul.	Ago.	Set.	Out.	Nov.	Dez.
Linear												
Períodos												
Ondas												
Observação: as áreas escuras referem-se aos meses de veiculação.												

Como não poderia deixar de ser, os comerciais e os anúncios precisam ser enviados aos veículos de comunicação para a divulgação da mensagem do anunciante. Deve-se tomar cuidado para não remeter o material errado para os veículos e, para isso, é preciso especificar claramente o título da peça, sua duração ou tamanho (15", 30", 60", 1 página a 4 cores, 1/2 página horizontal, 60 cm/coluna etc.), o nome do veículo e o endereço completo. Já ocorreram vários casos onde o material de Porto Alegre foi parar no Recife e outras confusões do gênero.

PREVISÃO DE DESCONTOS

Apesar de não ser comum, é aconselhável que o Plano de Mídia contenha uma previsão dos descontos que poderão ser obtidos por meio da negociação com os veículos. Essas metas ajudam os negociadores a atingir um resultado que influirá na eficácia do plano, uma vez que os descontos concedidos poderão ser reaplicados para reforçar a campanha ou ficarão em uma reserva para eventual aproveitamento no futuro.

Avaliação

Como o Plano de Mídia é formatado com base nos objetivos, especificados quantitativamente nas metas, é sempre conveniente refazer os cálculos após o período de veiculação para saber se foram atingidos. Esse cuidado é importante porque os planos são formulados a partir das pesquisas existentes naquele momento. Quando é feita a sua implementação, pode ter ocorrido variação dos índices de audiência e leitura dos veículos programados, alterando os resultados previstos. Por isso, utilizando os dados atualizados de pesquisa, realizada no período de veiculação, pode-se ter certeza se os índices foram atingidos ou não. Essa avaliação é importante para que se possa julgar mais precisamente os resultados de uma campanha porque a responsabilidade não está somente na qualidade da criação, mas também se os investimentos em Mídia atingiram as metas estabelecidas.

Características dos meios

A comunicação se faz através dos sentidos das pessoas: visão, audição, tato, olfato e paladar. No caso dos meios de comunicação, o seu poder está ligado à percepção das pessoas através da visão, audição e olfato. Por isso, a televisão, o cinema e a internet possuem grande poder porque são percebidos pelas pessoas através da visão e da audição. O rádio e o *telemarketing*, que atuam somente por meio da audição, possuem menor potência de comunicação do que os demais, o que não significa que sejam inoperantes. Eles também podem ser eficazes. Segundo pesquisas realizadas, o ser humano tem mais dificuldade de gravar uma mensagem por meio da audição e mais facilidade por meio da visão. As revistas, jornais, *outdoor* e mala direta, que utilizam os recursos gráficos, têm um poder intermediário de comunicação, pois apelam somente para a visão.

Convém comentar sucintamente cada um dos meios de comunicação de massa:

• TELEVISÃO

Sua grande vantagem é a instantaneidade da mensagem e rapidez na veiculação dos comerciais, dependendo apenas da disponibilidade do horário pretendido. No mesmo segundo, milhares de pessoas estão assistindo ao seu comercial em todo o país ou em várias partes do mundo. Possui grande cobertura, cobrindo todo o território brasileiro, sendo considerada uma mídia nacional, apesar de permitir que sejam feitas programações locais ou regionais. A grande maioria dos domicílios brasileiros possui pelo menos um aparelho de televisão, o que facilita a penetração das mensagens nos lares. Devido às pesquisas de audiência, é possível selecionar os programas das emissoras conforme o perfil das audiências, ou seja, por sexo, idade, classe econômica etc.

É o meio mais eficiente para produtos de consumo final porque, além da grande cobertura do público-alvo, possibilita a demonstração e/ou ato de consumo, além de atrair a atenção do espectador devido aos recursos da música, beleza e dinâmica das cenas exibidas.

Apesar da ótima relação custo/benefício de uma campanha de televisão, existe a necessidade de um determinado volume de verba para se conseguir uma programação adequada. Além disso, a produção de um comercial utilizando a técnica cinematográfica e recursos cênicos pode exigir, também, maiores recursos financeiros. Por outro lado, como a qualidade de vídeo está cada vez melhor, torna possível a incursão de pequenos anunciantes no meio televisivo.

• CINEMA

O cinema se caracteriza por propiciar baixo alcance e cobertura geográfica, sendo, portanto, um meio de uso local. Em função dessa característica, uma programação precisa de longo tempo para atingir um nível significativo de alcance e programar uma grande quantidade de casas exibidoras para obter uma boa cobertura. Em compensação, pelo fato de o público estar em um auditório fechado, olhando para uma grande tela, cercado por um potente sistema de som e mais a sua pre-disposição de assistir a um filme, tudo isso conduz a uma alta concentração da audiência ao comercial que está sendo exibido.

As estatísticas têm revelado consistentemente que o público jovem frequenta mais o cinema do que as outras faixas etárias, o que torna o cinema um dos meios ideais para atingir a juventude.

O custo da veiculação é relativamente baixo se comparado com os outros meios de divulgação de massa, o que permite montar uma boa programação com um pequeno investimento. Uma possível desvantagem poderia ser o custo da produção do comercial e das cópias; no entanto, devido ao aperfeiçoamento do vídeo, é possível produzir bons comerciais, com qualidade e a custos menores do que uma produção cinematográfica, uma vez que muitas salas de cinema já possuem equipamento digital para a exibição dos comerciais.

Tenho observado que o varejo não costuma utilizar o cinema com a intensidade que poderia, deixando de aproveitar as vantagens desse meio, pelo fato de atingir com eficiência o público local, naturalmente se o produto ou serviço oferecido se destinar prioritariamente ao público jovem. Isto não significa que pessoas de mais idade não vão ao cinema, apenas que o seu número é proporcionalmente menor.

Legislação específica determina que o intervalo comercial seja de 3 minutos e que a sala esteja a meia-luz durante este período. Depois, as luzes são totalmente apagadas para o início do longa-metragem. A razão é permitir que as pessoas transitem pela sala, se assim o desejarem, sem ter a obrigação de assistir aos comerciais.

A programação costuma ser feita em cine-semanas, ou seja, o anunciante compra todos os intervalos durante uma semana para exibir o seu comercial. Assim, se um filme estiver programado para três exibições diárias, o comercial será exibido 21 vezes durante a semana. As semanas podem ser programadas de duas formas: a) exibindo o comercial simultaneamente em todos os cinemas selecionados; b) escolhendo o sistema de cine-rotativo, isto é, o comercial vai sendo transferido de um cinema para outro, dentro de uma sequência determinada. Por exemplo, na alternativa (a), seriam programados dez cinemas na primeira semana de abril e na alternativa (b) seriam programados dois cinemas a cada semana, iniciando na primeira semana de abril e terminando na primeira semana de maio, inclusive. É possível escolher as salas de cinema de uma programação junto às empresas que trabalham com a mídia em cinemas. Felizmente, o negócio é sério, o que faz com que os comerciais sejam exibidos conforme o solicitado, porque é difícil controlar a sua execução. Para isso, seria necessário um grupo de pessoas assistindo a todos os intervalos de todos os cinemas programados. Na prática, costuma-se fazer esta fiscalização por um sistema de amostragem, visitando aleatoriamente alguns intervalos em alguns dos cinemas selecionados.

• *RÁDIO*

Apesar de existirem redes de rádio com transmissão simultânea via satélite, elas ainda são pequenas, cobrindo um número relativamente pequeno de cidades, se comparado com a televisão. O rádio é considerado um meio de cobertura local e de baixo alcance, o que pressupõe a necessidade de serem feitas programações de maior duração para atingir um alcance expressivo. É um meio de grande penetração nos domicílios e nos veículos automotores, com índices acima dos 80%, ou seja, quase todo mundo tem um aparelho de rádio, seja em casa, no escritório, no carro ou no caminhão.

Devido à volatilidade da sua audiência – as pessoas costumam mudar de emissora assim que termina a sua música ou programa favorito –, é necessário programar um grande número de comerciais para conseguir pescar o seu público-alvo. De maneira geral, a programação pode ser feita de duas formas: a) sistema rotativo, no qual são programados 10 a 15 comerciais por dia, em quase todos os programas e horários da emissora; b) alguns programas são selecionados para receber uma programação. Na primeira alternativa, suponha que o primeiro comercial seja colocado às 7 horas, o segundo às 8 horas, e assim sucessivamente. No segundo dia, o primeiro comercial seria colocado às 7h15, o segundo às 8h15, e assim por diante. Na alternativa (b), o número de inserções cai bastante porque a mensagem estará somente nos programas selecionados; entretanto, o custo da inserção será maior do que no sistema rotativo.

O custo da produção é relativamente baixo e, muitas vezes, tem custo zero quando a emissora oferece a produção do *spot* em uma negociação com a agência ou com o cliente direto. A veiculação é relativamente barata, se comparada com os outros meios de divulgação, permitindo que pequenas empresas também possam se utilizar desse meio com mais facilidade.

Uma das vantagens do rádio é a rapidez de veiculação. Em questão de horas a mensagem do anunciante pode estar no ar. Nas principais cidades do país a audiência das emissoras é pesquisada por institutos como o Ibope e Marplan, entre outros menos conhecidos, o que permite selecionar o público por sexo, idade, classe econômica e outras variáveis que costumam ser apresentadas nessas pesquisas.

• **REVISTAS**

As revistas são consideradas de circulação nacional, permitindo uma ampla cobertura geográfica. Há que considerar que, por ser um meio impresso, precisa ser distribuído fisicamente em todo o território, o que demanda tempo e dinheiro. Por isso, ao se analisar a distribuição das revistas nacionais, uma vez que existem algumas que são locais ou regionais, como a *Veja São Paulo* e *Revista da Folha* que só circulam na Grande São Paulo, verifica-se que quase a metade da circulação fica no eixo Rio-São Paulo, e a outra parte é distribuída conforme o tamanho das cidades. Pode-se concluir, então, que um grande número de cidades brasileiras não recebe revistas, deixando um claro na cobertura de uma programação. Essas áreas precisam ser cobertas por outros meios locais ou pela televisão, conforme o caso. Existe a possibilidade de regionalização dos anúncios publicados, encartando a peça somente nos exemplares que serão destinados às regiões de interesse do anunciante. As edições regionais, acima mencionadas, obviamente propiciam a regionalização das mensagens. Algumas revistas possuem tiragens expressivas, como a *Veja*, que está entre as maiores do mundo, porém a maioria tem tiragens pequenas, o que influencia os resultados desejados de maior alcance.

As revistas brasileiras possuem ótima qualidade gráfica e excelente conteúdo editorial, já tendo recebido vários prêmios internacionais. É um meio que dá grande credibilidade à mensagem dos anunciantes pelo fato de ser um meio impresso. A nossa cultura de colocar no papel tudo o que é importante, como o contrato de compra de uma casa, a assinatura do cheque e de documentos, entre outros, faz com que o anúncio espelhe algum compromisso com o leitor sobre o que está dizendo.

Como existe grande variedade de títulos, praticamente para todos os setores de atividade e de interesse das pessoas, o profissional de

Mídia precisa estar muito bem informado para selecionar o veículo mais adequado para o seu cliente. Por outro lado, o profissional de Criação pode desenvolver um anúncio adequado às características editoriais da revista, o que aumenta a sua eficácia junto ao leitor que se identifica com aquele veículo. Naturalmente, isto resulta em aumento de custo de produção das diversas peças de uma campanha, mas pode valer o investimento.

Um dos entraves do meio é a necessidade de grandes prazos para a programação de revistas. Revistas semanais, por exemplo, costumam pedir autorização de inserção com 15 dias de antecedência e algumas mensais trabalham com uma antecedência de 45 dias para receber as autorizações.

As principais revistas, algo entre 150 e 200 títulos, costumam ser pesquisadas pelos institutos de pesquisa de Mídia, informando sobre o perfil do leitor segundo o sexo, idade, estado civil e outros detalhes. Esses dados são fundamentais para selecionar corretamente os veículos que melhor atingem o público-alvo do anunciante.

• *JORNAIS*

Os jornais são considerados como veículos de cobertura local, na cidade ou região onde estão sediados. Em Mídia não se considera os poucos exemplares que são enviados para Brasília e outras capitais, mas apenas a circulação maior do veículo.

Assim como a revista, confere grande credibilidade à mensagem do anunciante, principalmente por ser considerado pela população como um órgão de informação. Tem a vantagem de poder publicar os anúncios de um dia para outro e a um custo relativamente baixo, tanto de veiculação quanto de produção.

Alguns jornais brasileiros têm tiragem significativa em torno dos 500 a 700 mil exemplares diários, dependendo se dia útil ou domingo, mas ainda estão um pouco distantes de alguns periódicos japoneses, europeus e americanos que possuem tiragens acima de 1 a 2 milhões de exemplares diários. É uma questão de hábito de leitura e poder aquisitivo, uma vez que as pessoas precisam comprar o jornal.

A qualidade de impressão é muito boa, existindo um significativo número de jornais impressos em quatro cores, com boa definição de imagem. Da mesma forma, a qualidade editorial dos jornais brasileiros é excelente, tendo conquistado vários prêmios internacionais de reportagem, fotografia, jornalista e diagramação. Por serem pesquisados pelos institutos especializados, existem informações sobre o perfil do público leitor, facilitando o trabalho dos mídias na seleção do título mais adequado para atingir o público-alvo desejado.

• OUTDOOR

O *outdoor* é um meio de cobertura local e um termo usado para designar vários tipos de Mídia exterior. O mais importante deles, pela sua quantidade, é o painel de 32 folhas, agora com possibilidade de ser impresso em 16 folhas com as novas máquinas que existem. Essas folhas são coladas dentro de uma sequência para que o anúncio possa ser montado corretamente. Cada exibição dura duas semanas, cobrindo as quinzenas do mês, possui grande impacto visual devido às suas dimensões e alta frequência de exposição por ficarem expostos nas vias públicas 24 horas por dia.

Ao ser feita uma programação, é possível escolher os locais onde serão exibidos os anúncios, mas isto não significa que está sendo selecionado o público-alvo. Naturalmente, pela localização, pode-se ter uma ideia de que os painéis serão colocados em áreas de classe de maior ou menor poder aquisitivo, com maior trânsito de pedestres ou de veículos, mas nada além disso. A seleção mais precisa do público, como é feita em outros meios através de pesquisas de audiência e leitura, ainda não existe em bases regulares. Vez por outra é feita uma pesquisa, mas que se desatualiza com alguma velocidade.

Com relação ao custo de impressão e do de veiculação, muitas vezes chega a ser na proporção de 1 x 1, o que é bastante alto. No entanto, não é por isso que o meio deve ser evitado porque possui um inegável valor de comunicação.

Existem, também, os painéis que ficam à beira das estradas. Para a sua utilização faz-se um contrato com a empresa de painéis por um período determinado, geralmente por volta de um ano, mas o período pode variar conforme o interesse do anunciante. O custo envolve a construção da estrutura do painel, a sua pintura e manutenção. O *back--light* e *front-light* são grandes painéis montados sobre uma coluna de ferro e com uma altura superior a uma casa de dois andares. O primeiro possui luzes internas e o segundo é iluminado com luzes colocadas na parte frontal inferior ou superior do painel. A visibilidade é perfeita, tanto de dia quanto de noite.

Na Mídia exterior existem os painéis eletrônicos com movimento, exibindo comerciais de pequena duração nas grandes avenidas das cidades. Funcionam como uma grande televisão em via pública. Relógios, marcadores da qualidade do ar e de temperatura são outras alternativas de mídia exterior, sempre acompanhados de um painel para a exibição da mensagem em forma de cartaz. Carros de som, lixeiras, protetores de árvores e postes com indicação do nome das ruas são outras possibilidades de uso mais comum; entretanto, a criatividade pode ser exercida, como, por exemplo, decorar a parte frontal de bebedouros coletivos, usar triciclos e pequenos caminhões circulando pelas ruas com painéis acoplados na sua estrutura ou carroceria.

- ### MALA DIRETA

Como parte integrante do *marketing* direto, a mala direta enviada pelo correio é uma forma interativa de comunicação. Por meio de cupons, telefone ou *e-mail*, permite a resposta do público às suas mensagens. Sua grande vantagem é não ter limites para a criatividade, pois aceita, praticamente, qualquer ideia. Podem ser enviados folhetos com inúmeras páginas, brindes, amostras, questionários e o que mais for necessário para cativar o consumidor.

O seu uso requer uma listagem com nomes e endereços (*mailing list*) acompanhada por um banco de dados com as características do público desejado. Esse ponto é importante. Não adianta somente a lista de endereços: é preciso saber quem são as pessoas para que o direcionamento da mensagem possa ser adequado. Uma de suas características é a possibilidade de pré-selecionar o público, o que reduz o desperdício de contatar outras pessoas sem o perfil adequado, como acontece com a Mídia de massa.

A sua cobertura está limitada ao tamanho da lista, sendo, portanto, um meio para se fazer uma comunicação dirigida a segmentos específicos.

As listas podem ser compradas ou alugadas de firmas especializadas. De modo geral, as listas compradas não trazem dados complementares das pessoas, são apenas endereços, sem nenhuma qualificação. As alugadas geralmente provêm de assinaturas de revistas e jornais, associações e cartões de crédito. Estas costumam ser atualizadas com frequência e possuem dados que qualificam as pessoas que as compõem. Nestes casos, o anunciante imprime o material a ser enviado pelo correio (envelope, carta, folheto etc.) e entrega à empresa de listas para o manuseio, ou seja, colocar todo o material dentro do envelope, fechar, etiquetar e colocar no correio. Se houver brindes e amostras, o procedimento é o mesmo. O anunciante não tem acesso à lista e toma conhecimento dos endereços somente quando recebe a resposta das pessoas interessadas, mas pode fiscalizar o manuseio e a postagem se assim desejar.

• TELEMARKETING

Utiliza o telefone como meio de comunicação e também faz parte do *marketing* direto. Interativo, pode usar mensagens gravadas ou ao vivo. Ambas são válidas, dependendo do que se pretende fazer. Por exemplo, para o atendimento ao consumidor, é mais adequado o atendimento ao vivo, mas fora do horário comercial, pode ser usada uma gravação pedindo o telefone do solicitante e informando que ele será contatado no dia seguinte. Se for para saber o saldo bancário, é melhor que seja tudo gravado, uma vez que se trata de uma operação de rotina e com uma informação precisa a ser prestada. É mais rápido e seguro. Da mesma forma que a mala direta, utiliza uma lista de telefones acoplada a um banco de dados para selecionar o público desejado. Esta pré-seleção reduz o desperdício de verba porque só serão contatadas as pessoas que interessam.

• INTERNET

Vem se desenvolvendo com grande rapidez, tanto quantitativa quanto qualitativamente. É dependente do sistema de telefonia dos países, o que faz com que muitas áreas e grande número de pessoas ainda não tenham acesso à internet. Como requer equipamento de computação e conhecimento para ser operada, além do custo a ser pago ao provedor de acesso e às companhias telefônicas, fica restrita às empresas, universidades, governos e classes de maior poder aquisitivo, apesar da redução do custo dos computadores.

PERGUNTAS

1) Quais são os tópicos de um Plano de Mídia?
2) O que é GRP e TRP? Existe diferença entre eles?
3) Qual é o conceito de alcance e frequência?
4) Qual é a diferença entre estratégia, tática e programação de Mídia?
5) Qual é o conceito de *share of voice*?
6) Quais são as principais características da televisão e do cinema?

Capítulo 11

A Produção Gráfica e Eletrônica

Tão importante quanto a criação de uma peça publicitária, a sua produção deve ser feita com boa qualidade porque é preciso causar a melhor impressão ao consumidor. As pessoas gostam de coisas bonitas, bem-feitas e a comunicação tem de ser mais exigente do que nunca porque ninguém assiste à televisão ou lê uma revista com a intenção de assistir a um comercial ou ler um anúncio. Portanto, ele precisa chamar a atenção, ser bonito e envolvente, para que as pessoas se interessem pela mensagem.

Este capítulo traça algumas considerações sob o ponto de vista do Atendimento e do Cliente, sem nenhuma intenção de entrar na parte técnica que, por si só, seria objeto não de um, mas de vários livros.

Produtor

Costumo dizer que o produtor gráfico ou eletrônico é um sado-masoquista, pois escolheu uma profissão que está no fim da linha de um processo criativo. Apesar do período necessário a uma produção ter sido previsto pelo planejamento, nunca é lembrado quando se precisa de mais tempo para o desenvolvimento da criação ou aprovação da campanha. Resultado, quase sempre falta tempo para que ele possa executar o seu trabalho normalmente porque o material precisa estar pronto dentro do prazo estipulado. Não tem mais folga de tempo, mas a qualidade continua a ser indispensável e os custos são geralmente considerados elevados, sempre exigindo maiores negociações com os fornecedores.

ABRANGÊNCIA

Quando se fala em produção publicitária são abrangidas as seguintes áreas: produção de comerciais e documentários para televisão, cinema e uso empresarial, comerciais para rádio, fotografia, arte-final e a sua apresentação em CD-ROM, *Zip* ou disquete, impressão de todo tipo de material, elaboração de *moke-ups*, ilustração, brindes, balcões para degustação e qualquer outro tipo de material de apoio ou para ponto de venda.

IMPORTÂNCIA

Foi comentado que uma brilhante ideia pode ser prejudicada por uma produção de má qualidade e, até, uma ideia razoável pode ser melhorada por uma boa produção. No entanto, e isso não deve ser esquecido, uma ideia ruim não deve ser executada porque milagres não existem, sendo que a relação custo *versus* benefício deve servir de parâmetro para a determinação do investimento financeiro, devendo ser estipulado logo no início do processo criativo.

A produção é uma área de muitos detalhes onde a presença da técnica se faz necessária e que deve ser exercida pelos especialistas. Ao anunciante é aconselhável deixar a técnica e a arte com a agência e os produtores, cabendo-lhe avaliar se a mensagem foi interpretada e transmitida corretamente.

CRITÉRIOS DE AVALIAÇÃO

Quando se diz interpretar e transmitir corretamente a mensagem, significa analisar vários aspectos. Tanto o Cliente quanto o Atendimento podem começar avaliando se o nível de qualidade da peça publicitária está compatível com o investimento aplicado, se o produto está bem apresentado, com nitidez e com as cores corretas. O texto precisa ser bem legível porque pode ser colocado sobre um fundo muito bonito, mas que venha a prejudicar a leitura. Por exemplo, a sombra dos galhos de uma árvore sobre a terra pode ter um efeito visual muito interessante, mas quando o texto é aplicado sobre ele pode se tornar de difícil leitura devido aos claros e escuros da sombra projetada. É também importante avaliar se o resultado final da peça possui um ambiente agradável, melhor do que o *layout* ou pelo menos igual.

Costuma ocorrer que as pessoas começam a criticar o tom do azul ou do amarelo, se o logotipo ficou pequeno ou que a disposição do texto poderia ser outra. Lembre-se de que a peça já está pronta e se alguma coisa não estava agradando deveria ter sido mudado no *layout* ou no momento em que estava sendo feita a arte-final. Depois de pronta, fica mais complicado, perde-se tempo, apesar de ainda existir condições de ser alterada. Se existirem defeitos técnicos, serão de responsabilidade da agência e cabe a ela corrigi-los junto aos produtores.

No processo de avaliação não se deve esquecer qual a verba que foi alocada para o projeto, uma vez que essa limitação determina a escolha do material e o nível de acabamento. O tempo disponível para a produção também influencia a qualidade final, pois sempre é necessário um tempo para serem feitas as provas e os testes necessários para ajustar as máquinas e equipamentos, tendo em vista obter melhores resultados. O nível de sofisticação desejado é resultado dos três fatores anteriores – a verba, o tempo disponível e o grau de acabamento –, portanto, não será lógico pedir um determinado resultado se as premissas não o permitirem. Antes do trabalho ser realizado defina exatamente o que precisa e espera, uma vez que as restrições costumam ser numerosas, mas depois de terminado, as exigências na avaliação são altas, sendo comum esquecer as condições iniciais. Portanto, lembre-se de que as limitações operacionais poderão orientar qual o melhor caminho a ser seguido, sendo importante manter essa coerência para o bom relacionamento entre as partes e maior justiça nas avaliações.

Cinema

Uma vez aprovado o *story-board* do comercial pelo cliente, inicia-se o trabalho de produção mediante a cotação de preço junto a três casas produtoras, no mínimo. Normalmente são indicadas pelo pessoal da Criação e convidadas pelo departamento de RTVC. Uma vez aprovado um dos orçamentos, a produtora vencedora inicia o trabalho de pré-produção. O diretor do comercial elabora o *production story-board* e orienta a sua equipe para pesquisar locais, desenhar cenários, figurinos, fazer o teste dos atores, recrutar figurantes e tudo o mais que venha a ser necessário para realização do comercial. Essa primeira fase ocorre entre a Criação da agência e a produtora, fazendo-se quantas reuniões forem necessárias para que tudo esteja a contento. Na segunda fase entra o Atendimento para dar a sua contribuição ao analisar o material coletado e chegar a um comum acordo com a Criação e a produtora, resultado esse que afetará a qualidade final do projeto. O passo seguinte é marcar uma reunião de pré-produção com o cliente com a finalidade de obter a sua aprovação à proposta de trabalho.

Reunião de pré-produção

É na reunião de pré-produção com a presença do cliente que são discutidos todos os aspectos relativos à elaboração do comercial, inclusive aspectos legais. Toda e qualquer dúvida deverá ser esclarecida para que não haja surpresas quando o comercial estiver pronto. Costuma ser demorada, podendo tomar toda uma manhã ou o dia inteiro e na qual podem participar cerca de quinze pessoas. Há casos em que é necessário realizar uma segunda rodada para que tudo seja aprovado convenientemente. Os participantes costumam ser:
- *Do lado do cliente* – Dono/presidente da empresa, diretor de *marketing,* gerente de grupo e gerente de produtos ou marcas, gerente de propaganda ou de serviços de *marketing.*
- *Do lado da agência* – Diretor de criação, dupla de criação, produtor de RTVC, diretor de atendimento e o grupo de supervisores/contatos.
- *Do lado da produtora* – Diretor do filme, assistente de direção, representante comercial da produtora, produtor e cenógrafo. Dependendo do projeto, podem ainda participar o maestro, iluminador, fotógrafo, animador de efeitos visuais e outros especialistas, sempre que necessário.

TÓPICOS PARA DISCUSSÃO

Em se tratando de uma reunião de trabalho, são discutidos todos os aspectos operacionais de uma produção cinematográfica. Cabe ao diretor do filme conduzir a reunião e explicar o que será feito, comentando os seguintes itens:

1) *Story-board* – O diretor do comercial comenta cada cena, explicando o que pretende fazer. Pode propor algumas mudanças que, sob o seu ponto de vista, poderá melhorar a execução da ideia original.
2) *Texto* – Da mesma forma, todo o texto é revisado e são apresentadas eventuais modificações. Geralmente, essas modificações dizem respeito ao enquadramento da fala nos tempos certos das cenas ou para facilitar a interpretação por parte dos atores. Algumas falas, consideradas "duras", podem prejudicar a naturalidade de determinadas situações.
3) *Letreiros* – São muito importantes para reforçar a mensagem e a sua apresentação tem muito a ver com direção de arte. Apesar de ser um texto que aparece na tela, a tipologia escolhida e as possibilidades de animação podem valorizar o comercial ao se integrarem ao conjunto do projeto.
4) *Clima* – Refere-se à ambientação do comercial e ao ritmo da edição, como, por exemplo, passar a agitação de uma grande cidade ou a tranquilidade de um jardim.
5) *Cenografia* – Quando a história é filmada em estúdio, torna-se necessário idealizar e construir os cenários onde os personagens atuarão. Os desenhos são apresentados para uma avaliação final.
6) *Locação* – A locação ocorre quando a filmagem é realizada em ambientes reais, como a sala de jantar de uma mansão, uma praia ou uma pirâmide Maia. Nesses casos, a produtora apresenta uma série de fotos dos possíveis locais, geralmente em forma de *slides* para que possam ser projetados. É comum existirem várias alternativas para cada situação requerida pela história do comercial.
7) *Iluminação* – Detalhe muito importante em qualquer produção cinematográfica. O diretor de cinema explica o que pretende fazer para conseguir valorizar cada cena. Normalmente, não se entra em detalhes técnicos, apenas comentam-se os efeitos desejados.

8) *Casting* – Conhecido também como "elenco", trata-se da apresentação dos personagens e figurantes do filme. Costumam-se mostrar várias alternativas em forma de teste de vídeo; assim, para a escolha de um casal, por exemplo, são apresentadas cerca de seis opções de homens e outro tanto de mulheres para formar o casal da história. Quando se trata de utilizar personagens famosos, como artistas e esportistas, a própria ideia do comercial costuma ser baseada nessas pessoas, uma vez que precisa existir certa coerência entre a ideia do produto, personagem e sua maneira de ser.
9) *Figurinos* – Devido ao fator moda e atualidade, é muito importante a escolha das roupas a serem utilizadas na filmagem. A história pode acontecer no momento atual, em uma situação histórica da época das bandeiras ou em uma região rural, por exemplo. A perfeita adequação do guarda-roupa gera credibilidade e melhor aceitação por parte do público.
10) *Penteados* – Da mesma forma que os figurinos, os penteados dos atores e figurantes merecem a devida atenção e ajudam a compor os personagens da história.
11) *Maquiagem* – É uma arte admirável que permite envelhecer e rejuvenescer as pessoas, criar monstros, esconder imperfeições, valorizar os traços de expressão e alguns outros milagres. Sem dúvida, deve estar muito em consonância com o figurino e o penteado de cada componente do filme.
12) *Áudio* – Retire o som de qualquer comercial e veja o que acontece: ele perde completamente a graça. Este item é de fundamental importância na composição do comercial, mas, muitas vezes, não recebe a atenção devida. Não é qualquer acompanhamento musical que pode ser utilizado nem qualquer efeito sonoro. Isto é trabalho de alta especialidade que deve ser entregue a maestros, técnicos e músicos capacitados. Costuma ser chamado de trilha musical que é formada pela música, pelos efeitos sonoros (barulho de chuva, freada de um carro, batida de sino etc.) e pela locução. Esta, por sua vez, pode ser a fala dos atores na qual se pode perceber o sincronismo labial ou pode ser a voz de um locutor ou locutora interpretando o texto, também identificado como "voz em *off*" porque é aplicado sobre as cenas onde não existem atores ou apenas acontece durante o desenrolar da ação, sem diálogos.

13) *Equipamentos* – Os equipamentos a serem utilizados durante as filmagens também são comentados nessa reunião. Pode ser necessário o uso de helicóptero ou de equipamento para filmagem submarina, aluguel de geradores, *spots* de luz e determinados tipos de câmeras. Naturalmente, isso é muito técnico e não será discutida a sua pertinência, mas é importante para todos ficarem sabendo dos recursos que serão utilizados.

14) *Animação e efeitos especiais* – Com as maravilhas da tecnologia digital se pode fazer homens voarem, aves nadarem, pessoas atravessarem paredes, aviões se transformarem em barcos e o que mais a imaginação alcançar. Este assunto é discutido em detalhes para que todos compreendam bem o que se pretende fazer. É uma tarefa difícil porque, muitas vezes, ainda não foi tentada e é preciso fazer um esforço de imaginação para visualizar o efeito esperado. Quando já foi utilizado em algum filme de longa-metragem fica bem mais fácil porque é só apresentar a cena onde ocorre o efeito e dizer: vamos fazer algo semelhante.

15) *Aspectos legais* – Nunca é demais revisar os termos dos contratos com os atores e a produtora, uma vez que os direitos autorais e os direitos conexos para uso da voz e imagem são por tempo determinado e por regiões. Assim, um comercial pode ser exibido somente no Brasil ou poderá ser utilizado em toda a América do Sul, por um período de 6 meses ou de um ano, por exemplo. Os contratos com os atores poderão ser somente para uso em televisão e cinema, mas podem incluir também sessões fotográficas para uso em anúncios na imprensa ou em material de ponto de venda. Enfim, existe uma série de detalhes que precisam estar aprovados antes do início de qualquer produção, caso contrário podem surgir problemas legais mais à frente.

16) *Cronograma* – Nunca se deve encerrar uma reunião sem haver um acordo sobre o cronograma de produção. Tanto o cliente necessita do comercial para ser veiculado a partir de determinada data quanto a produtora precisa do tempo necessário para realizar a sua produção. O entendimento entre as partes neste particular é também um ponto-chave da reunião.

Durante a reunião, cada um dos tópicos relacionados, e que estão reunidos no Quadro 11.1, precisa ser aprovado pelo cliente. O profissional do Departamento de Produção da agência fará um relatório com todas as modificações e decisões tomadas durante a reunião, distribuindo cópia desse documento para as pessoas envolvidas no projeto. Esse relatório passa a ser um contrato informal entre as partes, servindo de referência para aclarar dúvidas que possam surgir durante o processo de produção.

Quadro 11.1 – Relação de itens discutidos em uma reunião de pré--produção de um comercial para televisão e cinema	
1. *Story-board*	9. Figurinos (guarda-roupa)
2. Texto	10. Penteados
3. Letreiros	11. Maquiagem
4. Clima	12. Áudio
5. Cenografia	13. Equipamentos
6. Locação	14. Animação e efeitos especiais
7. Iluminação	15. Aspectos legais
8. *Casting* (elenco)	16. Cronograma

PRECAUÇÕES E COMENTÁRIOS

A produção de comerciais para a televisão e cinema é bastante complexa dada a difícil tarefa de tirar uma ideia do papel, transformando-a em algo com ação, dinamismo, cor, luz e emoção. Por isso, convém prestar atenção em alguns tópicos que fazem parte do dia a dia do executivo de Atendimento.

Quando não há tempo suficiente para discutir a natureza e os detalhes da produção, provavelmente ocorrerão enganos e erros de julgamento; por isso, mais vale analisar todos os aspectos antes de autorizar o trabalho do que olhar superficialmente e perder tempo, depois, para solucionar os problemas.

Não se deve modificar o conceito original do comercial. Se uma ideia é ruim ou já está comprometida, não pode ser salva colocando mais dinheiro em cima do projeto. Não adianta modificar o conceito original porque a ideia em si pode não ser condizente com a mensagem a ser transmitida. O melhor jeito é abandoná-la e partir para um novo caminho.

É importante que haja a compreensão total do que o *story-board* quer transmitir. Filmar duas ou três vezes um comercial não é prerrogativa de criatividade; ao contrário, pode demonstrar ausência de compreensão da sua natureza e uma linha a ser seguida. Essa postura não exclui a possibilidade de que sejam filmadas cenas alternativas ou abordagens diferentes para a mesma, produzindo um material mais rico que facilitará o trabalho posterior de edição.

É justificável investir em testes no caso de tomadas mais difíceis ou quando se pretende usar alguns efeitos especiais. Esse procedimento economiza tempo e dinheiro uma vez que um teste sempre é mais barato do que a filmagem propriamente dita, além de economizar tempo e conseguir maior grau de precisão.

A seleção do elenco precisa ser equilibrada com bom senso, buscando um meio-termo entre as necessidades criativas e os parâmetros econômicos. Artistas famosos cobram um cachê mais caro. Muitas vezes a ideia pode funcionar muito bem com um ator pouco conhecido, porém com capacidade de desempenhar bem o papel que lhe for atribuído. Em qualquer das hipóteses, negocie todas as partes do contrato de uma só vez, especificando se o ator participará somente do comercial para televisão e cinema ou se precisará posar para anúncios em jornais, revistas, *outdoor*, bem como para material de ponto de venda. Se o contrato firmado for somente para televisão e cinema, pode acontecer que, mais tarde, surja a necessidade de produzir uma peça gráfica.

O ator é convidado novamente para fazer o trabalho por uma questão lógica de dar continuidade à campanha daquela empresa, produto ou serviço. Como nem todos agem dentro da ética, pode acontecer que ele venha a pedir qualquer valor, uma vez que as alternativas de novas peças sem a sua figura são praticamente inexistentes. Ele terá todo o poder de negociação e o resultado sairá mais caro para o anunciante. Para aumentar o poder de negociação, tenha sempre à mão uma opção de artista ou de outra personalidade para assumir aquele papel na história. Isto melhora a posição do contratante para negociar.

É preciso, também, informar se a campanha será de propaganda ou de promoção porque muitas pessoas não gostam de trabalhar para campanhas promocionais por acharem que pode desgastar a sua imagem profissional.

Quanto ao guarda-roupa, existem duas possibilidades quando os figurinos representam a moda atual. Uma é adquirir ou alugar as roupas necessárias e a outra é deixar os atores usarem as próprias roupas, quando for possível. Muitos preferem essa segunda alternativa por se sentirem mais confortáveis e naturais na sua forma de expressão.

É conveniente analisar qual é a melhor alternativa entre filmar em locação ou em estúdio, não somente em função do preços, mas, principalmente, quanto ao resultado visual que se pretende conseguir.

Alguns produtos, principalmente os líquidos, sofrem alteração na cor devido ao tipo de iluminação utilizado. Nesses casos, um profissional da área química deve acompanhar as filmagens com os equipamentos e ingredientes necessários para alterar a cor do produto e compensar os efeitos de luz, fazendo com que o produto apresente a sua cor correta ao ser filmado. Tive uma experiência com a filmagem de xampus. No momento de filmar o *pack-shot*, a cor azul do produto ficava azul-claro. O químico da empresa teve, então, de comparecer ao local para adicionar alguns ingredientes que tornaram a cor mais escura do que o normal, porém ficava na tonalidade correta sob os efeitos da iluminação. O importante é apresentar o produto com a sua cor natural, pois é assim que será reconhecido no ponto de venda pelo consumidor.

A música pode ser gravada antes ou depois da filmagem. Há comerciais nos quais a ideia está baseada na música. Consequentemente, é fundamental que a imagem a acompanhe a cada fração de segundo. Em outros, ao contrário, o maestro adapta a música ao ritmo da edição do comercial e a cada cena. Em ambos os casos, o diretor do filme saberá qual a melhor alternativa a ser adotada.

É aconselhável ouvir referências musicais na reunião de pré-produção para ter uma ideia de como deverá ficar no final. Em alguns casos, é feito um rascunho musical da música, também chamado de "monstrinho". Cor e música são aspectos que devem ser vistos e ouvidos, pois é muito difícil que todos imaginem a mesma coisa.

O trabalho de edição é chave na produção do comercial. A sequência das cenas e o ritmo podem fazer toda a diferença entre um grande resultado e um medíocre; por isso, deve-se ter um ponto de vista claro de como será feita a montagem do comercial.

Fotografia

Apesar de não ter as complicações de uma filmagem, a produção fotográfica também merece o seu cuidado, sendo aconselhável fazer uma reunião de pré-produção para discutir todos os detalhes e determinar qual a expectativa de resultado. A escolha dos modelos, do cenário, da ambientação, bem como o tipo de direção da foto, precisam ser discutidos entre a agência e o fotógrafo. Em alguns casos, o cliente também participa.

Produção gráfica

Existem vários fatores que influenciam o nível de qualidade da produção gráfica. Um deles é ter tempo suficiente. Tudo o que é feito às pressas corre maior risco de erro e não permite que sejam feitas as provas tipográficas, necessárias para orientar o ajuste das máquinas para obter um trabalho perfeito. Não procure economizar deixando de tirar as provas do material. É uma etapa de alta importância para quem pretende obter o melhor.

O tipo de papel escolhido pode afetar o resultado da impressão, uma vez que existem tonalidades de branco, papéis com fibras e gramatura diferentes, que influenciam a qualidade gráfica.

O fotolito, se bem que existem tipos de impressão digital que não o utilizam, continua a ser um material importante no processo de reprodução e, como em tudo na vida, existem diferentes padrões. Portanto, deve-se procurar uma boa gráfica que possua o nível de qualidade pretendido.

O orçamento é consequência da qualidade desejada. Aplicação de verniz, plastificação, facas especiais, montagens manuais e outras exigências vão afetar o custo final da peça. Atenção deve ser dada para a tiragem. Ocorre uma significativa redução do custo unitário à medida que as tiragens aumentam. Por exemplo, ao se dobrar a tiragem de mil folhetos para 2 mil, o custo não vai dobrar, mas terá um aumento proporcionalmente bem menor no custo total. Vale a pena fazer as contas. Por um pouco mais é possível dobrar ou triplicar o número de exemplares, desde que sejam necessários, obviamente.

Pode-se, portanto, dizer que os custos são influenciados pelo nível de qualidade exigido, pela complexidade da peça, pela possibilidade de aproveitamento de cromos, artes e parte de fotolitos utilizados em outros trabalhos, bem como o prazo estipulado. Casos de urgência costumam pagar uma taxa de urgência, que varia de caso a caso. Uma forma de reduzir custos é negociar pacotes de impressão de várias peças na mesma gráfica. O volume de negócios sempre afeta os orçamentos.

A correta orientação sobre o que se pretende de cada peça publicitária afetará o resultado em termos de qualidade, prazo de execução e custo. Por isso, é fundamental o perfeito entendimento entre o anunciante e a agência. São, também, necessários o acompanhamento e a supervisão técnica da agência durante a produção para orientar a gráfica sobre o resultado pretendido.

PRODUÇÃO DE SOM

Na parte de som estão incluídas a criação e edição da trilha sonora para um comercial de televisão ou cinema. É um trabalho delicado, de muita sensibilidade, porque precisa criar a linguagem adequada a cada comercial que expresse perfeitamente a ideia criativa.

Existem basicamente dois tipos de comerciais de rádio: o *spot* e o *jingle*. O *spot* é o comercial gravado apenas com locução, podendo contar com as vozes de mais de um locutor. Em alguns casos, pode-se adicionar uma música branca (música já existente e não conhecida, utilizada apenas para preencher os espaços vazios da peça publicitária), geralmente existente nos arquivos das produtoras, com a finalidade de compor o conjunto e valorizar a locução, mas sem destaque. O *jingle* é o comercial gravado com uma música especial, composta exclusivamente para aquela finalidade. Pode ser com música especial mais locução, pode ser cantado ou ter outras combinações, porém a diferença básica do *spot* é possuir uma música-tema.

No caso de televisão e cinema, convém mencionar que, erroneamente, muitas pessoas chamam a trilha sonora do comercial de *jingle*. São duas coisas diferentes. É comum muitas músicas criadas para a televisão/cinema ou até mesmo a própria trilha sonora serem utilizadas no rádio como se fosse um *jingle*. Isto acontece basicamente por duas razões: a primeira é para manter a unidade da campanha, tanto na televisão/cinema quanto no rádio, e a outra, é por motivo de custo. Não precisa pagar a criação do *jingle*, utilizando a trilha para essa finalidade; porém, é preciso tomar cuidado, uma vez que não existe a imagem para dar sentido ao texto ou à situação existente. Em muitos casos, torna-se necessária a adaptação da trilha de televisão/cinema para o rádio.

PERGUNTAS

1) O que significa a expressão *moke-up*?
2) Como o Atendimento ou o Cliente deve avaliar uma peça publicitária?
3) Qual é a importância da reunião de pré-produção para um comercial de TV?
4) Qual é a melhor alternativa: filmar em locação ou em estúdio? Por quê?
5) Seria aconselhável reduzir o custo da produção gráfica eliminando as provas do material a ser impresso? Por quê?
6) Qual é a diferença entre *jingle* e *spot* de rádio?

Capítulo 12

AVALIAÇÃO DA COMUNICAÇÃO

Sem dúvida, a pesquisa de mercado é um instrumento importantíssimo para a área de comunicação, assim como para a de *marketing* e muitas outras. No entanto, tem sido muito difícil introduzir a cultura nas empresas de que pesquisa não é um trabalho de profilaxia, mas sim de prevenção.

Ainda hoje uma boa parte das pesquisas *ad hoc* realizadas junto ao mercado são para detectar as causas de problemas que poderiam estar influenciando a queda nas vendas e qual a repercussão sobre a imagem da empresa quando a imprensa aponta problemas na sua conduta ou na qualidade dos seus produtos, só para exemplificar. Não que seja condenável este tipo de pesquisa, ele também pode e deve ser utilizado, mas não é suficiente. O ideal é que haja a adoção de um conjunto de pesquisas que tenha como objetivo levantar dados sistematicamente junto ao mercado para municiar o banco de dados da empresa, permitindo a sua análise, interpretação e geração de relatórios que sirvam de base para a tomada de decisões gerenciais.

Dentro desse conceito, seria recomendável que a agência de comunicação tivesse um departamento de pesquisas de mercado. Caso financeiramente esse ideal não seja possível, que seja contratada uma pessoa especializada e, se ainda essa função não for compatível com os recursos da agência, a alternativa seria fazer um acordo de parceria com algum instituto de pesquisa. Dessa forma, estaria sendo evitado o custo fixo, mas continuaria dispondo do auxílio especializado.

Recordo-me de uma palestra que ouvi do conhecido e respeitado publicitário Mauro Salles, por volta da virada do século XX. Ele dizia que a sua agência conhecia muito bem o consumidor porque somente naquele ano, considerando os dias úteis de trabalho, tinha sido realizada mais de uma pesquisa por dia. Ora, tirando, sábados, domingos e feriados, em números redondos, isto significa cerca de 270 dias úteis por ano. Admitindo-se que um trabalho de pesquisa pode durar, em média, cerca de 2 a 4 meses, imagine a quantidade de pesquisas que foi realizada somente naquele ano. E a sua agência estava entre as maiores e mais conceituadas que atuavam no país, tanto assim que foi comprada algum tempo depois pela Publicis, francesa, pertencente a um grupo de comunicação multinacional.

Medir resultados, investigar comportamentos, avaliar abordagens publicitárias, detectar as expectativas dos consumidores, para só citar algumas informações importantes, são lenha de boa cepa para alimentar a fornalha do *marketing* e da comunicação.

Um tipo de pesquisa muito utilizada em comunicação é conhecido como "pesquisa exploratória". Segundo F. Mattar[1], esse tipo de pesquisa permite obter maior conhecimento sobre o tema de pesquisa em perspectiva, verificando hipóteses explicativas de fatos e auxiliando na determinação de variáveis relevantes, a serem verificadas em futuras pesquisas causais. São, portanto, "apropriadas para os primeiros estágios da investigação quando a familiaridade, o conhecimento e a compreensão do fenômeno por parte do pesquisado são, geralmente, poucos ou inexistentes".

Ela pode ser usada para a classificação de conceitos, ajudando na tarefa de posicionamento da marca junto ao mercado ou na avaliação de temas de campanha para saber como o público-alvo está percebendo a mensagem. Comerciais para televisão e cinema, bem como anúncios para revistas e jornais, costumam ser pré-testados antes de serem produzidos, também com o objetivo de saber como são percebidos pelo consumidor. São informações valiosas que servem para orientar a criação das peças dentro da abordagem que melhor se identifica com o público.

Gostaria de mencionar um caso que tive a sorte de participar quando do lançamento da margarina Becel. Já faz tempo, mas o fato ainda é válido nos dias de hoje porque demonstra a importância da pesquisa de mercado. Tinha sido criado um comercial de 30 segundos para televisão seguindo o roteiro exibido no Quadro 12.1. O texto não é exatamente o que foi para o ar, uma vez que está sendo reproduzido de memória, mas dá bem a ideia da mensagem. O ponto a ser desta-

---

1 MATTAR, F. *Pesquisa de marketing*. 2ª ed. São Paulo: Atlas, 2000. p. 18.

cado refere-se à cena final onde a esposa passa a margarina no pão e oferece para o marido. Este pega a fatia e dá uma mordida com ar de satisfação. *Freeze* na cena, entram logotipo e *slogan*.

Quadro 12.1 – Roteiro do comercial da margarina Becel – 30"	
Vídeo	**Áudio**
1. *Close* no rosto da mulher. *Zoom out* lento. Música em BG.	1. Mulher: O seu marido fuma,
2. *Zoom out* continua lentamente sobre o rosto da mulher.	2. Mulher: leva uma vida agitada,
3. *Zoom out* continua mostrando parte do corpo.	3. Mulher: está sempre correndo, não é mesmo...
4. *Zoom out* para. A mulher está sentada à mesa do café da manhã. *Close* no pote de margarina.	4. Mulher: ...não tem tempo para comer.
5. Mão abre a tampa e retira a margarina com uma pequena faca.	5. Mulher: Cuide do coração do seu marido.
6. Câmera abre e mostra a mulher passando a margarina no pão. Ao lado está sentado o marido.	6. Mulher: Becel é feita com óleos poli-insaturados...
7. Mulher sorridente entrega o pão com margarina ao marido. Este dá uma mordida demonstrando satisfação.	7. Mulher: que ajudam a controlar e reduzir o colesterol
8. *Freeze*. Entra *pack-shot* e *slogan*.	8. *Loc. Off.*: Becel. Cuide do coração do seu marido.

O comercial foi testado em *videotape*, recebendo total aprovação das donas de casa, público-alvo do produto, exceto na cena final. Ficaram indignadas pelo fato de a mulher ser tão preocupada com a saúde do marido e muito carinhosa a ponto de passar a margarina no pão dele, porém não tinha recebido nenhum agradecimento ou demonstração de afeto. Naturalmente, na produção do comercial, essa cena foi ajustada para que o marido manifestasse o seu reconhecimento dando um beijinho gostoso na bochecha da mulher. Submetido a um pós-teste, os resultados foram ainda melhores do que no anterior, justamente por causa das pequenas alterações feitas na cena final. A influência do comercial no lançamento do produto foi excelente, a marca alcançou rapidamente uma significativa participação de mercado, considerando a novidade de conter gorduras poli-insaturadas que são propícias ao controle do colesterol e justificam o seu preço mais elevado. Os resultados foram tão bons que um executivo internacional da Unilever levou a ideia para ser utilizada em vários países da Europa. Agora, imagine se o pré-teste não tivesse sido feito. Certamente a marca teria tido sérios problemas com as consumidoras.

Avaliação de campanhas

O modo mais usual de se avaliar campanhas e peças publicitárias é obter as opiniões dos profissionais envolvidos no projeto, tais como o gerente de produto, o diretor de *marketing*, atendimento, pesquisa, criadores, mídia e até mesmo o presidente.

Para esse grupo, avaliar um *layout* ou um *story-board* é muito difícil. Toda ideia tem o lado subjetivo e a sua interpretação varia de pessoa para pessoa. Por isso é que ocorrem muitas discussões entre o Atendimento e a Criação ou entre o Cliente e a Agência. É preciso um esforço muito grande de ambas as partes para se livrar das opiniões e gostos pessoais, a fim de proceder a uma avaliação mais impessoal e mais objetiva.

A base para a avaliação está no *briefing* porque qualquer campanha tem de responder ao que foi solicitado e ser adequada às informações transmitidas. Esta é a parte mais fácil por ser objetiva, ou seja, as características do produto, seus benefícios, uso da marca etc. precisam estar explicitadas de uma forma clara e corretamente. Por exemplo, se o problema apontado no *briefing* for o baixo índice de recordação da marca, o objetivo seria torná-la mais presente na mente dos consumidores. Nesse caso, a marca deveria estar destacada nas peças impressas e repetida várias vezes nos comerciais. Se o pedido é criar uma campanha promocional, a oferta deverá estar destacada, sendo o foco da atenção, e ser informada claramente.

O problema costuma surgir na avaliação da ideia, como dito acima. Para auxiliar nessa tarefa, pode ser usada uma lista de pontos importantes a serem analisados (Quadro 12.2) e que será comentada a seguir.

- **IDEIA DIFERENTE**

    Quando se está em um negócio, um bom profissional está a par do que a concorrência vem fazendo e o que está acontecendo no mercado, de um modo geral. Esse conhecimento serve de base para avaliar se a ideia apresentada é uma coisa comum, já vista, ou se é algo diferente.

- **O PRODUTO É O FOCO PRINCIPAL**

    Toda ideia precisa destacar o produto. Isto não significa que um anúncio deva ter uma foto que domine o *layout*. Muitas vezes ele nem aparece, mas as pessoas sabem do que se trata. Quero dizer que muitas ideias parecem ser geniais, mas não conduzem ao entendimento dos benefícios oferecidos pelo produto.

- **COMPREENSÃO DA MENSAGEM**

    A leitura do título, do texto e da imagem utilizada deve conduzir a uma fácil compreensão da mensagem. Se for um comercial de rádio ou televisão, a mesma coisa; a história contada deve conduzir facilmente à compreensão da mensagem.

- **IMPACTO**

    Impacto significa a capacidade da peça publicitária em despertar o leitor, o ouvinte ou o teleassistente para prestar atenção na mensagem. É algo no texto, na imagem ou no som que provoca aquela parada rápida para ver o anúncio quando se está folheando uma revista ou um jornal e a prestar atenção no comercial de rádio ou de televisão.

- **SIMPLICIDADE**

    A simplicidade não é ter poucos elementos na composição de uma peça impressa ou eletrônica. Ela reside em ir direto ao ponto, sem rodeios, porque as pessoas não gostam de fazer esforço para apreciar um anúncio ou comercial.

- **IDEIA CENTRAL FORTE**

Pode-se dizer que todo tema precisa ter uma ideia central forte, uma vez que é a partir desse ponto que toda a campanha será desenvolvida. Lembro-me de um comercial para televisão da Honda no qual um rapaz, ao lado do motorista, colocava a cabeça para fora do carro que trafegava em uma estrada e sentia o prazer do contato com a natureza e do vento. A motocicleta não aparecia na tela, mas apenas a assinatura da marca no final era suficiente para que todos identificassem corretamente a mensagem: a sensação de liberdade e do contato gostoso com a natureza.

- **CREDIBILIDADE**

De nada adianta tudo o que foi escrito se a mensagem não passar credibilidade ou despertar alguma dúvida. Sabem aquelas letrinhas miúdas que aparecem em muitos anúncios, colocadas à margem esquerda, no sentido vertical, para que ninguém leia? Pois é, as pessoas desconfiam de que algo está sendo escondido e não vão ler mesmo o que está escrito, mas também não vão atender ao apelo do anunciante. Algumas vezes trata-se de alguma obrigação legal, tal como "oferta limitada a 10 unidades do estoque" ou coisa do gênero, mas a impressão que fica não é das melhores. Em propaganda existe uma norma muito séria: diga sempre a verdade e não tente esconder nada.

A outra forma de avaliação é utilizar os recursos da pesquisa de mercado junto ao público-alvo. De um modo simplificado, existem dois grandes grupos de pesquisas: as qualitativas e as quantitativas.

Quadro 12.2 – *Check-list* para avaliação de peças publicitárias
• Ideia diferente
• O produto é o foco principal
• Compreensão da mensagem
• Impacto
• Credibilidade
• Simplicidade
• Ideia central forte

As qualitativas costumam ser exploratórias, com o objetivo de fornecer maiores conhecimentos sobre o assunto pesquisado, sendo adequadas para o primeiro contato com a área de investigação. Geram "conhecimento e a compreensão do fenômeno por parte do pesquisador", segundo Mattar[2]. Pelas suas características, os resultados devem ser apenas interpretados, sem a possibilidade de extrapolação para determinar as condições observadas junto ao mercado. O seu uso é muito frequente na área da comunicação para avaliar a percepção do consumidor sobre conceitos de produtos, embalagens, temas de campanha, comerciais e anúncios. As informações conseguidas dessa forma são muito úteis para orientar os trabalhos da Criação e as estratégias de comunicação a serem adotadas.

As quantitativas, como o nome sugere, destinam-se a quantificar a investigação e, para isso, são adotados métodos estatísticos para calcular o tamanho da amostra de pessoas a serem entrevistadas, a margem de erro, o intervalo de confiança da pesquisa, bem como o procedimento de coleta das informações pelos entrevistadores. Os resultados quantificados podem, então, ser projetados sobre o mercado para dimensionar as oportunidades e os problemas investigados. É comum utilizar essa metodologia para confirmar ou validar as informações apuradas nas pesquisas qualitativas.

ATITUDE PARA A CRIAÇÃO INOVADORA

Atendi a um cliente multinacional que, ao passar o *briefing* para a agência, sempre pedia que viesse uma campanha inovadora e séria candidata a prêmios publicitários. Já conhecendo o perfil da empresa, bastante conservador, eram apresentadas costumeiramente três linhas de campanha: uma inovadora e arrojada, outra meio-termo e uma terceira bem-comportada, como se diz, com os pés dentro dos sapatos. Invariavelmente a última alternativa era a aprovada. A razão era muito simples: os gerentes tinham medo de se arriscar a um fracasso e perder o cargo.

Para se ter campanhas criativas é preciso, primeiro, assumir uma atitude de "realmente querer ser inovador", sem medo de errar. O segundo

---

[2] Op. cit.

ponto é eliminar esse medo, aceitando o fato de que falhar faz parte da vida, não é o fim do mundo. Pior é não fazer nada. É importante, também, estar aberto para as novidades, saber ouvir e colaborar para que as coisas aconteçam de forma diferente. Para isso, ouse um pouco, indo além da estratégia escrita, adotando o inesperado, mas seja sempre relevante, abordando pontos que sejam importantes para o público-alvo.

PERGUNTAS

1) Explique por que as pesquisas de mercado costumam ser realizadas somente quando existem problemas. Seria melhor que fossem feitas regularmente?
2) Por que o *briefing* é a referência básica para se avaliar uma campanha ou peça publicitária?
3) Relacione os itens que devem ser abordados para a avaliação de uma peça publicitária.
4) O que são pré-testes e pós-testes?
5) Qual é a diferença entre uma pesquisa qualitativa e uma quantitativa?
6) Quais são os aspectos que orientam a atitude do profissional para conseguir uma criação realmente inovadora?

Capítulo 13

A AUTORREGULAMENTAÇÃO PUBLICITÁRIA

INTRODUÇÃO

Considero importante que um profissional de comunicação não apenas trabalhe, mas conheça um pouco sobre algumas passagens históricas que vieram a influenciar este setor de atividade econômica. Como o cliente deposita quantias importantes nas mãos da agência, baseado apenas nos seus argumentos e pesquisas, precisa saber que existe uma ética profissional. Portanto, um livro dedicado ao serviço de atendimento da agência de comunicação não poderia deixar de tecer alguns comentários sobre a ética na propaganda, de uma maneira geral.

O DESENVOLVIMENTO HISTÓRICO DA AUTORREGULAMENTAÇÃO PUBLICITÁRIA

Foi na Europa, durante os anos 1930, que se registraram as primeiras preocupações sobre a publicidade e os princípios que a pudessem regular. Em 1937, a ICC – *International Chamber of Commerce*, com sede em Paris, estabeleceu algumas recomendações que originaram o Código Internacional da Prática Publicitária que perdura até hoje, com algumas modificações[1].

---

[1] CONAR, Caderno 6. Edição destinada a estudantes de comunicação e áreas afins, 1997.

Dois anos depois, com o advento da Segunda Guerra Mundial, os investimentos em propaganda comercial foram reduzidos significativamente devido ao esforço de guerra e, como era de se esperar, não existia nenhuma preocupação com a natureza ética a respeito da conduta publicitária. Após o conflito, aconteceu a retomada da propaganda em nível internacional e, em 1949, na reunião da ICC procedeu-se a uma primeira revisão daquele código internacional. Tais revisões se sucederam em 1955, 1966, 1973 e mais recentemente na década de 1980, tendo por base que a propaganda não pode ser utilizada para a concorrência desleal. Em verdade, o documento pioneiro da ICC tinha como fundamento ético da propaganda a condenação, o combate e a punição à concorrência desleal, sendo o primeiro texto legislativo que definiu o que é concorrência desleal e como a publicidade deveria evitá-la.

Entretanto, as preocupações com a defesa dos interesses dos consumidores começaram a indicar a necessidade de elaboração de um outro código que levasse em consideração a principal figura do mercado: o consumidor. Em 1961, os ingleses, tomando como base o código da ICC, criaram o *British Code of Advertising Practice* que, com as devidas adaptações, focalizou a sua atenção mais na figura do consumidor do que nas práticas entre empresas concorrentes. Ainda em 1976, no XXV Congresso Mundial da Propaganda, realizado em Buenos Aires, foram desenvolvidos trabalhos propondo que todos os países viessem a observar os princípios da autorregulamentação desenvolvidos, então, pela IAA – International Advertising Association e consubstanciados no *Effective Advertising Self Regulation* (CONAR, 1997).

O código inglês foi tão importante que é, em verdade, considerado padrão e a grande matriz de todos os códigos de autorregulamentação publicitária que existem no mundo, aí incluído o código brasileiro.

Na década de 1960, além do Reino Unido, também Holanda e Suíça tiveram os seus códigos. Mais tarde, nas décadas de 1970 e 1980, seguiram-se Grécia e Portugal, entre outros. Em 1992, foi criada a Aliança europeia de Padrões de Publicidade (Easa), com sede em Bruxelas, e com a finalidade de agrupar os conselhos de autorregulamentação existentes em todos os países da União Europeia. Em abril de 1996, 21 conselhos nacionais eram membros da Easa: Alemanha, Áustria, África do Sul, Bélgica, Dinamarca, Espanha, Finlândia, França, Grécia, Holanda, Itália, Irlanda, Luxemburgo, Portugal, República Tcheca, República Eslovaca, Reino Unido, Eslovênia, Suécia, Suíça e Turquia. Desde 1969 a autorregulamentação funciona nos Estados Unidos através da Narb – *National Advertising Review Board* em estreita colaboração com o FTC – *Federal Trade Comission*. A Narb é um conselho nacional de autorregulamentação publicitária criado pela NAD – National Advertising Association, uma organização das empresas privadas de propaganda. Por sua vez, a Narb/NAD dependem do BBB – *Better Business Bureau*, também uma empresa privada encarregada de zelar pela ética nos negócios no país[2].

No Brasil, a primeira preocupação legislativa sobre publicidade surgiu no I Congresso Brasileiro de Propaganda, realizado no Rio de Janeiro em 1957, que procurava disciplinar a ética da profissão e dos negócios da publicidade, sendo incorporado mais tarde à legislação nacional pela Lei nº 4.680, de 1965, e Decreto nº 57.690, de 1966.

Já se percebia naquela época a presença crescente da publicidade e sua influência no comportamento do consumidor, como pode ser observado pelo comentário de Marcus Pereira publicado em sua coluna Publicidade, no jornal *O Estado de S. Paulo*, no período de 1958 a 1963:

> O anúncio é uma indiscutível presença na vida de todos nós, leitores e não leitores, ouvintes e não ouvintes, telespectadores e não telespectadores. O anúncio não poupa ninguém. Onde existe o homem existe o anúncio. E o anúncio, onde esteja, é a certeza da presença do homem (artigo O Homem e o Anúncio).

Esse mesmo autor, comentando a falência de uma empresa construtora e financiadora que causou grandes prejuízos no mercado, pregava o expurgo de anúncios que:

> provoquem impressão errônea sobre a qualidade do produto; que usem termos científicos ou citações de livros técnicos de maneira dúbia ou incompreensível para os leitores; que apresentem dados estatísticos sem especificações que os caracterizem (74,38% das mulheres preferem o batom 'Nostalgia Suburbana'); anúncios que apresentem médicos, dentistas ou pessoas trajadas de modo a fazer que o sejam; que sugiram a

---

[2] Silec – Sociedad Interamericana para la Libertad de Expresión Comercial. Livreto nº 4, México, junho 1997, p. 21-30.

> cura de doenças graças ao produto anunciado; que contenham afirmações exageradas, no estilo 'nunca falha', 'mágico', 'miraculoso' etc. Dessa forma, o autor entendia que 'era preciso haver uma polícia publicitária, organizada e ativa, para silenciar aquelas trompas criminosas, no interesse da publicidade mesma, cuja seriedade e prestígio podem ser comprometidos na medida em que certo sabão não faça a espuma prometida ou determinada gaita não emita os maviosos sons anunciados.

O consumidor contava, então, com poucos instrumentos de defesa além daqueles contidos no Código Civil Brasileiro, de 1916, e alguns outros dispositivos existentes em diferentes leis sobre os mais variados assuntos.

O Código Brasileiro de Autorregulamentação Publicitária só surgiu em 1978, apesar dos esforços realizados por alguns pioneiros interessados em implantar alguma norma ética de propaganda no país, tanto no I Congresso Brasileiro de Publicidade (1957) quanto no II Congresso realizado em 1969. Essas lideranças da publicidade e as que as sucederam só obtiveram sucesso no fim da década de 1970, durante o III Congresso Brasileiro de Propaganda que se realizou em São Paulo, em 1978. O Código brasileiro é mais amplo do que o Código inglês, do qual se originou, porque o nosso abrange todos os meios de comunicação de massa e o inglês somente os meios impressos. Isto porque o *broadcasting* (rádio e televisão) pertencia ao governo britânico e a imprensa escrita pertencia à iniciativa privada.

Hoje, sob o ponto de vista de uma análise histórica, verificamos que a sua aprovação só foi possível devido às condições sociopolíticas da época. Como escreveu Oscar Wilde, "nada é mais forte do que uma ideia que encontra o seu momento". E o momento histórico da autorregulamentação publicitária foi 1978 por três grandes motivos, conforme as declarações do Dr. Edney Narchi 1998[3]:

> O primeiro deles é que se vivia debaixo de uma ditadura, sob um regime autoritário que impedia, através de censura prévia, a livre manifestação de qualquer setor de comunicação, entre eles, a publicidade. Antes de contratar espaço publicitário em uma emissora de rádio ou de televisão para veicular uma mensagem de 30", a agência de propaganda tinha de

---

[3] Dr. NARCHI, Edney, advogado, Diretor Executivo do Conar. Entrevista concedida especialmente para a elaboração deste texto, novembro, 1998.

obter uma autorização prévia de um policial, um agente censor, da Divisão de Censura das Diversões Públicas do Depto. de Polícia Federal. Quer dizer, antes de ser submetida à análise do público consumidor, a mensagem do anunciante tinha que passar na mesa de um cidadão, um policial, o que era absolutamente desconfortável, inaceitável, castrador da criatividade e da livre manifestação da propaganda brasileira.

Havia uma segunda dificuldade a sobrepujar, no mesmo momento. Era o fato de estarem tramitando concomitantemente pelo Congresso Nacional 260 projetos de lei. Na sua esmagadora maioria procuravam proibir alguma coisa em propaganda, dificultar alguma forma de manifestação de propaganda, tais como, por exemplo, projetos de lei para proibir o anúncio de cigarros, de bebida alcoólica e de armas de fogo etc., que traziam obrigações quase que insustentáveis para a publicidade de vendas a varejo, que cuidavam da não utilização de músicas de fundo religioso como *jingles* ou trilhas sonoras de comerciais, temendo-se muito que estes textos legais acabassem sendo aprovados. Mas isso era devido a uma propaganda muito abusiva, muito desrespeitadora, muito ruim? Não se tratava disso. Simplesmente os parlamentares das duas Casas congressionais, Câmara dos Deputados e Senado Federal, estavam proibidos de apresentar qualquer tipo de iniciativa legislativa que aumentasse as despesas do Poder Executivo ou que reduzisse as suas receitas. A rigor, tinham um campo muito limitado de produção legiferante. Perceberam, então, que não havia nenhum impedimento constitucional para atuar sobre a propaganda de bens e serviços. Esse era um campo onde podiam exercer livremente a sua criatividade legislativa, evidentemente aumentando a sua visibilidade, sempre sendo notícia e procurados pelas partes que seriam afetadas. Aliás, dois destes cidadãos se notabilizaram por essas iniciativas. Um deles, Gerson Camata, acabou governador do seu Estado, e José Lindoso, senador. Ambos apresentaram projetos muito comentados naquela ocasião, mostrando de fato sagacidade política para explorar esse filão de criação legislativa.

Evidentemente, isso era um perigo sob o ponto de vista do negócio publicitário, especialmente no caso do Brasil, onde a propaganda comercial financia 100% da produção da TV, 100% da produção radiofônica e também financia, em média, 75% dos meios impressos mais importantes, que são as revistas e os jornais. Consequentemente, a cada proibição de um segmento da propaganda, o legislador estaria aumentando o muro das dificuldades para a livre manifestação editorial dos veículos de comunicação de massa, tanto eletrônicos quanto impressos. Hoje seria proibido o anúncio de cigarros, amanhã o de bebidas alcoólicas, depois de armas de fogo, mais tarde seria proibido o anúncio de qualquer guloseima infantil porque poderia fazer mal para a dentição das crianças; depois viria a proibição do anúncio de veículos automotores porque causam o maior número de acidentes no país. Enfim, não haveria limites para proibir alguma coisa porque sempre irá existir alguém que consideraria que, através da propaganda, os anunciantes estariam trazendo malefícios e não benefícios para a sociedade.

Isso acontece no mundo inteiro. Por exemplo: na Holanda, Dinamarca e Noruega não é permitido o anúncio de brinquedos em horário infantil, só sendo passível sua veiculação em TV no horário adulto, para que os pais das crianças possam ver. A argumentação se baseia no fato de que são os pais que compram o brinquedo e não a criança; portanto, são eles que têm que receber a notícia. Se a criança for o público-alvo do anúncio de brinquedos, ela pode constranger os seus responsáveis a fazer um compra irracional. Se partirmos para a radicalização de achar que é a propaganda que está movendo o mundo, num país como o nosso acaba-se de fato proibindo a livre manifestação editorial dos veículos de comunicação. Caso isto acontecesse, restaria somente o governo como grande anunciante e os veículos de comunicação ficariam à mercê das verbas governamentais, perdendo a liberdade de expressão.

Grandes entidades que reúnem a propaganda do mundo inteiro, como a IAA – International Advertising Association, a maior instituição que congrega interesses publicitários em todo o mundo, têm como uma das suas mais importantes diretrizes a defesa da liberdade de anunciar. Os que trabalham em propaganda, que vivem desta atividade, entendem que um dos axiomas fundamentais da mesma é a defesa intransigente da liberdade de anunciar eticamente produtos de livre curso na sociedade. É óbvio que não deve ser feito anúncio de cocaína em porta de escola, primeiro porque cocaína não tem livre curso – é crime – e segundo porque seria até um despautério ético e moral fazer propaganda de um produto desse tipo em porta de escola. Não se pretende, também, que haja anúncio de bebida alcoólica ou de produto de fumo em publicações infantojuvenis. Isto pode ser feito para um público que tenha uma formação psicológica completa e que saiba identificar perfeitamente quais são os malefícios do hábito de fumar ou de beber. O que é difícil de aceitar é a falta de sentido do governo de um país em autorizar a instalação de fábricas de cigarros e de bebidas, cobrar impostos desses produtos e, depois, impedir sua livre manifestação junto ao mercado. É ilógico sob o ponto de vista mercadológico, uma vez que a propaganda é simplesmente o elo final da cadeia do *marketing*. Os publicitários lutam para que todos os produtos cuja fabricação e comercialização são autorizados possam ter um espaço na mídia, dirigindo suas mensagens para seus públicos específicos. A IAA e todas as instituições que defendem os interesses da propaganda em nível internacional pensam desta maneira. Mas esta é apenas a segunda razão que levou a ética publicitária a encontrar o seu momento no fim da década de 1970.

O terceiro motivo foi a percepção pelas lideranças da propaganda brasileira de que os direitos dos consumidores passariam a ser algo com o qual deveriam se preocupar seriamente. Em 1976, dois anos antes do III Congresso Brasileiro de Propaganda, já tinha sido instalado em São Paulo o primeiro Procon nacional. Foi instituído, no governo Paulo Egídio Martins, um programa de orientação para consumidores ligado à Secretaria da Economia e Planejamento. Era resultante daqueles esforços, semelhantes aos que Ralph Nader e outros consumeristas internacionais desenvolviam nos Estados Unidos, França e Alemanha, há algum tempo. Era evidente que, mais cedo ou mais tarde, com ou sem o surgimento de alguma liderança carismática brasileira e pelo simples fato de as próprias estruturas de governo passarem a assumir os direitos do consumidor como políticas governamentais, a propaganda passaria a ser um alvo, até preferencial, de defesa do consumidor.

Em resumo, o Código Brasileiro de Autorregulamentação Publicitária serviu, naquele momento, para tentar combater três sérios problemas:

1) O da censura prévia, no qual o Código servia para demonstrar aos censores do Ministério da Justiça e demais autoridades que a propaganda comercial não visava derrubar nenhuma estrutura governamental, não era subversiva e não contrariava a formação moral ocidental e religiosa dos brasileiros; objetivava apenas cumprir a sua missão econômica, dentro do mercado de consumo.
2) O Código poderia servir também como um contraponto às tentativas de cerceamento através da legislação. Se a própria atividade

publicitária comprovasse ao Poder Legislativo que aquelas honestas preocupações dentro dos projetos de lei seriam atendidas por uma autodisciplina, era desnecessário que o Poder Legislativo se esforçasse para aprovar uma lei e transferisse ao Poder Executivo o problema de fiscalizar-lhe o cumprimento. Uma estrutura de fiscalização constituir-se-ia num ônus a mais para o Estado. As lideranças do setor demonstravam por sua atitude que a própria atividade de propaganda tinha interesse em se disciplinar para ser ética e moralmente defensável, a fim de cumprir exemplarmente a sua missão.
3) Era evidente que a propaganda já estava oferecendo uma resposta antes de ser demandada quanto aos interesses dos consumidores. Se ela própria se autodisciplinasse e se autofiscalizasse, assumindo um compromisso perante toda a sociedade, estaria respondendo positivamente a um anseio latente, que mais cedo ou mais tarde iria se manifestar, dando a entender que propaganda era algo sério e responsável, digno de permanecer respeitado dentro da sociedade de consumo.

Além dessas três condicionantes político-sociais, havia outras de ordem filosófica e econômica. Uma estava ligada ao fato de que é muito mais satisfatório e construtivo para uma pessoa trabalhar em algo que admire. Consequentemente, para os próprios publicitários, era mais agradável trabalhar numa atividade reconhecidamente ética e defensável perante a população. A outra era o reconhecimento de que a matéria-prima básica da propaganda é a credibilidade que ela possa despertar junto ao seu público. Se a população deixar de acreditar na propaganda pode desmoronar todo o negócio construído à sua volta. Portanto, a função primordial da autorregulamentação publicitária é elevar os níveis de credibilidade que a propaganda possa despertar junto à sociedade. Com essa finalidade, deve condenar os anúncios enganosos e abusivos, punindo estas duas patologias. A sua grande função é servir como parâmetro, como indutor de uma boa propaganda, elevando o nível de credibilidade de que já desfruta perante a sociedade, e no caso-limite, punir quem sair destes padrões, recomendando a correção dos anúncios ou mesmo sustando a sua veiculação.

O Conar, como órgão executivo para implementar o Código Brasileiro de Autorregulamentação Publicitária instituído no III Congresso

Brasileiro de Propaganda (1978), não foi criado neste congresso, mas o mesmo delegou poderes a uma comissão provisória para implantar a sistemática da autorregulamentação, denominada Comissão Nacional de Autorregulamentação Publicitária, composta pelos seguintes membros: José Saulo Ramos (presidente), Geraldo Alonso (tesoureiro), Caio Domingues, Carlos Alberto Nanô, Carlos Maciel, Dionísio Poli, Francisco de Paula Abreu, Joaquim Mendança, João Baptista Pacheco Fernandes, José Carlos Perrone, José Paulo Spalini, José Roberto Sgarbi, José Waldemar Lichtenfels, Luis Sales, Madruga Duarte, Mauro Guimarães, Ney de Lima Figueiredo, Oswaldo Almeida Filho, Paulo Lacerda, Pérsio de Carvalho Junqueira, René Steuer, Roberto Santos, Ruy Alberto Vallandro, Salomão Esper, Samuel Szwarc e Virgínia Maria Tannembaum. Seu primeiro relator foi o publicitário Mauro Bento Dias Salles, que por ter de assumir a direção-geral dos Diários e Emissoras Associados, passou a tarefa para o seu colega Caio Domingues, o qual foi incumbido das atribuições de relator. Essa comissão enfrentou grandes dificuldades para escrever o seu regulamento de funcionamento, conseguir imprimir o Código e distribuí-lo entre os profissionais, as empresas, as agências e as autoridades, bem como para fazer o proselitismo em torno do sistema. Não tinha uma sede nem estrutura jurídica, não tinha instituição para fazer valer as regras.

Essa experiência conduziu estes dedicados pioneiros à conclusão de que havia a conveniência absoluta e inadiável de fundar um órgão que recebesse a missão de aplicar o Código, de administrar a aplicação das penalidades previstas, fazer a divulgação do sistema de autorregulamentação e ser a interface da propaganda com a população brasileira. Dadas essas circunstâncias, em maio de 1980, as seis entidades de nível nacional que reúnem anunciantes, agências e veículos de comunicação, respectivamente a ABA – Associação Brasileira de Anunciantes, Abap – Associação Brasileira das Agências de Propaganda, Abert – Associação Brasileira das Empresas de Rádio e Televisão, Aner – Associação Nacional dos Editores de Revistas, ANJ – Associação Nacional de Jornais e Central de Outdoor, se reuniram em São Paulo numa assembleia e subscreveram a ata de fundação do Conar – Conselho Nacional de Autorregulamentação Publicitária. Na ocasião, outorgaram a esta nova entidade uma procuração para ser a gestora da aplicação do Código. O Conar, portanto, é produto do Código Brasileiro de Autorregulamentação Publicitária (CONAR, 1997).

Segundo o Dr. Narchi:

> Na Inglaterra, tanto quanto no Brasil, existe um código e uma instituição que fiscaliza a sua aplicação. O British Code of Advertising Practice que hoje tem além de *advertising* também *promotion* (no correr do tempo assumiu a administração ética das promoções), só se aplica para a manifestação impressa: revistas, jornais, cartazes, folhetos, painéis. Não se aplica ao *broadcasting advertising* que se manifesta através da mídia eletrônica. O nosso código, desde o início, até porque a mídia eletrônica admitia a propaganda comercial, já se ocupava de fiscalizar tanto a mídia impressa quanto a eletrônica. Ele é mais amplo nesse sentido, como já foi mencionado anteriormente, abrangendo qualquer espécie de manifestação publicitária, inclusive as que não são veiculadas através da mídia comercial tais como as que se encontram nas embalagens dos produtos. Apesar do mercado contar com a presença cada vez maior das agências de promoção e de *marketing* direto, o CONAR continuará trabalhando somente na área da propaganda. O motivo pode ser facilmente explicado. Há alguns anos atrás os empresários das agências de promoção levaram uma proposta à entidade para ampliar o código e assumir a responsabilidade de fiscalizar também as mecânicas das promoções. Entretanto, o código permite apreciar a mensagem de uma promoção, existindo já inúmeros casos concretos neste sentido. Por outro lado, o CONAR não tem poderes para fiscalizar a mecânica promocional que, no Brasil, é objeto de uma fiscalização governamental. Para se realizar uma promoção é preciso obter a licença do Ministério da Justiça, o que antes era atribuição do Ministério da Fazenda.

A situação se encontra assim dividida: a) a mecânica da promoção e a sua fiscalização fica a cargo dos órgãos governamentais; b) continua sendo objeto de fiscalização pelo Conar o que se refere ao conteúdo da comunicação promocional, ou seja, a mensagem que vai para a televisão, o cartaz, a distribuição de folhetos etc.

Como resultado dessa divisão, esses empresários preocupados com a ética das promoções fundaram a Ampro – Associação de *Marketing* Promocional, e mais que isso, escreveram o seu código específico, utilizando vários trechos do Código e do regimento do Conar, para a prática da fiscalização ética das promoções brasileiras. Os membros da diretoria e do conselho da Ampro são associados ao Conar e trabalham em sintonia com os mesmos propósitos de praticar a autodisciplina.

O Conar desejaria ser procurado pela população brasileira em tal medida que não existisse a menor necessidade de atuação do Procon, dos Ministérios Públicos e das delegacias especializadas de consumidores quando se tratar da fiscalização da propaganda. Isto é, porém, um sonho, visto que a população brasileira não adquiriu ainda o hábito de reclamar os seus direitos.

Por esse motivo, efetivamente, é necessário que haja uma proatividade do Conar para verificar o que está acontecendo na propaganda. Infelizmente, ainda no ano de 1998, a maior fonte de instauração de processos e de representações éticas é iniciada pela própria entidade. Essa atividade é exercida profissionalmente por um grupo de estudantes de Direito e de Comunicação, na própria sede do Conar, em São Paulo. Existem convênios com vários professores das áreas de comunicação, professores de ética e legislação e de direito civil com especialização em Direito do Consumidor, que trabalham em cooperação, fazendo com que em determinado período letivo os seus alunos exerçam fiscalização da propaganda, transmitindo ao Conar os casos detectados. Não é possível contabilizar quantas pessoas estão atuando na fiscalização, mas são centenas pelo país. A fiscalização é também exercida através das pessoas que compõem os conselhos de ética, especialmente aqueles que estão em outros estados, alertando sobre anúncios e comerciais que estão sendo veiculados naquelas praças. São 110 profissionais de propaganda que trabalham em agências, editoras e anunciantes de diversos estados, com boa formação e capacidade para detectar algum desvio publicitário.

A segunda grande fonte é a reclamação e instauração de processos provenientes dos consumidores, devido à visibilidade que o Conar já possui junto ao público.

A terceira fonte de abertura de processos é a reclamação de partes contra partes: a agência que se considera plagiada, o anunciante que sentiu uma ofensa à sua marca por uma propaganda comparativa irregular ou que foi denegrido por seu concorrente.

A quarta tem sido as representações de autoridades públicas, como a Câmara de Vereadores, Assembleia Legislativa, Ministério da Justiça, Secretaria da Saúde etc., o que, de certo modo, é muito lisonjeiro para o Conar. Em que pese a existência de dispositivos legais para fiscalizar a propaganda, o fato da própria autoridade pública encaminhar as suas queixas diretamente ao Conar demonstra que a sua atuação é mais dinâmica, mais rápida e eficaz do que as estruturas governamentais.

Por todos estes motivos, pode-se dizer que a entidade é proativa, uma vez que mais de 1/3 dos processos nos últimos anos tem sido instaurado mediante a sua fiscalização, mas também é reativa, recebendo as queixas dos consumidores sobre anúncios que ainda não haviam sido fiscalizados.

Existem alguns casos em que a própria monitoria não tem condições de descobrir se há alguma informação enganosa. Por exemplo, em um lançamento imobiliário o Conar não tem como fiscalizar se existe vista para o mar, dependendo da denúncia do consumidor para saber que ele só poderá ser admirado de binóculo.

Para a sua divulgação e a do Código, o Conar costuma fazer palestras para faculdades em nível de graduação em Direito, Economia, Administração e Comunicação, bem como em nível de pós-graduação.

A ESTRUTURA DO CONAR E SUA EXPANSÃO

A primeira câmara de julgamentos começou em São Paulo composta por empresários e profissionais de publicidade. Logo em seguida, em 1980/81, devido ao volume de trabalho, foi criada uma segunda câmara. Em 1982 foi montada uma terceira câmara no Rio de Janeiro, por ser o segundo maior mercado brasileiro de propaganda. Em 1986/87, o Conar estabeleceu uma quarta câmara em Brasília, mais como uma afirmação política da instituição, uma vez que a Constituinte poderia vir a trazer alguma proibição na nova Constituição. Felizmente, tal não aconteceu; muito pelo contrário, a partir da sua entrada em vigor, foram outorgadas maiores garantias à livre expressão publicitária. Ao fim da década de 1980 criou-se uma quinta câmara em Porto Alegre.

As câmaras não são filiais do Conar, mas apenas sedes de julgamento autônomas. Toda a estrutura funcional do Conar está em São Paulo, onde a única Secretaria conta os prazos de defesa, de recursos, junta material dos processos, faz, enfim, a função de um grande cartório para a tramitação processual; convoca partes, convoca conselheiros, marca reuniões que se realizam nas câmaras mencionadas para maior facilidade de julgamento, maior proximidade entre os reclamantes e reclamados, além de conferir uma cor local aos julgamentos.

Sistema processual

Quanto ao sistema processual, a comunicação da denúncia de qualquer parte do país é feita primeiramente à sede em São Paulo, sendo analisada pelos advogados da casa. A seguir, o presidente do Conar autoriza ou não a abertura do processo. Pela estrutura funcional que possui, em condições normais, os advogados que trabalham em tempo integral em São Paulo elaboram o processo e concretizam a intimação do denunciado, o qual dispõe de 5 dias para encaminhar a sua justificativa e respectiva defesa. Segue-se o sorteio de um dos membros da Câmara que compõem o conselho de ética da região, para analisar a denúncia e defesa e avisar à Secretaria quando o processo estará pronto para julgamento. A partir daí, dentro do calendário que é aprovado no início de cada ano, se realiza a sessão de julgamento ou poderá haver uma tentativa de conciliação, prática que tem sido exercida muito frequentemente pelo Conar, com excelentes resultados.

Os advogados do Conar têm de viajar com frequência para essas reuniões porque uma das suas funções é assessorar as sessões de julgamento, onde, frequentemente, tem havido a presença dos advogados das partes. Para que não haja problemas quanto à interpretação dos regimentos ou do Código, um dos advogados do Conar sempre acompanha as sessões de julgamento. Todo esse processo se desenvolve numa dinâmica muito rápida, que tem provocado a retirada do ar, em 24 horas, de um comercial ilegal, quando o caso requer uma ação de emergência.

A propaganda global e a existência de códigos

De acordo com o Dr. Narchi, como alguns países já possuem o Código de Autorregulamentação, poderia haver alguma interferência na criação e na produção de campanhas internacionais; entretanto, nada ainda foi notado neste sentido. As economias mais evoluídas do mundo praticam a autorregulamentação e as suas empresas, que adotam uma comunicação global, estão cientes das restrições e procuram respeitá-las em suas mensagens. Pode-se considerar, também, que um anúncio muito dificilmente seria ético na Bélgica e não seria ético no Brasil, ou vice-versa, porque os princípios que o Brasil adota como autorregulamentação publicitária para a comunicação com o mercado são praticamente os mesmos princípios éticos adotados pelo Juri d'Étique Publicitaire da Bélgica, do Bureau de Verification Publicitaire da França, pelo Advertising Standards Authority da Inglatera e pelo Better Business Bureau dos Estados Unidos.

Na América Latina, o Código brasileiro, por ser o mais antigo, acabou sendo exportado para os demais países, inclusive com o mesmo nome Conar. Existem os Conar – Consejo de Auto-Regulación, no México, em El Salvador, na Colômbia e no Chile, que adotaram o Código brasileiro como documento básico e fizeram algumas adaptações locais, mas o sistema brasileiro de autorregulamentação é considerado pela Silec – Sociedade Interamericana para a Liberdade de Expressão Comercial como o padrão continental.

Conceitos básicos da atividade publicitária

É preciso agora considerar um outro aspecto da autorregulamentação publicitária e sua relação com alguns tabus sobre o poder da propaganda. Caio Domingues[4] relaciona alguns desses conceitos básicos da atividade publicitária *vis-à-vis* a autorregulamentação:

> 1) A publicidade é uma arte – arte menor, de encomenda, *made-to-order*, o que significa que os diretores de arte não são Cézannes nem Van Goghs – e uma arte com laivos de técnica, e não uma ciência, a despeito do uso crescente da informática. Ela é apenas o braço estendido da argumentação de vendas, em suma, é o "papo de vendedor" tornado mais eficaz, mais abrangente e mais econômico. Empregamos

---

[4] DOMINGUES, Caio. Palestra realizada no III Congresso Internacional de Direito do Consumidor, em Canela – RS, março de 1992.

indistintamente "publicidade" e "propaganda", e ambos são substantivos que não têm plural.

2) A publicidade é muito menos poderosa e sujeita a maiores limitações do que imaginam os leigos e aqueles que a conhecem superficialmente. Não é tampouco uma atividade mágica, perniciosa ou capaz de criar novos valores e novos hábitos da noite para o dia. A ação da publicidade se exerce sobretudo na fixação das marcas que são o patrimônio maior da empresa moderna, enquanto as mudanças de hábitos e as alterações de natureza comportamental são apenas uma decorrência.

3) Publicidade é notícia de caráter comercial, que pode ter uma variedade de objetivos, entre os quais o mais comum é estimular o consumidor potencial a procurar um produto ou serviço com a intenção de adquiri-lo.

4) Ao fazer uso de apelos emocionais, a publicidade é alvo frequente de muita crítica. Acontece que só raramente o consumidor reage a argumentos puramente racionais. Como ser humano, ele é motivado por emoções, e a compra de produtos e serviços é sempre apaixonante. O jornalismo, embora inconscientemente, também faz uso constante dos apelos emocionais para comunicar com impacto uma história ou reportagem, exatamente como faz a publicidade.

5) De vez que é um reflexo, a publicidade só viceja dentro do condicionamento cultural de sua época. Como o peixe, a publicidade precisa ser fresca.

6) A publicidade é um fenômeno cultural derivado: ela não inventa, não inova, não revoluciona. E somente lida com aquilo que já é aceito socialmente. É, portanto, completamente fantasiosa a noção de que a publicidade é perigosa porque conduz a sociedade, quando, na realidade, é a sociedade que conduz a publicidade, na linguagem, na visão do mundo, nas atitudes existenciais.

7) A publicidade não cria novos códigos: ela é forçada a seguir os códigos que já são aceitos pelas pessoas; e ocorre sempre uma defasagem entre a implantação de novos conceitos e sua adoção pela publicidade.

Caio Domingues conclui:

> Neste contexto, assim como as Artes Gráficas são mal-empregadas pelos falsários, a Medicina pelos charlatães e o Direito pelos advogados inescrupulosos, a Publicidade é vítima dos que a praticam de forma irresponsável; mas nem por isso podemos condenar as Artes Gráficas, a Medicina e o Direito, assim como não podemos condenar toda a Igreja por culpa de meia dúzia de oportunistas que abusam de seu ministério e esposam teorias extremistas. Por estes motivos, em defesa da publicidade honesta, é que existe o Código Brasileiro de Auto-Regulamentação Publicitária e o CONAR.

A ÉTICA NA PUBLICIDADE

A Silec – Sociedad Interamericana para la Libertad de Expresión Comercial (1997) comenta que a missão da publicidade é criar uma relação duradoura entre um produto ou serviço e seu consumidor. Esta é a responsabilidade comercial da publicidade. Para cumprir com a sua missão, a publicidade usa a informação e a persuasão. Portanto, deve dizer a verdade. Se a informação é inexata ou falsa, talvez consiga propiciar alguma venda, mas não se criará esta relação duradoura. A verdade é inerente à responsabilidade comercial da publicidade.

Além desse aspecto, a verdade deve ser dita com correção, honestidade e com respeito ao consumidor, aos valores morais, sociais e culturais de uma comunidade. Essa é a responsabilidade social da publicidade, a qual não pode separar-se da sua responsabilidade comercial. Conclui-se, então, que para assegurar que a publicidade cumpra as suas responsabilidades é necessário que seus líderes adotem regras a serem aceitas e respeitadas por todos os praticantes da profissão.

A EVOLUÇÃO ECONÔMICA DO BRASIL E A PROPAGANDA

Renato Castelo Branco[5] escreveu:

---

5 *História da Propaganda no Brasil*. Ibraco, 1990. p. 70-75.

O ATENDIMENTO NA AGÊNCIA DE COMUNICAÇÃO

> Economicamente, em um século e meio de história, o Brasil passou de 3 milhões de habitantes para 160 milhões, de país semicolonial para a 8ª economia mundial, de produtores de café, açúcar, fumo e algodão a exportadores de automóveis, trens, aviões, navios e computadores. Em recente estudo sobre o desempenho da economia mundial entre 1870 e 1987, Angus Maddison, economista do Banco Mundial, conclui que o Brasil foi o país cujo Produto Interno Bruto mais cresceu. O PIB brasileiro, nesse período, cresceu 157 vezes, comparado ao do Japão (84 vezes) e dos Estados Unidos (53 vezes). Em 1956 o PIB brasileiro era o 49º no *ranking* mundial. Hoje é o 8º. Em 1930 éramos ainda um país essencialmente agrícola e monocultor, cuja produção era representada pelo café: cerca de 80% de nossa produção e mais de 90% da exportação. Atualmente, 2/3 de nossas exportações são representadas por produtos industrializados e apenas 8% pelo café. E o Brasil ingressou definitivamente na era das megalópolis, da tecnologia, da telecomunicação, dos satélites, do autosserviço, da indústria do lazer, da sociedade terciária.

Apesar de o país não ter mantido esses níveis de crescimento no início do século XXI, a economia brasileira ainda ocupa lugar importante no mundo dos negócios e apresenta potencial para voltar a ser uma das dez maiores economias do planeta.

Segundo Wilbur Schramm, autor de "O Desenvolvimento das Comunicações e o Processo de Desenvolvimento", a economia e as comunicações são partes orgânicas da sociedade e nenhuma delas pode se desenvolver sem um desenvolvimento correspondente da outra: "É uma cadeia de interações, na qual a educação, a indústria, a urbanização, a renda nacional, a participação política e os meios de comunicação de massa avançam juntos, estimulando-se mutuamente".

Para Daniel Lerner, professor do MIT – *Massachusetts Institute of Technology*,

> a associação entre o esforço e a recompensa, a aspiração e a realização, é um processo da comunicação. As pessoas precisam aprender a estabelecer tal associação em sua própria vida cotidiana, a aproximar o que veem do que ouvem, o que desejam do que fazem, o que fazem do que conseguem. A comunicação é, sob esse aspecto, o principal instrumento de elevação social.

E James Young, um dos maiores teóricos da propaganda, escreveu que a riqueza de um país não é somente determinada por seus recursos naturais. O que, em última análise, determina a riqueza das nações é a liberação das energias do homem, mediante incentivos pelos quais ele considere desejável esforçar-se no estudo e no trabalho. A propaganda, por colocar perante o homem médio incentivos específicos e concretos para a aquisição de melhores meios de vida, libera tais energias. Talvez seja por isso que parece haver uma crescente correlação entre o volume de propaganda num país e uma alta produção *per capita* de riqueza.

A propaganda conduz a níveis mais elevados de consumo e, consequentemente, de produção e de riqueza. Sem a força educacional da propaganda é pouco provável que as ideias e os anseios do consumidor, relativos ao seu padrão de vida, mudem com suficiente rapidez, para servir de apoio ao crescimento produtivo potencial.

A verdade é que na economia de mercado não se compreende crescimento sem propaganda. As grandes e constantes inovações da tecnologia no terreno dos bens duráveis e dos bens de consumo só puderam ser incorporadas tão rapidamente aos hábitos de milhões de consumidores graças à propaganda. Neste sentido, pode-se dizer que a propaganda cria consumo, que cria produção, que cria empregos, que criam riquezas, que cria consumo.

A propaganda no Brasil criou, nos centros urbanos, os incentivos indispensáveis à expansão industrial. E só através da propaganda é possível criar em imensas áreas do Brasil, ainda hoje apáticas, os incentivos que as despertarão e as levarão a participar efetivamente da vida econômica do país.

A propaganda tem um papel importante a desempenhar na motivação, educação e orientação do consumidor, no sentido de que sua participação no mercado seja útil e construtiva, individual e socialmente. A propaganda deve contribuir para a ascensão econômica e a valorização social do consumidor.

Como disse Robert Merrick, presidente da J. W. Thompson, um dos principais pioneiros da propaganda no Brasil:

> Quando, durante a II Guerra Mundial, acelerou-se o nosso processo de industrialização, consultores e assessores em todas as fases da indústria acorreram ao país. Novas fábricas precisavam ser planejadas, construídas e equipadas com técnicos em manufatura, engenharia, administração, finanças, vendas, propaganda, *marketing*, técnicos arregimentados localmente ou importados. Foi nesse momento que as agências de propaganda desempenharam um papel vital na estruturação da máquina de distribuição das indústrias. Elas foram mobilizadas pelos anunciantes, para

atuarem como consultores de *marketing*; para ajudarem no recrutamento de vendedores, gerentes de vendas, equipes de propaganda e promoção de vendas; para criarem planos de *marketing* e de propaganda. Para atender estas necessidades, as agências criaram escolas de propaganda e de vendas, destinadas ao recrutamento de pessoal para elas próprias e para seus clientes. Através de recomendações das agências foram criados cursos de Administração de Negócios na Universidade de São Paulo. Estes foram os anos de ouro das agências no Brasil. Foram anos de aprendizado, de ampliação do conceito de *marketing*, de introdução das técnicas de pesquisa e dos programas de treinamento de pessoal. As agências merecem o reconhecimento público pelo importante papel que desempenharam na criação do império industrial do Brasil. Esgotada a etapa da substituição das importações, devemos esperar que os próximos anos presenciem a continuidade do processo de crescimento e diversificação da indústria brasileira, não mais com base num mercado já existente mas, sim, em função do crescimento do mercado interno, da constituição de novos mercados e da participação no mercado internacional.

A PREOCUPAÇÃO COM O CONSUMIDOR

O Idec – Instituto Brasileiro de Defesa do Consumidor, entidade civil, foi fundado em 1987 como uma alternativa para os consumidores prejudicados pelo governo e estatais, tais como a antecipação de pagamento das tarifas telefônicas, pagamento do selo-pedágio etc. A essas atividades, foram incorporadas outras como os testes comparativos de produtos e a publicação dos resultados obtidos[6].

A Constituição Brasileira de 1988 estabeleceu que caberia ao Estado promover a defesa do consumidor mediante a elaboração de um Código. O I Congresso Internacional de Direito do Consumidor, realizado em São Paulo, em 1989, teve como tema central a análise do projeto do Código de Defesa do Consumidor, o qual foi aprovado pelo Presidente da República em 11 de setembro de 1990, sob a Lei nº 8.078. Nele estão reconhecidos e explicitados os direitos básicos do consumidor, foram criadas normas para a responsabilidade civil dos fornecedores de produtos e serviços, inverteu-se o ônus da prova, dispôs-se sobre

---

[6] ZULKE, Maria Lucia. *Abrindo a empresa para o consumidor*. Ed. Qualitymark, 3. ed. 1992. p. 42-43.

a publicidade, estabeleceram-se mecanismos para o controle das condições gerais dos contratos e dos contratos de adesão, instituíram-se os instrumentos para a autodefesa dos consumidores, e as disposições administrativas e penais[7].

A professora Dra. Gisela Taschner[8] analisa que o conteúdo de cerca de 15 mil artigos publicados nos Estados Unidos entre 1950 e 1981, em 10 revistas especializadas (*marketing*, psicologia aplicada, administração de empresas, publicidade, pesquisa de consumo), mostra que o número de artigos sobre o comportamento do consumidor passou de 10 por ano, na década de 1950, para 175 por ano na década de 1970. Duas revistas certamente contribuíram para este aumento: o surgimento da *Advances in Consumer Research* (1971) e o *Journal of Consumer Research* (1974). Os resultados permitem dizer que os anos 1970 foram um marco no desenvolvimento dos estudos do comportamento do consumidor. Além desses fatos, é preciso lembrar as grandes transformações nos países capitalistas e o consequente aumento dos estudos de mercado e estudos socioculturais.

Em 1971 surge o primeiro relatório *The Yankelovich Monitor*, como um *business service* destinado aos profissionais de *marketing* de bens de consumo e de serviços, permitindo relacionar as mudanças que ocorriam nos valores, preocupações, necessidades e interesses dos consumidores com as decisões estratégicas a serem tomadas por estes profissionais. Na mesma década, apareceram estudos semelhantes na Europa, dentre os quais o *RISC – Research Institute of Social Change* e os trabalhos de John Naisbitt nos Estados Unidos, cujos relatórios serviram de base para o seu livro *Megatrends e Megatrends 2000*. Todos esses estudos procuravam mostrar as macrotendências sociais, como a preocupação com o meio ambiente, com a privacidade das pessoas, novas formas de patriotismo, atitudes sexuais, profissionalização da mulher etc. Entre eles, podemos destacar, para fins deste trabalho, a mudança da democracia representativa para a participativa, que mostra como muitas iniciativas de mudança partem agora dos cidadãos e não do governo ou da direção das empresas.

---

[7] Op. cit.
[8] *Comportamento do consumidor e estudos de tendências*. NPP da FGV, série Textos Didáticos II, Centro de Estudos da Cultura e do Consumo, 1990.

Outro ponto é o surgimento de uma sociedade mais individualizada, profundamente diferente da chamada "sociedade de massas" e que se caracterizava pela produção e distribuição em massa de bens e serviços altamente padronizados para o homem médio, como público-alvo dos fabricantes da grande maioria de produtos. A essa imagem se contrapõe uma sociedade que passou de uma base industrial para a base da informação. A partir disso, a produção em massa cede lugar à diversificação, para mercados cada vez mais bem informados e segmentados. O poder volta à sociedade, através dos processos de descentralização das decisões, da mudança de uma mentalidade que antes deixava tudo por conta das instituições, em prol de outra voltada agora para a iniciativa individual ou comunitária, objetivando resolver os novos problemas que surgem.

O pós-moderno é a diversidade. A TV, a mídia de massa da indústria cultural, vê suas redes e programas perderem espaço para a TV por assinatura, com opções cada vez mais variadas e que dão ao consumidor maior possibilidade de escolha. Até a diversidade étnica e cultural passa a ser celebrada, enterrando o mito do *melting pot*. As megatendências de Naisbitt indicam uma nova ordem econômica, social e política, aparentemente antagônicas: a segmentação de mercado e o *marketing* global. Entretanto, a tecnologia da informática permitirá que ambas coexistam porque será possível desenvolver produtos cada vez mais específicos às necessidades dos consumidores e detectar estes subgrupos homólogos nas diferentes regiões do planeta.

Conclusão

Se considerarmos as informações do Dr. Edney Narchi do Conar, com os pensamentos de Caio Domingues, relator do Código de Autorregulamentação Publicitária e de Renato Castelo Branco, um dos líderes da propaganda brasileira, bem como a exposição da Silec, das citações de várias personagens e os dados históricos apresentados, veremos que o afloramento da consciência da sociedade brasileira a respeito dos direitos do consumidor e da liberdade de expressão não nasceu por acaso. Essas variáveis formaram um quadro, fruto de uma conjugação natural de forças sociopolíticas e econômicas que afloraram simultaneamente a partir da década de 1970, e que podem ser assim relacionadas:

1) A situação política brasileira, a partir de 1964 até meados dos anos 1980, foi caracterizada por um regime militar ditatorial que sufocava as expressões da sociedade.
2) Os políticos viram na atividade publicitária uma oportunidade para legislar, uma vez que a sua ação estava bastante limitada pelo regime político vigente.
3) Os empresários da propaganda, preocupados com a interferência legislativa em seus negócios, tomaram a iniciativa de se antecipar ao processo e promulgaram o seu código de autorregulamentação.
4) Paralelamente, o processo de industrialização brasileiro se fazia complexo e amplo, abrangendo a produção de bens de capital, bens de consumo durável e bens de consumo final, contribuindo para a elevação da riqueza nacional e colocando o país entre as maiores nações do mundo. A nova estrutura industrial o capacitava a uma maior competição internacional.
5) A pauta de exportações foi substancialmente alterada, passando de produtos agrícolas para produtos industriais, aumentando em valor e inserindo cada vez mais o país no comércio exterior.
6) Os meios de comunicação se expandiram em todos os sentidos, solidificando a sua estrutura técnica e financeira, ao propiciarem às empresas a sua manifestação publicitária como alavanca estimuladora do consumo e da riqueza.
7) A década de 1970, considerada como a época do milagre brasileiro devido ao elevado ritmo de crescimento do PIB, aumentava o poder aquisitivo da classe média e o desenvolvimento do país. As novas oportunidades de consumo despertavam os anseios por uma melhor qualidade de vida.
8) O conceito de segmentação de mercado chegava ao Brasil, bem como as notícias de movimentos a favor dos consumidores. Ao mesmo tempo, as grandes empresas multinacionais iniciavam o processo de aplicação do *marketing* global, influenciando o comportamento do consumidor no sentido de aceitarem produtos sem uma cor local.
9) As autoridades e lideranças empresariais passaram a se interessar pelo tema da defesa do consumidor, surgindo o Procon em São

Paulo (1976), a elaboração do Código Brasileiro de Autorregulamentação Publicitária (1978) e a constituição do Conar – Conselho Nacional de Autorregulamentação Publicitária (1980). Em 1987, foi fundado o Idec – Instituto Brasileiro de Defesa do Consumidor. Dando continuidade a estas manifestações, alguns artigos da nova Constituição brasileira (1988) conciliaram as duas vertentes que estavam em evidência naquele período: a da defesa do consumidor e a que defendia a liberdade de expressão e do exercício da profissão com responsabilidade. Seguiu-se a promulgação do Código de Defesa do Consumidor (1990).
10) O desenvolvimento tecnológico da informática, agilizando as comunicações e possibilitando novos métodos de produção para que as indústrias rapidamente viessem a oferecer produtos customizados a pequenos grupos de consumidores, contribuiu para o despertar da consciência sobre os direitos do cidadão. Apesar de essa possibilidade ainda estar no estágio inicial no Brasil, a sua divulgação pela imprensa e internet tem atraído a atenção da sociedade. Indiretamente, a meu ver, é mais uma influência que abre a visão do consumidor sobre o que ele é e pode desejar. Ora, se uma pessoa pode ter produtos sob medida, por que não pode reclamar dos produtos padronizados que não cumprem as funções anunciadas ou que apresentem defeitos? É como se fosse o despertar da consciência de que ele é importante e tem os seus direitos.
11) A ação proativa e reativa do Conar, conforme explicitado, comprova que a atuação da entidade, do público (Idec) e das autoridades (Procon, delegacias etc.), tornou-se um fato com intervenções cada vez mais frequentes em favor dos direitos dos cidadãos e das empresas ofendidas, para punir a propaganda enganosa ou abusiva.
12) A consciência sobre ética publicitária, como resultante da ação da autorregulamentação publicitária, se espalhou pelo mundo e pela América Latina, verificando-se iniciativas de consolidação em nível regional, tanto na União Europeia como no Mercosul.

Pelo levantamento e os comentários relacionados, pode-se dizer que no período analisado existiu uma grande relação entre vários fatores: a situação política do país, seu desenvolvimento econômico e social, sua interdependência com os demais países e as influências das ideias e das tendências que estão ocorrendo no mundo.

Essas forças agiram sobre a sociedade que passou a desenvolver seus próprios mecanismos de defesa, com o propósito final de atender às suas necessidades de evolução. Na realidade, percebe-se que a iniciativa das autoridades governamentais, dando passos importantes em direção à defesa do consumidor e à liberdade de expressão, contribuiu fortemente para o amadurecimento político das entidades não governamentais.

Capítulo 14

PROBLEMAS E SOLUÇÕES DE MINICASOS DE ATENDIMENTO

Neste capítulo reunimos dezessete minicasos diretamente relacionados ao trabalho do Atendimento de uma agência de comunicação. São casos reais que normalmente acontecem no dia a dia do executivo de conta e que precisam ser solucionados da melhor forma possível para que tanto a agência quanto o cliente fiquem satisfeitos.

Os casos são acompanhados de possíveis respostas para serem consultadas apenas como referência, uma vez que as circunstâncias das ocorrências podem ser diferentes, dependendo do tipo de agência e cliente envolvidos. Naturalmente, quem vai analisá-los usará a sua realidade e experiência para encontrar a melhor solução, o que poderá variar um pouco conforme a personalidade, princípios e valores de cada um. As respostas estão propositalmente na sequência da exposição dos minicasos para oferecer um pouquinho de dificuldade à tentação humana de ler a solução antes de o problema ser analisado.

O importante é que o estudioso do assunto faça as análises com a colaboração de algum colega, o que permite a troca de ideias e pontos de vista, mas o exercício também poder ser feito individualmente.

Para o estudante das faculdades de comunicação social, em suas diversas habilitações, os casos também poderão ser objeto de estudo, apesar da sua pouca ou nenhuma experiência profissional. Entretanto, será um desafio intelectual porque os resultados poderão ser comparados com as respostas e comentados com o professor da disciplina.

Acredito que essa forma de enfrentar problemas e pensar nas possíveis soluções possa contribuir ao desenvolvimento profissional de cada um, tornando-o mais produtivo para a organização para a qual trabalha ou na sua própria empresa.

Bom exercício.

Minicasos de Atendimento

1. Relacionamento com a Criação

Objetivos

- Estimular a iniciativa e a integração entre a equipe de trabalho.
- Como orientar a Criação sem pretender realizar o seu trabalho.
- Estabelecer critérios de avaliação e unidade de campanha, sem rigidez.

Cenário

Você passou para o Departamento de Criação o *briefing* para a elaboração de uma campanha para veiculação em TV, revistas e material de ponto de venda, por intermédio de Tráfego, e recebeu o prazo de dez dias para que as peças ficassem prontas.

Pergunta: Qual deveria ser o seu procedimento até receber a campanha?

2. Relacionamento com a Mídia

Objetivos

- Estimular a iniciativa e a integração entre a equipe de trabalho.
- Desenvolver a atitude participativa de aprendizado e de atualização constante.

Cenário

Você enviou ao Departamento de Mídia um pedido contendo todos os dados necessários para a elaboração de um plano, anexando o documento de *briefing*. Solicitou, também, que o plano fosse apresentado dentro de duas semanas para a apresentação ao cliente.

Encerrado esse pedido, você se deu conta de que o relatório de pesquisa de mercado das Indústrias de Doces Bembom está há uma semana sobre a sua mesa, esperando para ser analisado. Mais três outros clientes também precisam da sua atenção para os serviços em andamento. Além disso, como de costume, o volume de trabalho o tem deixado um pouco isolado do que está acontecendo dentro da agência.

Pergunta: Durante esse tempo, até receber o plano de Mídia, o que você faria?

3. Relacionamento com a Produção

Objetivo

- Perder o medo dos "especialistas" técnicos em produção e adquirir conhecimento nas áreas específicas.

Cenário

A campanha para ser veiculada em TV e revistas foi aprovada pelo cliente, assim como os orçamentos para as peças a serem produzidas. Parabéns. E agora? Sua tarefa está cumprida e você passa o pedido de produção aos criativos e especialistas da área.

Pergunta: Qual deve ser a atitude do Atendimento a partir desse momento?

4. Relacionamento com as produtoras de cine/tv

Objetivos

- Como enfrentar a "sugestão" do cliente e ajudar a Criação na recomendação da casa produtora.
- Como enfrentar a Criação quando ela insiste em trabalhar com uma produtora que não é bem aceita pelo cliente ou pelo Atendimento.

Cenário I

O seu cliente tem um amigo que é dono de uma produtora de Cine/TV. Você recebeu a solicitação para que essa empresa venha a ser considerada na concorrência para a produção do comercial que acaba de ser aprovado.

Pergunta 1: O que você faria frente à situação do cenário I ?

Cenário II

A Criação tem preferência em trabalhar com a produtora XP.0. Pela sua própria experiência em situações passadas, você sabe que essa empresa não possui as qualidades necessárias para a realização do comercial de TV aprovado pelo cliente.

Pergunta 2: O que você faria frente à situação do cenário II ?

5. Favores pessoais

Objetivo

- Estimular a iniciativa para contornar dificuldades sem ofender o cliente.

Cenário I

O gerente de propaganda da Companhia de Seguros Planco, seu cliente, pediu ao Atendimento que criasse um papel-carta personalizado para uso próprio. Naturalmente, esse é um pedido fora da obriga-

O ATENDIMENTO NA AGÊNCIA DE COMUNICAÇÃO

ção da agência, mas não custa nada fazer um favor ao cliente, já que a agência tem recursos internos para realizá-lo. Extraoficialmente e a seu pedido, o diretor de arte criou um *layout* da peça solicitada para ser entregue ao tal gerente, de graça. Ele gostou muito, mas aí veio o segundo pedido para serem impressas mil cópias do papel-carta e que a gráfica também fizesse a gentileza de não cobrar nada.

Pergunta 1: Como você agiria nesse caso?

CENÁRIO II

Depois da sua resposta e argumentação sobre a possibilidade dos dois pedidos (criação e impressão do papel-carta de graça), o gerente continuou insistindo muito no assunto.

Pergunta 2: O que o Atendimento deveria fazer?

6. LOJAS DE CONVENIÊNCIA

OBJETIVO

- Estimular a análise de oportunidades que sejam úteis para a projeção da agência e para uso dos seus clientes.

CENÁRIO

As lojas de conveniência em postos de gasolina se desenvolveram, transformando-se em um bom canal de distribuição para vários produtos de consumo. Entretanto, alguns clientes da agência ainda não têm conhecimento sobre esse assunto e, em diferentes ocasiões, têm demonstrado curiosidade a respeito desse tipo de loja.

Pergunta: O que você, sendo um bom Atendimento, faria a respeito para servir tanto ao cliente como à sua agência?

7. Fotografia

OBJETIVO

- Estimular a tomada de decisão em momentos difíceis.

CENÁRIO

Em uma reunião com a agência, o gerente de propaganda solicitou a criação de um cartaz para uma nova bicicleta de dez marchas, com câmbio importado e uma linda pintura dourada. Complementava a decoração sofisticada o selim em veludo negro, as manoplas com desenho especial na cor preta, além dos pedais e rodas, e a parte traseira da bicicleta com espelhos refletores de segurança. Os cartazes seriam distribuídos em lojas do interior do país.

O Atendimento fez o Pedido de Criação e recebeu um *layout* para o cartaz no qual a bicicleta dourada ocupava lugar de destaque sobre um fundo infinito negro contendo reflexos avermelhados que aumentavam o nível de sofisticação da peça. Passava a imagem de muita nobreza e classe, apropriada para o produto, e estava de acordo com o *briefing* do cliente. Entretanto, o fundo escuro preocupou o Atendimento porque as partes pretas da bicicleta poderiam se fundir com ele ao ser feita a fotografia e a impressão. Diante dessa preocupação, os criativos asseguraram que o problema técnico poderia ser solucionado por meio de uma excelente iluminação. Já tinham se adiantado e consultaram um ótimo fotógrafo que sabia como solucionar a dificuldade.

Com essa assertiva, o Atendimento deu um crédito de confiança à Criação e apresentou o *layout* ao cliente, mas teve o cuidado de enfatizar o problema do selim e das manoplas pretas contra um fundo da mesma cor e esclarecer que essa dificuldade poderia ser solucionada desde que fosse contratado um fotógrafo de excelente nível profissional e, naturalmente, de custo mais elevado. Se essa contratação não fosse possível, seria aconselhável fazer um novo *layout*, mais fácil de ser fotografado. Entretanto, o cliente tinha gostado muito do *layout* e preferiu aprová-lo do jeito que estava: a bicicleta sobre o fundo preto e com tons avermelhados.

Posteriormente, ao tomar conhecimento do orçamento para a fotografia, o cliente achou o valor muito alto e pediu um desconto, alegando que não queria investir muito nessa peça devido ao seu uso restrito a lojas do interior. O Tráfego renegociou o orçamento conseguindo um desconto de 15%, mas o gerente continuou reclamando do preço elevado, apesar das reiteradas explicações do Atendimento sobre a necessidade de uma técnica fotográfica especial que só poderia ser realizada por um profissional experiente.

Dada a insistência do cliente em continuar com o *layout*, foi necessário substituir o fotógrafo por outro de mesmo nível profissional, mas que ofereceu um orçamento com uma diferença de 30% a menos sobre o primeiro. Novamente, houve recusa por parte do cliente, pedindo que fosse contratado um profissional de custo ainda menor.

Por coincidência, a agência vivia sendo assediada por um novo fotógrafo que possuía um bom portfólio de trabalhos realizados, mas ainda não tinha tido feito nenhum trabalho para a Criação. Por esse motivo, havia certa relutância em dar-lhe algum serviço. Então, tentando resolver o impasse com o cliente, esse fotógrafo foi chamado e apresentou um orçamento pela metade do custo original porque resolveu investir nessa oportunidade para provar o seu talento à agência.

O valor foi finalmente aprovado. Na oportunidade, o Atendimento enfatizou que o cliente estava correndo certo risco porque, como a agência não tinha experiência de trabalho com esse novo profissional, não seria possível garantir o resultado, dada a dificuldade da foto. Mesmo com essa advertência o gerente disse: vamos em frente.

Infelizmente, a foto apresentou problemas de definição do selim e das manoplas contra o fundo escuro, como se temia, e o Atendimento não recomendou o seu uso. Entretanto, o cliente aceitou a foto assim mesmo, dizendo que o problema poderia ser corrigido no fotolito (na época ainda se trabalhava dessa forma). A partir daquele momento, para surpresa do Atendimento, o gerente informou que cuidaria diretamente da produção do fotolito e da impressão, sem a ajuda da agência, alegando que não tinha verba para pagar a comissão sobre o trabalho.

Passado algum tempo, o Atendimento foi chamado para resolver um problema sério. O cliente estava culpando a Agência porque a impressão do cartaz tinha saído insatisfatória e, portanto, ela deveria pagar todos os custos e refazer o trabalho. Os fornecedores foram chamados para uma reunião conjunta para resolver a situação e aconteceu o seguinte: a gráfica alegou que a culpa era de quem fez o fotolito porque não tinha sido bem-feito; este disse que a culpa era da fotógrafo, uma vez que há limites para se fazer correções de fotos defeituosas. Ao final, foi encontrada uma solução: todas as partes abriram mão do lucro, cobrando somente o custo, e o cliente aceitou o material impresso, apesar da baixa qualidade.

Pergunta 1: Você acha que a agência teve culpa?
Pergunta 2: Em caso positivo, quem errou: o Atendimento ou a Criação?
Pergunta 3: Em caso negativo, se a agência agiu corretamente, qual seria a sua atitude perante o cliente, considerando que era uma conta de porte médio?

8. Oportunidade de Mídia

Objetivo

- Estimular o julgamento criterioso e objetivo, evitando o "acho que".

Cenário

Logo no início do expediente, o diretor de Mídia vai até a sua sala e lhe apresenta uma excelente proposta de um canal de TV para comprar uma quota de copatrocínio de um bom jogo de futebol, com equipes fortes, para a etapa das quartas de finais. O valor é 30% do custo original, ou seja, 70% de desconto. Como é a última quota e o jogo será realizado no dia seguinte, ele precisa de uma resposta rápida do seu cliente para fechar o negócio. A emissora preferia vender bem mais barato do que ficar com a quota do copatrocínio encalhada.

Pergunta: Você levaria imediatamente a proposta ao cliente ou teria outra atitude? Justifique a sua decisão.

9. Forte concorrência

Objetivo

- Estimular o poder de observação com respeito ao que está acontecendo no mercado.

Cenário

Estão sendo observadas algumas tendências de mercado, não só em nível mundial como, também, no Brasil. Por exemplo:
 • A população está se deslocando do campo para as cidades. Há cerca de trinta anos, 2/3 dos habitantes viviam nas zonas rurais e, hoje, cerca de 80% vive nas zonas urbanas.
 • Como os espaços nas cidades estão ficando mais escassos, as casas vão sendo demolidas para dar lugar a edifícios e novas avenidas.
 • O problema de segurança com relação a assaltos, roubos e furtos está levando as famílias a vender suas casas e mudar para apartamentos.
 • O elevado custo dos terrenos e da construção civil conduz à elaboração de plantas de apartamentos, de classe média, com área menor do que os construídos há vinte anos.
 • Cada vez mais um contingente de mulheres aporta ao mercado de trabalho para fazer carreira profissional e, também, para ajudar no orçamento doméstico.

O seu cliente Eletro 10, fabricante de uma linha de eletrodomésticos (ferro de passar, liquidificador, batedeira, aquecedor elétrico, chuveiro e torneira elétrica), está com as vendas estacionadas devido à forte concorrência e à tendência de estagnação do mercado.

Você, como Atendimento, sabe que a Eletro 10 é uma firma nacional com quarenta anos de existência e que está numa fase de transição, em que os sócios fundadores estão passando o comando para os seus filhos, todos com curso superior completo. Felizmente existe um clima agradável dentro da empresa, bom entendimento entre os sócios e cada filho está ocupando um cargo na diretoria, sem gerar nenhum conflito maior. A situação financeira está sob controle, mas todos se preocupam com o futuro da companhia, uma vez que a abertura das importações e do mercado para a entrada de investimentos estrangeiros poderá atrair novos concorrentes com tecnologia mais avançada e novos produtos, aumentando ainda mais a concorrência.

Pergunta: Que recomendações você poderia dar ao seu cliente? Considerando medidas de curto prazo (um ano) e médio prazo (três anos), redija um miniplano com as suas ideias.

10. COMUNICAÇÃO INTEGRADA

OBJETIVO

- Despertar a iniciativa em busca de uma comunicação integrada.

CENÁRIO

A Faber-Castell, fabricante de lápis, canetas e outros produtos para escrever, desenhar e pintar, sentiu-se ameaçada com a importação de lápis chineses feita por uma distribuidora, a TradeWorld. O produto chinês é fabricado com madeira nativa e vendido no mercado a um preço bem inferior ao do seu cliente. Não seria possível a concorrência na base de preço devido à limitação da margem operacional. A distribuição nacional dos lápis Faber-Castell era bastante eficaz, assim como a sua propaganda, e o seu produto tinha como matéria-prima madeira reflorestada de boa qualidade.

Dentro desse cenário, além do preço, a única diferença entre o lápis chinês importado e o nacional estava no tipo de madeira utilizada. Com referência à estrutura das empresas, a Faber-Castell trabalhava nacionalmente com uma extensa rede de distribuidores, representantes e clientes diretos do varejo, ao passo que a distribuidora TradeWorld cuidava somente da importação e revendia aos demais atacadistas e distribuidores do setor.

Pergunta 1: Qual é o seu diagnóstico da situação?

Pergunta 2: Que recomendação você daria ao seu cliente para enfrentar esse problema?

11. Bicicleta BMX – Aumento de vendas

Objetivo

- Desenvolver a criatividade com ideias que sejam úteis tanto para o cliente quanto para a agência.

Cenário

A bicicleta BMX, do tipo *cross*, é adequada para uso em pistas com obstáculos ou para praticar o esporte tipo *cross-country* (fora de estrada). Além dessa característica na área de competição esportiva, verifica-se que essa bicicleta também vem sendo muito utilizada nas ruas da cidade, principalmente pelos meninos de 7 a 15 anos.

Pergunta: O que você poderia sugerir para o seu cliente, fabricante desse modelo de bicicleta, para incentivar a venda do produto, sem alterar o preço?

12. Criação/Produção de folheto

Objetivos

- Como orientar e aconselhar o cliente.
- Aproveitamento da oportunidade e criação de uma peça diferente, com qualidade.
- Utilizar a capacidade diplomática, argumentação profissional e atitude frente ao cliente, propiciando faturamento para a agência.

Cenário I

O gerente de produto da indústria Escrita Perfeita pediu ao contato da agência para criar um folheto com a finalidade de distribuí-lo às donas de casa, nos supermercados. Passou o *briefing* com os dados sobre o produto e solicitou a criação de um folheto, de pequeno tamanho, para facilitar o manuseio por parte das consumidoras.

A sua intenção era realizar um *sampling* (amostragem) com o novo produto: caneta esferográfica, descartável, com borracha que apaga a tinta em caso de erro na escrita. Esse produto era inédito no mercado, mas devido a essa novidade do produto, o cliente tinha receio de que a consumidora não acreditasse na eficácia de uma perfeita correção. Daí a sua ideia de realizar a amostragem e demonstração junto às donas de casa.

Pergunta 1: Quais perguntas e comentários você faria ao receber o pedido do cliente?

Pergunta 2: Que outras ações poderiam ser feitas para obter um trabalho promocional completo?

Pergunta 3: Como você faria o Pedido de Criação?

Cenário II

O cliente aprovou o folheto e autorizou a produção da arte-final.

Pergunta 4: Qual seria a sua atitude frente ao cliente nesse momento?

Cenário III

A arte-final foi entregue ao cliente corretamente e dentro do prazo. Então, o cliente comunicou que ele mesmo faria a impressão, sem intermediação da agência.

Pergunta 5: Como você agiria nesse caso?

13. Produto de limpeza

Objetivo

- Estimular a análise do mercado, definir o problema mercadológico e, então, com base nessas conclusões, elaborar as recomendações ao cliente.

Cenário

Produto

Ajax é um APC (All Purpose Cleaner), ou seja, um produto para limpeza geral. Foi um dos primeiros produtos no Brasil com uma fórmula à base de amoníaco, lançado no início da década de 1970. Para a limpeza de superfícies, recomenda-se que seja diluído em um balde com água, mas pode ser aplicado puro, diretamente sobre as sujeiras mais difíceis. Também pode ser adicionado ao tanque ou à máquina de lavar roupa e ser aplicado sobre manchas de roupas, antes da lavagem.

Situação de mercado

No início, além da água sanitária ou da cândida, o mercado de produtos de limpeza se caracterizava por produtos à base de amoníaco, de pinho e de eucalipto, sendo Pinho Sol o líder dessas duas últimas categorias. Quanto às águas sanitárias, existia uma grande quantidade de marcas, sendo a maioria de atuação local, vendida a preço baixo e sem nenhum apoio publicitário; eram produtos para limpeza geral, principalmente usados na lavagem de pisos de cerâmica.

Ajax teve um grande sucesso, disputando a liderança na categoria com o Pinho Sol, durante muitos anos. O sucesso de ambos levou os concorrentes a imitarem o formato das embalagens: o do Ajax – branca com ombros largos e retangulares – e o do Pinho Sol – com ombros largos e arredondados. A situação desse grande mercado mudou com a introdução de novos produtos dirigidos a determinados segmentos de mercado, como: produtos para a cozinha, banheiro, limpeza pesada, para uma faxina mais rápida e ligeira, limpar vidros etc. A partir daí, devido a essa segmentação, Ajax foi perdendo participação no mercado de produtos de limpeza, apesar de continuar líder no segmento de amoníacos.

As mudanças continuaram e na segunda metade da década de 1980 surgiram os produtos de limpeza classificados como multiuso, em forma de *spray*, para aplicação direta sobre as áreas a serem limpas, principalmente paredes, armários, pisos e fogões.

Destacou-se então nessa época a marca Veja, que assumiu a liderança do segmento. Da mesma forma que o Ajax e o Pinho Sol, sua embalagem – azul, com forma cilíndrica e ombros largos – foi copiada pela concorrência. O passo seguinte do fabricante, aproveitando a força da marca, foi lançar Veja para limpeza geral, sem amoníaco, entrando no segmento do Ajax, ao perceber que as consumidoras não gostavam do cheiro forte e desagradável do amoníaco (apesar desse aroma sinalizar poder de limpeza). O novo produto, além do cheiro agradável, também limpava muito bem.

Pergunta 1: Qual foi o principal problema do Ajax ao perder uma expressiva fatia do mercado?
Pergunta 2: Que recomendações de marketing o Atendimento poderia dar ao cliente?
Pergunta 3: Que recomendações de comunicação poderiam ser sugeridas ao cliente?
Pergunta 4: Como conciliar as ações de *marketing* com as de comunicação?

14. Lançamento de nova revista

Objetivo

- Analisar oportunidades que possam ser úteis para o cliente e para a agência.

CENÁRIO

Uma nova revista está para ser lançada no mercado. O gerente comercial ofereceu à agência um desconto especial de 30% sobre o preço de lista, para aqueles clientes que anunciassem os seus produtos nos primeiros três números.

O seu cliente trabalha com um produto cujo público-alvo se encaixa no perfil de leitor projetado para essa revista.

Pergunta 1: Que considerações você faria junto ao departamento de Mídia da sua agência?
Pergunta 2: Você levaria essa proposta ao seu cliente? Em caso positivo, como você apresentaria essa proposta? Em caso negativo justifique a sua decisão.

15. CERELAC – CEREAL NUTRITIVO

OBJETIVO

- Estimular o raciocínio para a definição do objetivo, bem como a criatividade na busca da estratégia e no detalhamento da ação.

CENÁRIO

Produto

Cerelac é uma farinha láctea adoçada, elaborada com leite semidesnatado e leve essência de baunilha, enriquecido com vitaminas, proteínas e sais minerais. Duas a três colheres de Cerelac misturadas ao leite e às frutas, no liquidificador, constituem um excelente alimento de sabor muito agradável, altamente nutritivo para crianças e adultos.

Situação de mercado

Lançado no México como papinha para bebês, atingiu a liderança de mercado por muito tempo. Depois de quinze anos foi reposicionado para crianças de 6 a 12 anos, pertencentes às classes média e alta, para ceder o seu lugar para um novo produto da companhia, Nestum, marca de sucesso internacional da Nestlé, existente em vários países. No entanto, sem competidores diretos nesse novo posicionamento, Cerelac sofre a concorrência indireta de outros produtos que são consumidos normalmente no café da manhã, como: flocos Kellogg's, achocolatados, frutas, sucos e demais produtos que fazem parte da primeira refeição do dia.

As vendas mostravam tendência de queda, devido à falta de hábito do público de acrescentar Cerelac ao preparo de vitaminas feitas com leite e frutas. A marca e o produto eram conhecidos por mais de 80% das donas de casa, porém era consumido com alguma regularidade por cerca de 30%. Com uso secundário, aproximadamente 1/3 dos seus consumidores ainda continuavam a utilizar Cerelac no preparo de papinhas para os bebês.

A verba de propaganda do produto era reduzida, permitindo realizar somente uma campanha nacional em TV durante três meses, com um nível de GRPs de médio para fraco e baixa frequência média.

Problema a ser resolvido pela comunicação

O novo posicionamento da marca ainda não foi totalmente absorvido pelo público-alvo (mães com crianças de 6 a 12 anos), fazendo que Cerelac não fosse utilizado na frequência possível e desejada pela empresa.

Pergunta 1: Determinar o objetivo de comunicação.
Pergunta 2: Determinar a estratégia e as táticas de comunicação a serem seguidas.

16. Situação de concorrência

Objetivo

- Estimular a tomada de decisão no tempo certo.

Cenário

Um cliente abriu concorrência para a disputa da conta publicitária. A agência vencedora teve a sua campanha analisada pelo cliente, que pediu algumas modificações. Essas foram feitas e a campanha foi reapresentada. Novamente, o cliente pediu novas modificações e a agência atendeu à solicitação. Pela terceira vez, o cliente voltou a pedir modificações, que também foram atendidas, mas o cliente ainda não se mostrou satisfeito e resolveu dar a conta para a outra agência que tinha sido a segunda colocada. Naturalmente, a primeira agência ficou muito decepcionada com o resultado e se questionou sobre a sua atuação.

Pergunta 1: Qual deveria ter sido a postura da agência? Foi correto atender aos três pedidos para refazer a campanha ou deveria ter procedido de outra forma?

Pergunta 2: Após ter sido substituída pela agência segunda colocada, ela poderia ter assumido alguma atitude com relação ao cliente?

17. Cliente sempre mexe no *layout*

Objetivo

- Estimular a diplomacia e a postura da agência.

Cenário

O cliente tem o hábito de sempre modificar os *layouts* das peças publicitárias criadas pela agência. Altera o texto, pede substituição das fotos, modifica o título e coisas do gênero. A agência aceita essa situação com receio de ofendê-lo. Caso defendesse mais os trabalhos apresentados, pensa que estaria desagradando o cliente e correndo o risco de perder a conta.

Pergunta: A atitude da agência está correta ou ela poderia agir de outra forma? Qual seria essa forma?

Possíveis Respostas aos Minicasos

Para facilitar a identificação, as respostas estão numeradas conforme o número das perguntas e os respectivos cenários. No caso de uma só pergunta, não existe numeração. A seguir, as possíveis respostas aos minicasos:

1. Relacionamento com a criação

Possíveis respostas:

a) Solicitar uma reunião com o pessoal que vai trabalhar na campanha para esclarecer as eventuais dúvidas do *briefing*, complementando as informações que forem necessárias.

b) Jamais esperar sentado que a campanha lhe seja entregue. Fazer *follow-up* acompanhando os criativos durante o processo para discutir os caminhos que estão sendo visualizados, ajudando a selecioná-los, fazendo a eventual eliminação de alguns por estarem fora dos objetivos e propor ajustes para ficarem mais coerentes com o que se pretende.

c) Participar com ideias que possam contribuir para a elaboração da campanha, sem pretender substituir o trabalho dos criativos.

d) Ajudar a determinar o nível de acabamento das peças para a apresentação ao cliente e eliminar as eventuais dificuldades na exposição das ideias.

e) Convidar os colegas do seu grupo de Atendimento envolvidos na conta para participar dessas intervenções.

2. Relacionamento com a Mídia

Possíveis respostas:

a) Logo de início, marcar reunião com o pessoal de Mídia para aclarar dúvidas e enfatizar os pontos principais do seu pedido para a elaboração do plano.

b) No devido tempo, fazer uma revisão do plano verificando se este atende aos objetivos propostos e perguntando os "porquês" de cada recomendação.

c) Discutir com a Mídia a melhor forma de apresentar o plano ao cliente.

d) Aproveitar também o tempo para ler o relatório de pesquisa e conversar com os colegas, a fim de se atualizar com o que está ocorrendo na agência.

e) Estabelecer prioridades para acompanhar os trabalhos em andamento dos demais clientes sob sua responsabilidade, e manter contato com cada um para dar satisfação sobre o rumo desses trabalhos.

3. Relacionamento com a Produção

Possíveis respostas:

a) Apesar de a Criação ser responsável em produzir a campanha, cabe ao Atendimento acompanhar as etapas de produção e cobrar o cumprimento do cronograma. Se necessário, quando for para a melhoria dos trabalhos, intermediar ou negociar com o cliente pequenas alterações nos *layouts* ou roteiros aprovados, pois alguns detalhes só são percebidos durante o processo de produção. Nesses casos, avaliar as solicitações de custos extras, se existirem, antes de submeter à aprovação do cliente.

b) Estar atento em melhorar o resultado final porque a criatividade nunca termina com a aprovação do *layout* ou do *storyboard*. Os fotógrafos, os produtores gráficos e os produtores de som e imagem podem contribuir com a sua técnica e sensibilidade artística para a melhoria da ideia criativa.

c) O Atendimento deve orientar o cliente sobre o processo criativo: ele é contínuo. Portanto, é normal surgirem novas soluções que complementem ou aperfeiçoem as ideias já aprovadas. Se for o caso, essas oportunidades devem ser aproveitadas e substituir as anteriores, desde que se mantenha o objetivo, a estratégia ou a linha mestra da campanha. É necessário explicar ao cliente e aprovar as modificações.

4. Relacionamento com as produtoras de cine/tv

Possíveis respostas:

Cenário I

Pergunta 1

Explicar aos criativos a situação política da questão e solicitar que a produtora sugerida pelo cliente também venha a ser cotizada. Pedir que essa casa produtora apresente o portfólio de comerciais aos criativos da agência e exponha o sistema de trabalho e suas experiências. Feita a avaliação, o parecer sincero da agência deve ser comunicado ao cliente no momento da discussão dos orçamentos concorrentes.

b) Se o parecer da agência for contrário à contratação dessa produtora, devem ser apresentados argumentos sólidos e técnicos ao cliente, para não dar a impressão de que existem outros interesses envolvidos na questão.

c) Se o cliente ainda insistir em utilizar essa produtora, por qualquer razão, a agência deverá deixar bem claro as limitações que ele enfrentará, eximindo-se da responsabilidade sobre o nível de qualidade pretendido, apesar de estar disposta a empenhar todos os seus esforços para alcançá-lo.

CENÁRIO II

Pergunta 2

a) Manifestar e justificar à Criação as preocupações do Atendimento a respeito da produtora, solicitando a sua substituição.

b) Se os criativos não ficarem convencidos e insistirem com a produtora, solicitar a cotização com outras produtoras para contar com mais alternativas de qualidade e preço. O próximo passo seria negociar com a Criação a escolha de duas produtoras finalistas a serem recomendadas pela agência, sendo uma aquela recomendada inicialmente por eles e mais outra, que também fosse aceita pelos criativos. Dessa forma, estaria aumentando a chance de que a escolha caia sobre uma outra produtora que não aquela preferida pela Criação.

c) Jamais discutir na frente do cliente a discordância do Atendimento quanto à escolha da casa produtora recomendada. A agência deve ter uma só voz, um só ponto de vista e consenso de todos os participantes do projeto.

d) O Atendimento não pode ganhar todas. Não se trata de medir a sua autoridade, mas, sim, de procurar o melhor para o cliente. Como a maioria das decisões é baseada em "opiniões", deve-se dar um crédito de confiança à Criação e ajudá la no que for possível para atingir o êxito. O sucesso de uns beneficia a todos.

5. FAVORES PESSOAIS

Possíveis respostas:

CENÁRIO I

Pergunta 1

a) Recusar o pedido explicando que os serviços de impressão são realizados por gráficas independentes. Mesmo com o bom relacionamento da agência, não seria justo pedir de graça o serviço, ocasionando custos desnecessários ao fornecedor. O máximo que poderia ser feito seria uma excelente negociação para reduzir ao máximo os custos de produção. Pelo seu lado, a agência também não poderia justificar esses gastos na sua contabilidade e estaria se desgastando com o fornecedor.

b) É importante discernir entre o lado profissional e o pessoal, mesmo que se tenha que incorrer em alguns riscos. A subserviência da agência pode incentivar maus hábitos.

Cenário II

Pergunta 2

Devido à insistência do cliente, o assunto deveria ser levado ao conhecimento da gerência da agência para que fosse encontrada uma solução em nível de diretoria.

Nota: Neste caso particular foi o que aconteceu. A gerência comunicou o fato à diretoria do cliente e o funcionário foi despedido.

6. Lojas de conveniência

Possíveis respostas:

a) Recomendar à direção da agência para conduzir um estudo, por meio de uma pesquisa junto às lojas e consumidores, com a finalidade de verificar o seu funcionamento, tipos de produtos vendidos, preços praticados, satisfação dos clientes e outros aspectos. Os resultados permitiriam preparar um quadro atualizado da situação, podendo ser de grande utilidade aos clientes.

b) Sugerir, também, que se realize um coquetel para a apresentação do estudo, convidando não só os clientes e *prospects* (clientes em potencial), como os veículos de comunicação e a imprensa especializada, para dar grandiosidade ao evento. A divulgação da iniciativa da agência ajudaria a promover sua imagem.

7. Fotografia

Possíveis respostas:

Pergunta 1

Neste caso, a culpa foi do cliente, uma vez que o Atendimento sempre alertou para o problema e propôs a substituição do *layout* original. Mesmo assim, para colaborar, a agência negociou com os fornecedores, obtendo descontos significativos e convencendo o cliente a aceitar o material, pagando o preço menor. Isso foi possível porque o Atendimento lembrou de que o gerente sempre manifestara preocupação com os custos, alegando a limitação da verba para não investir muito no cartaz, além do fato de que teria distribuição limitada em cidades do interior, onde o nível de exigência era menor do que nas capitais. Na realidade, o gerente de propaganda correu um risco deliberado ao basear as suas decisões somente no aspecto preço em lugar da qualidade, apesar do alerta da agência.

Pergunta 2

Como a culpa não foi da agência, a resposta está na pergunta 3.

Pergunta 3

Ao aceitar os argumentos dos fornecedores e transferir o assunto para a agência, esta procurou ajudar. Teve a iniciativa de fazer uma reunião com os fornecedores e propôs que eles cobrassem somente os custos, caso o cliente ficasse com os impressos. Fechada a negociação, a proposta foi levada ao gerente que, frente à grande redução dos custos, concordou em ficar com os impressos do jeito que estavam.

Nota: Felizmente, todo o processo (recomendações e decisões) estava registrado em Relatórios de Visita, permitindo rememorar os fatos. Entretanto, a insistência da Criação em produzir o cartaz e a concordância do Atendimento em levar o assunto adiante geraram toda essa novela. Por outro lado, se não houver coragem da agência para arriscar boas ideias, não existirá evolução nem se atingirá a excelência criativa.

8. Oportunidade de mídia

Possíveis respostas:

a) Preço reduzido não é o único critério para se aceitar uma proposta comercial. É melhor realizar uma análise criteriosa antes de comunicar a proposta ao cliente.

b) Convém analisar se a proposta atende aos objetivos de mídia e de comunicação do produto ou serviço, assim como se o perfil da audiência do evento está de acordo com o público-alvo pretendido.

c) É importante estimar a audiência que terá o jogo e quanto do *target* será atingido.

d) É importante saber se o custo dessa oportunidade será pago com verba adicional ou se uma parte da programação de mídia deverá ser cortada para gerar os fundos necessários à compra do copatrocínio. Se houver corte, comparar a alternativa de corte com a nova proposta em termos de GRP, TRP, cobertura, alcance e CPM, para saber qual opção seria a mais vantajosa: ficar com a programação original ou cortar uma parte e substituir pela programação no jogo.

9. Forte concorrência

Possíveis respostas:

a) Pelas tendências relacionadas observam-se dois pontos importantes: 1) redução dos espaços domésticos; 2) mudança de hábitos e atitudes.

b) A firma deve considerar a ampliação da sua linha de produtos elétricos dentro do conceito de *design* compacto para caber nos espaços menores dos apartamentos e também para ter maior presença no ponto de venda.

c) Procurar parceria com um fabricante estrangeiro que possa aportar maior tecnologia e reposicionar a marca dentro do conceito de produtos compactos, práticos e de alta tecnologia.

d) Em um curto prazo de tempo (um ano): definir a parceria com esse fornecedor.

e) No médio prazo (três anos): desenvolver e lançar novos produtos com uma campanha específica em dois níveis: revendedores e usuários.

10. COMUNICAÇÃO INTEGRADA

Possíveis respostas:

Pergunta 1

O problema não pode ser resolvido em curto prazo devido à impossibilidade de competir à base de preço. Entretanto, deve ser feito um trabalho a médio e longo prazos para conscientizar os consumidores a preferirem lápis de madeira reflorestada, aproveitando a tendência dos movimentos ecológicos.

Pergunta 2

A proposta real foi a de realizar um projeto dirigido às salas de aula de 1ª a 4ª séries (ensino fundamental), ensinando o ciclo de produção do lápis (desde o viveiro de mudas de árvores até a fabricação do produto). Com esse propósito, foram encartadas quatro páginas em duas edições da revista *Nova Escola*, totalizando oito páginas, em meses consecutivos e com distribuição nacional. A última página continha um questionário para ser respondido pelas professoras, solicitando a sua avaliação do projeto. O Atendimento contratou a assessoria de pedagogas para orientar corretamente o texto e as ilustrações, a fim de que estivessem didaticamente corretos. Os resultados foram altamente positivos devido aos comentários favoráveis expressos pelas docentes nos questionários de avaliação e pelas solicitações espontâneas para que o projeto tivesse continuidade, por estar contribuindo para a educação das crianças.

11. Bicicleta BMX – Aumento de vendas

Possíveis respostas:

a) Incentivar a construção de pistas com obstáculos para a prática do cross.

b) Montar um campeonato de *bicicross* e associá-lo a um programa de Relações Públicas com o objetivo de conseguir a maior divulgação possível em nível nacional.

c) Lançar *kits* de segurança (espelhos refletores, faixas refletivas para colar nas costas da camisa, luvas coloridas com tinta refletiva *day--glow* etc.) para oferecer como brinde ou a preço promocional na compra da bicicleta.

12. Criação / Produção de folheto

Possíveis respostas:

Cenário I

Pergunta 1

Perguntas que poderiam ser feitas:
a) O *target* donas de casa estaria adequado ao produto?
b) O supermercado seria o melhor local para a amostragem, considerando-se a dúvida sobre o *target*? Caso contrário, qual seria a melhor alternativa?
c) A empresa para fazer o trabalho de amostragem já foi escolhida?
d) Qual é o limite do custo unitário para a distribuição das amostras e qual a verba disponível para essa ação?
e) Qual o período da ação de *sampling* (amostragem), quantos e quais seriam os pontos para a distribuição?

O *target* ideal para esse tipo de produto é constituído pelos *heavy-users* (usuários intensivos) de canetas, como os estudantes e funcionários de escritórios, de maneira geral. Dessa forma, seria conveniente substituir o público constituído pelas donas de casa pelos citados anteriormente. A partir dessa definição, elaborar uma amostragem junto às escolas com um perfil de alunos de melhor poder aquisitivo e em um determinado número de empresas selecionadas.

Pergunta 2

Nas escolas, por exemplo, instituir um concurso de redação com o objetivo de associar a "cultura" com a "caneta" e não, necessariamente, com o seu uso direto, mesmo que os trabalhos fossem impressos pelo computador.

Pergunta 3

O *briefing* para a Criação deveria conter mais informações sobre os hábitos de compra e consumo do produto, o processo decisório de compra (razão de compra de determinados tipos de caneta, como *status*, desempenho, *design*, durabilidade, preço etc.), além de dados de mercado, concorrência, posicionamento da marca/produto, entre outros que normalmente devem constar no documento.

Cenário II

Pergunta 4

Além da arte-final, a agência poder orçar, também, a impressão. Também é importante saber qual a quantidade a ser impressa e quantos folhetos devem existir em cada pacote, para maior facilidade de manuseio e distribuição, e saber se a entrega deverá ser feita em um só ou em diferentes locais e em quais endereços.

Cenário III

Pergunta 5

Pedir uma oportunidade para também orçar a impressão, concorrendo com as cotações a serem feitas pelo Departamento de Compras da empresa, com a solicitação de que os custos das gráficas fossem comparados entre si, sem considerar a comissão da agência.

13. Produto de limpeza

Possíveis respostas:

Pergunta1

Miopia da empresa. Não houve preocupação em acompanhar as mudanças no comportamento do mercado, permanecendo tranquilo na sua forte posição inicial de liderança.

Pergunta 2

Aproveitar a boa imagem da marca para lançar produtos de limpeza com novas formulações, sem amoníaco e com diferentes tipos de aplicação.

Pergunta 3

Ações conjuntas de propaganda e promoção de vendas para incentivar a experimentação dos novos produtos.

Pergunta 4

Como um lançamento de produtos toma tempo, desenvolver um plano plurianual para proteger a imagem da marca em curto prazo e apoiar os novos produtos em médio e longo prazos.

14. Lançamento de nova revista

Possíveis respostas:

Pergunta 1

a) Perguntar ao Departamento de Mídia sobre a editora (experiência, editor-chefe, estrutura, capacidade financeira).
b) Pedir um exemplar da edição nº zero da revista, além de informações sobre a tiragem, distribuição, possibilidades de encarte, tamanho, sistemas de impressão, qualidade gráfica, tipo de papel.
c) Perguntar sobre a possibilidade de negociação para obter um desconto maior.
d) Solicitar uma análise da proposta do veículo em função do plano já elaborado para o cliente, como CPM no *target*, comparando com outras revistas semelhantes e, também, uma estimativa da possibilidade de êxito.
e) A decisão seria baseada na alternativa que melhor servisse aos objetivos do plano, ou seja: a) acrescentar essa nova revista, caso houvesse verba adicional; b) substituir com vantagem algum veículo já selecionado pelo novo, para permanecer dentro da verba estabelecida; c) recusar a proposta, caso as alternativas anteriores não sejam válidas.

Pergunta 2

a) Caso os dados acima fossem positivos, sim, levaria a proposta ao cliente, montando uma apresentação com todos esses dados, demonstrando as vantagens e recomendando a participação desse lançamento com uma das alternativas (Pergunta 1e). Fazer uma apresentação formal, com a recomendação da Mídia e do Atendimento.

b) Não seria conveniente recusar a oferta sem apresentá-la ao cliente. Ele tem o direto de saber as oportunidades que surgem e é melhor que isso ocorra via agência e não diretamente pelo veículo. Assim, o Atendimento tem a oportunidade de aconselhar o cliente sobre o que é melhor para ele.

c) Caso a análise e os dados indicassem um lançamento de pouca importância, o Atendimento faria uma apresentação mais simplificada, justificando que existem outras revistas semelhantes já consolidadas no mercado, possuidoras de um público leitor garantido; que seria melhor aguardar o desempenho da nova revista e, então, se alcançasse sucesso, poderia vir a ser considerada em futuras programações. No momento, considerando os índices de leitura, o desconto oferecido não compensaria financeiramente os riscos do investimento.

15. Cerelac – cereal nutritivo

Possíveis respostas:

Pergunta 1

Objetivo de comunicação: incentivar a experimentação do produto e construir o novo conceito da marca (posicionamento).

Pergunta 2

O *sampling* (amostragem) é muito efetivo para a conquista de novos consumidores, especialmente no caso de um produto alimentício. A estratégia (real) foi realizar uma ação promocional por meio de um campeonato infantil de futebol de quadra (*showball*), acompanhado por degustação do produto. Também foram feitas degustações em peças teatrais infantis e em pistas de patinação no gelo. O conjunto de ações totalizou mais de 60 mil amostras.

O campeonato de futebol de quadra (*showball*) foi realizado com a participação de 24 escolas, com equipes infantis compostas por jogadores de 10 a 12 anos. Os jogos foram transmitidos pela televisão, em resenhas esportivas de dez segundos, aos domingos pela manhã. Demonstradoras preparavam a vitamina de banana com leite e Cerelac, distribuindo tanto às crianças quanto às mães e parentes que as acompanhavam. Simultaneamente, houve apoio de mídia com comerciais de trinta segundos. Oito meses depois foi promovida outra degustação em pistas de patinação no gelo, seguida de mais uma ação em peças infantis de teatro no 11º mês.

Nota: As vendas pararam de cair, apresentando estabilidade.

16. Situação de concorrência

Possíveis respostas:

Pergunta 1

Logo no primeiro pedido de modificação da campanha, a agência deve procurar saber os motivos da solicitação para entender o pensamento do cliente. Ao reapresentar a campanha, caso ocorra novo pedido de alteração, a primeira solicitação deve ser comparada com o que acaba de ser apresentado, demonstrando que a agência atendeu corretamente ao pedido ou, então, constatar se o cliente está mudando sua orientação. Nessa segunda hipótese, seria válido questionar firmemente o cliente, explicando que mudanças de diretrizes inviabilizam qualquer proposta. Se o *briefing* não é respeitado, fica muito difícil construir um relacionamento saudável. Caso não haja entendimento, é preferível não ganhar a conta. Entretanto, caso a agência tivesse se equivocado na primeira apresentação, deveria caprichar na segunda, analisando todos os detalhes para aumentar a chance de aprovação. Naturalmente, sempre existe um desgaste quando, no início do relacionamento, ocorre um problema de entendimento entre as partes.

Pergunta 2

Não, a não ser que existisse algum contrato ou regra que permitisse à agência receber alguma indenização em uma situação dessa natureza. Normalmente, toda concorrência é uma oportunidade que envolve risco: é ganhar ou perder.

17. CLIENTE SEMPRE MEXE NO *LAYOUT*

Possíveis respostas:

A agência está agindo de forma errada. Em situações desse tipo, cabe argumentar com o cliente que a agência possui redatores e diretores de arte que são pagos para prestar esse serviço de criação, que são pessoas especializadas com uma bagagem teórica e prática voltada para a tarefa de criar peças publicitárias; que o cliente não precisa perder o seu tempo nesses detalhes, dedicando-se mais às suas funções empresariais e deixando que a agência cuide da comunicação. Em seguida, deve pedir ao cliente que explique os motivos das modificações solicitadas, para que o atendimento possa transmiti-las ao pessoal da criação o mais detalhadamente possível.

Essa postura mostraria ao cliente que a agência está interessada em fazer o melhor e a desempenhar o seu trabalho a contento, incentivando uma postura de respeito por parte do cliente. Se ele for bem-intencionado, estaria em condições de entender a postura da agência.

GLOSSÁRIO

Ad hoc – pesquisa sob encomenda para investigar assuntos específicos do interesse da empresa.

Arte-final – peça publicitária finalizada nas medidas e cores corretas, texto e imagens definitivas; é apresentada em forma de CD-ROM, *Zip-drive*, ou disquete, sendo enviada para a produção gráfica.

Back-light – painéis luminosos com luzes no seu interior.

Brain storm – técnica para estimular a criação de ideias.

Brand awareness – percepção da imagem da marca pelo público.

Briefing – documento que contém os dados e as informações necessárias para o desenvolvimento de campanhas de propaganda, promoção, relações públicas, assessoria de imprensa, *marketing* direto e eventos ou peças publicitárias; o termo também é usado quando são passadas as informações para orientar trabalhos específicos de fotografia, gráfica, cinema, mídia etc.

Broadside – material de apoio do vendedor com informações sobre produto que está sendo comercializado; geralmente é uma peça gráfica em forma de folheto, mas pode ter outras configurações.

Checking – setor do departamento de mídia que verifica se os anúncios e comerciais autorizados realmente foram utilizados.

Clipping – pode ser eletrônico ou gráfico. Consiste no recorte das notícias publicadas na imprensa escrita ou na gravação das notícias mencionadas na imprensa eletrônica.

Consumer insights – valores pessoais e comportamentais do consumidor detectados por meio de pesquisas para orientar os trabalhos de posicionamento de marca, planejamento de *marketing* e de comunicação, criação de campanhas e planejamento de mídia.

Conta – os clientes de uma agência são classificados como contas.

Contato – nome genérico dado ao profissional de Atendimento que faz a ligação da Agência com o Cliente no seu dia a dia; não é uma classificação de cargo.

Desk research – pesquisa de dados secundários, já existentes, publicados ou disponíveis nos arquivos de empresas, entidades governamentais e associações.

Diretor de arte – função do profissional de criação com formação em *design*, artes e comunicação no sentido de criar imagens gráficas ou eletrônicas para as peças publicitárias.

Diretor de criação – profissional experiente e talentoso que dirige o departamento de criação da agência e é o responsável pelo produto criativo.

Fee – valor negociado pago pelo anunciante à agência de comunicação.

Feeling – sentimento, percepção, intuição.

Flight – período de veiculação; independe de sua duração.

Follow-up – acompanhamento de um trabalho.

Freeze – cena congelada, parada, como se fosse uma foto.

Front-light – painéis iluminados com luzes externas frontais.

GRP – intensidade da campanha ou soma bruta da audiência de uma programação.

Holístico – noção de conjunto, noção do todo.

Ilustrador – função do desenhista com habilidade para ilustrar um tema manualmente ou com o auxílio da computação gráfica.

Jingle – comercial de rádio composto de música especial e texto.

Job – denominação de cada trabalho ou projeto realizado.

Know-how – conhecimento técnico de um determinado assunto.

Layouts – apresentação gráfica de peças publicitárias para fim de análise e aprovação; uma espécie de rascunho que contém texto e ilustração de uma peça.

Lobby – trabalho de persuasão realizado com a pessoa que tem o poder e ingerência sobre determinados assuntos.

Loc. Off – locutor em *off*; texto tido pelo locutor sobre a cena.

Mailing list – lista com nomes e endereços.

Merchandising – material de ponto de venda; ações no ponto de venda para impulsionar a venda de produtos; inserção de produtos em programas de televisão.

Mídia – meios de comunicação, tais como televisão, rádio, revistas, jornais, *outdoor*, cinema e outros.

Moke-up – modelo e/ou reprodução em escala de produtos, embalagens e outros itens para serem fotografados ou filmados.

Pack-shot – foto ou filmagem do produto.

Paste-up – processo de montagem de *layouts* por meio de colagem de textos e imagens.

Press release – informações sobre a empresa, produto ou serviço enviadas à imprensa escrita e falada sob a forma de texto, fotos, desenhos, gráficos e outros.

Production story-board – *story-board* de produção, feito pelo diretor do filme, no qual detalha todas as cenas em termos de duração, ação, planos de filmagem, câmeras, iluminação, ambiente, cenários etc.

Reach and frequency – termos que designam o alcance e a frequência média de uma programação de mídia.

Recall – lembrança da marca.

Redator – profissional de criação que se dedica à criação de textos e títulos para peças gráficas ou eletrônicas.

Review board – comitê de revisão.

Rough-layout – espécie de rascunho feito pelo diretor de arte para expressar as primeiras ideias para uma peça publicitária.

Savoir faire – estilo, classe, bom gosto.

Script – resumo da ideia do comercial.

Share of market – participação das vendas do produto no mercado.

Share of mind – participação da lembrança da marca pelo público.

Share of voice – participação da marca do investimento em mídia na categoria de produto/serviço à qual pertence, em um determinado período.

Shots – fotografias.

Slogan – frase que resume o conceito da campanha e da marca.

Spot – comercial de rádio composto somente por texto e, eventualmente, acrescido de alguma música branca, isto é, música já existente e não conhecida, utilizada apenas para preencher os espaços vazios da peça publicitária.

Staff – equipe de apoio.

Story-board – espécie de história em quadrinho que demonstra a ideia de um comercial para televisão ou cinema, onde são marcadas as principais cenas com os respectivos textos e efeitos sonoros.

Veiculação – período em que uma campanha está sendo divulgada nos meios de comunicação.

Wave-effect – efeito de onda.

Wrap up – resumo e conclusão do que foi discutido em uma reunião, indicando-se os próximos passos.

Biografia

Roberto Corrêa – Formado em Economia pela Universidade do Brasil, doutorou-se em Administração de Empresas com ênfase em Marketing pela Fundação Getúlio Vargas (FGV) e especializou-se em Marketing e Comunicação. Participou de vários seminários no Brasil, Estados Unidos e América Latina, nessas mesmas áreas. Foi gerente e diretor de Planejamento e Atendimento nas agências McCann-Erikson, Denison e Foote, Cone & Belding, atuando tanto no Brasil como no México e nos Estados Unidos com os seguintes clientes: Coca-Cola, Esso, IBM, Lojas Temper, L'Oreal, Colgate-Palmolive, Unilever, Nestlé, Martini & Rossi, Henkel, Tostines, Makro, entre outros. Também ocupou os cargos de diretor de Marketing na Monark e diretor de Comunicação na Seagram. Professor da Escola Superior de Propaganda e Marketing (ESPM), é professor-convidado da FGV e de outras universidades. Autor de *Gestão da comunicação pelo anunciante, Planejamento de propaganda, O atendimento na agência de comunicação, Comunicação integrada de marketing: uma visão global* e *E de repente... acordou publicitário! Caetano Zamma: um sonho na realidade*, organizou e comentou os livros *A propaganda no Brasil*: evolução histórica e *Movimento nacional pela livre-iniciativa*: uma contribuição da publicidade à democracia brasileira; é coautor de *Propaganda: profissionais ensinam como se faz, Marketing bancário, Mobile marketing, Marketing educacional, Profissão professor:* um painel de casos e opiniões, além de escrever artigos para as revistas *Propaganda, Marketing, Revista da ESPM, Negócios,* e vários jornais.

GRÁFICA PAYM
Tel. (011) 4392-3344
paym@terra.com.br